本书系海南省社科联"海南省自由贸易港邮轮游艇研究基地"课题成果

邮轮经济学

廖民生　主编

董志文　黄学彬　副主编

中国海洋大学出版社

·青岛·

图书在版编目（CIP）数据

邮轮经济学 / 廖民生主编. —青岛：中国海洋大学出版社，2020.12

　ISBN 978-7-5670-2729-9

Ⅰ.①邮…　Ⅱ.①廖…　Ⅲ.①旅游船—旅游经济 Ⅳ.①F592.68

中国版本图书馆CIP数据核字（2021）第012790号

出版发行	中国海洋大学出版社
社　　址	青岛市香港东路23号　邮政编码　266071
网　　址	http://pub.ouc.edu.cn
出 版 人	杨立敏
责任编辑	王积庆　　　　　　**电　　话**　0532-85902349
电子信箱	wangjiqing@ouc-press.com
印　　制	中苑金融安全印刷有限公司
版　　次	2021年4月第1版
印　　次	2021年4月第1次印刷
成品尺寸	170 mm × 240 mm
印　　张	20.25
字　　数	278千
印　　数	1～1400
定　　价	59.00元
订购电话	0532-82032573（传真）

发现印装质量问题，请致电0532-85662115，由印刷厂负责调换。

邮轮产业被誉为"飘浮在黄金水道上的黄金产业",从其发展至今已经有200余年的历史了。目前,邮轮产业正在成为全球发展最快的行业之一。2014年国际邮轮协会总裁兼首席执行官Christine Duffy说:"全球邮轮产业处在一个激动人心的关键时刻,消费者对邮轮兴趣浓厚,邮轮公司投资巨大,投资对象包括各种各样激动人心的船只,它们搭载游客前往最具异国风情的地方,为客户提供独一无二的度假体验。"2018年全球433艘船舶接待了2 850万人次;2019年接待了2 900万人次。中国作为世界第二大邮轮市场,2018年接待了488.6万人次;2019年接待了413.5万人次。目前,嘉年华邮轮、歌诗达邮轮、皇家加勒比邮轮、地中海邮轮、云顶邮轮等世界级旗舰邮轮纷纷布局我国沿海邮轮港口。

邮轮产业成为世界各国人民热捧的幸福产业,创造了一个全新的产业经济链条。然而新冠疫情暴发后,全球邮轮行业进入停摆状态,这是除了第二次世界大战期间,邮轮经济受冲击最严重的一次。随着在全球范围内疫情逐步得到控制,防疫将成为人类生活的常态,邮轮旅游的恢复和暴发式的增长已经成为必然。

据世界旅游城市联合会邮轮分会发布的《世界邮轮旅游城市概况及中国邮轮旅游发展报告》显示,2016年,中国所在的亚太地区邮轮旅游的人口渗透率为0.09%，而居世界第一位的美国为3.49%。北美洲大约有3.3亿人口，乘坐过邮轮的人数大约为3.2%；欧洲有5亿人口，乘坐过邮轮的有1%左右；亚洲有35亿人口，真正乘坐过邮轮的不到0.05%。因此，亚洲、非洲等新兴市场必将成为邮轮旅游的新疆域，邮轮经济必将迎来长足的发展。

邮轮产业是一个拉动经济各细分产业链比较长的产业。邮轮经济产业是一个非常复杂的产业，游客的总体满意度是一个非常重要的指标。在邮轮经济的产业链条上，有近万个质量方面的标准。要接近完美的目标，就必须实施精益求精的服务理念。如邮轮上的娱乐业，赌场、剧院、舞场、卡拉OK等；如餐饮服务，蔬菜基地、水果基地、肉类基地、矿泉水采购；酒店用品、餐巾纸选购；邮轮票务问题；供应链和采购的问题；等等。随着游客需求端不断地发展与变化，邮轮产业也会不断转型、提质、升级、增效，邮轮经济的产业链、供应链、增值链都会有一个不断扩张和增长的过程。

据世界邮轮协会统计，2019～2027年全球计划共建造142艘大中型邮轮，总价值约为772亿美元，平均吨位为86 822吨，平均载客量为2 105位，总客位达290 590个。纵观2019～2027年全球邮轮建造订单，从邮轮订单数量维度看，地中海邮轮与维京海轮新船订单数量最多，达到14单，每年平均2艘新船投入运营；从邮轮总吨位数维度看，皇家加勒比邮轮的"绿洲级"邮轮总吨位数仍位居第一，高达22.762 5万吨，大中型邮轮也纷纷追求单体规模经济，邮轮总吨位数不断增加；从邮轮船厂维度看，建造豪华邮轮的造船市场呈现寡头垄断态势，欧洲三家邮轮船厂（意大利芬坎蒂尼34.5%，德国迈尔16.2%，法国大西洋9.8%）占据全球60.5%的市场份额。

中国已成为世界第一大出境旅游来源国和第四大入境旅游东道国，正在向旅游强国迈进，旅游业已成为国民经济的战略性支柱产业和与人民群众息息相关的幸福产业。中国的邮轮经济自2006年开始起步，其发展势头非常迅猛。2013年4月10日，习近平总书记到海南三亚市凤凰岛国际邮轮港口，视察邮轮港口的建设和发展情况。习近平总书记要求："加快邮轮港的建设，大力发展邮轮产业，还要建造我们自己的邮轮，为国际旅游岛建设做出贡献。"习近平总书记说过：我们要永远把人民对于美好生活的向往作为奋斗目标。发展邮轮旅游，可以让老百姓贴近海洋，了解海洋，热爱海洋，过上幸福美好的生活；邮轮旅游作为一种高端的旅游业态，必将成为人们追求幸福生活的重要方面；邮轮也是推进"一带一路"国之相交、民心相通的最佳载体；发展邮轮有助于我国船舶工业的发展，助力我国实现"海洋强国"目标。

如何才能提高中国邮轮经济的核心竞争力？关键在于高素质人才。近年来，随着全球邮轮旅游市场的蓬勃发展和中国邮轮旅客人数的快速增长（包括海洋邮轮和内河邮轮），国际邮轮公司大量招收中国籍邮轮乘务员。据不完全统计，中国邮轮船员已经超过30 000人。其实，邮轮经济高端人才，包括邮轮产业规划人才、邮轮设计人才、邮轮建造维修人才、航海人才、邮轮服务与管理人才、邮轮营销人才等。目前，我国有一些高校兴办了邮轮产业相关的学科和专业，但就我国邮轮经济发展的市场需求总体而言，专业人才的数量和质量都亟待增加和提升。

随着邮轮消费模式的转型与升级，中国邮轮消费者消费意愿强烈。未来的邮轮产业会更加吸引高端人才和巨额的投资。自由贸易港是当今世界最高水平的开发形态，由于海南在南海区域的独特地理优势，建立自由贸易港、探索自由贸易港管理新方法、创新监管模式和经营模式、设计保障机制成为海南的新使命。2020年6月1日，中共中央、国务院印发的《海南自由贸易港建设总体方案》（以下简称《方案》）正式出台，标志着海南邮轮产业即将迎来大发展的良好格局，《方案》指出，将加快三亚向国际邮轮母港发展，支持建设邮轮旅游试验区，吸引国际邮轮注册，并设立游艇产业改革发展创新试验区，同时，未来还将放宽邮轮免签政策。《方案》还指出，实施更加便利的出入境管理政策，逐步延长免签停留时间。优化出入境边关防检查管理，为商务人员、邮轮提供出入境通关便利。未来，还将实施外国旅游团乘坐邮轮入境15天免签政策。相信最新的国家战略计划和主张，同海洋强国战略、"一带一路"倡议、人类命运共同体理念交相辉映，必将极大地促进中国邮轮经济的繁荣与发展。

我在2018～2019年从海南热带海洋学院来到中国海洋大学挂职，担任校长助理。为了更好地助力邮轮产业发展，我积极同中国海洋大学董志文教授、海南热带海洋学院黄学彬教授，以及英国、美国、澳大利亚、马来西亚等国内外邮轮管理、教育领域、服务领域的专家学者共同合计，商议编写一本《邮轮经济学》教材，经过两年多时间的艰苦努力，终于成书。本书第一章由黄颖执笔，第二章由管晓仙执笔，第三章由黄学彬执笔，第四章由宋红娟执笔，第五章由管晓仙执笔，第六章由孟亚军执笔，第七章由徐涛执笔，第八章由孟亚军执笔，第九章由李龙芹执笔，第十章由李龙芹执笔。全书由廖民生总策划、设计和统稿，董志文负责组稿与审稿，黄学彬负责出版与协调，张丹丹负责校阅，曲超负责制作国内高校开设邮轮游艇专业一览表。本书在广泛吸收、借鉴国际国内专家学者研究成果的基础上，在邮轮经济要素与产品、邮轮经济组织、世界邮轮旅游需求市场、邮轮产业部门、邮轮产业布局、邮轮产业结构、邮轮经济管理、邮轮经济国际与区域合作、中国邮轮经济发展展望等方面都有不少创新的思想和见解。本书作为国内第一本高校邮轮专业教材，编撰过程中广泛吸收了国内外学术前沿的研究成果，在此表示诚挚的感谢和敬意！由于编撰人员的视野和水平的限制，本书还有不够完善和科学的地方，期待在今后的修订再版中不断加以丰富和完善。

本书的特点：理论知识具体翔实，经济案例丰富生动，有助于阅读者深刻理解和把握邮轮经济的发展历史、现实表现和未来趋势。本书可作为邮轮旅游爱好者、经营管理人员的参考读本，大学、研究生教科书使用。

欢迎大家一起与我们讨论邮轮经济发展与创新的困境、问题与对策，积极推动中国邮轮经济的高质量发展，助力建设世界邮轮经济命运共同体。欢迎各位读者积极提出宝贵意见。

廖民生

三亚海螺村五洋斋

2020.07.21

CONTENTS

目 录

第一章

绪　论

第一节　邮轮经济学的内涵和外延

邮轮产业被誉为"漂浮在黄金水道上的黄金产业"，产业链长、带动性强、影响力大、覆盖面广、国际化程度高，乘数效应达1：14，属万亿级产业。邮轮产业以邮轮运营为龙头，以邮轮研制为核心，以供应链建设为保障，涵盖高端装备、金融保险、交通运输、港口运营、旅游观光、休闲服务、商业贸易以及产城融合等众多产业领域，是先进制造业与现代服务业深度融合的生态体系，具有产业链、供应链、服务链、价值链、创新链高度融合的明显特征。

邮轮（Cruise Ship）原是指海洋上定线、定期航行的大型客运轮船，也称"班船"，早期还负责运载两地间的邮件，其中"邮"字有邮政的意思。所以邮轮最开始是具备运送邮件及基本运输载人功能的交通工具。由于航空技术的进步及民用航空的普及，邮轮的跨洋运输业务受到了重创，因此，邮轮产业被迫进行革命性的转型，弱化了自身纯粹的运输的形象，转变成为一个根本意义上的"旅游目的地"——豪华邮轮。20世纪60年代，"挪威"号、"伊丽莎白皇后"号、"诺曼底"号、"卡洛尼亚"号的诞生，以及美国禁酒期间的公海畅饮，挪威邮轮公司的"向阳"号开始向消费者销售邮轮假期产品，掀开了现代邮轮产业蓬勃发展的序幕。远离闹市的喧嚣，拥有相对私密的空间，同时将旅游业和接待业完美结合的邮轮产业成为现代旅游业中最为活跃的产业之一。

提及曾经的邮轮产业，大部分百姓都望洋兴叹。因为曾经的邮轮一票难求，船只少，价格昂贵，只适合部分特殊社会群体。同时由于服务的是"有闲阶级"，因此邮轮每次出海行驶时间会较为漫长，以将奢华持续到极致为目的，每一次的邮轮旅游行程由十几天至近百天不等。当今的邮轮产业发生了翻天覆地的变化：从价格上看，邮轮船票价格从曾经的高不可攀，到现在有不同的船型适合不同需求的旅客，多样化的航线和灵活组合的时间（3～100日不等）设置同样符合现代人不同的休假安排。同时，与时俱进的演变还体现为规范的邮轮行驶及运营的各项规章制度。因此，邮轮产业进入人们的日常生活，尤其是成为热爱旅行的欧美国家家庭中渗透率极高的消费活动。

邮轮产业的经济效益相当显著，其强大的拉动能力和吸附能力已经成为拉动城市经济的新动力，并刺激周边地区经济的迅速增长。邮轮旅游对邮轮港口城市及其相关产业的拉动效应极为明显，许多具有优良邮轮港口和优秀旅游资源的国际大都市都相继渗入了"邮轮经济"元素，并很大程度上依赖这个行业。特别是一些处在邮轮航线上的不发达的节点城市对邮轮旅游的依赖性更强。旅游的经济附着性和带动性，便是该产业被称为"漂浮在黄金水道上的黄金产业"的原因。

由于邮轮对区域甚至全球经济带来的巨大贡献，学者们对邮轮经济的研究逐渐深入。有关邮轮经济的定义，学术上有不同的认识。由于国内外众多学者或机构对邮轮经济的内涵和外延有着不同的理解，因此他们对邮轮经济也各有侧重。其中比较有代表性的定义和内涵有以下几种。

学者朱水云认为，所谓邮轮经济是指邮轮产业的营运、发展从而带动相关产业发展，最后达成与多种产业同步发展的经济景象。广义上的邮轮经济是指包含邮轮设计、建造、维修与保养、专业公司运营和码头港口等相关支撑产业的概念。广义上的邮轮经济的定义其实就相当于邮轮产业链的概念。狭义上的邮轮经济主要是指邮轮在到达某一港口之前、到达之时、停靠港口和离开港口带来一系列经济活动，从而形成邮轮市场。邮轮港口也是有区分的，主要分为母港、停靠港和较小的港口，有专家指出邮轮母港的经济带动是小港口经济带动能力的10~14倍。邮轮经济产业链特性主要体现在两大块：一是为邮轮产业提供相关支持服务的产业，如服务邮轮以及邮轮乘客的各类服务机构；二是级别越高的港口才越可能成为更好邮轮所选择的母港，并会吸引更多的邮轮集聚在这里，从而可以大大促进当地经济的发展。

学者孙晓东认为，邮轮经济的含义同样也可以有狭义和广义之分。狭义的邮轮经济主要体现在邮轮接待（特别是邮轮港口接待）方面的经济效益，包括邮轮码头所在地区相关产业的效益，具体体现在邮轮抵达与起航服务、引航停泊服务、安全检查服务、舷梯服务、行李处理、登船服务、物资补充、加油服务、废物处理和旅游服务等方面。我国目前正处在发展和深化狭义邮轮经济的阶段，即以邮轮港口和邮轮目的地为依托的邮轮接待经济。

广义的邮轮经济是以海上巡游的豪华邮轮为明显识别特征，依托邮轮母港与停靠港及其所在城市的各类旅游资源，以邮轮巡游为核心产品，并向上下游领域延伸，而构成的跨区域跨行业多领域、多渠道的一种经济现象。游客作为邮轮产业发展最主要的外部动力，通过游客流的大小（流量）、强度（流速）以及作用方式（流质）和途径（流向），对邮轮产业结构的形成和演化产生重要影响。根据游客的活动方式，可以把游客对邮轮产业结构的影响分为登船前、邮轮航行期间、邮轮中途停泊至离岸期间以及邮轮航程结束后等几个阶段，如表1-1所示。

游客对城市及区域经济的直接影响，主要是通过游客量、游客人均消费和接待游客总收入等指标来衡量；游客对经区域经济的间接影响，主要涉及交通、邮政、电信、餐饮业和社会服务业；此外，邮轮经济还体现在船舶制造和维修，面向邮轮和邮轮企业本身的产品和服务，以及邮轮船员的旅游花费的方面。

表1-1   邮轮经济的构成要素

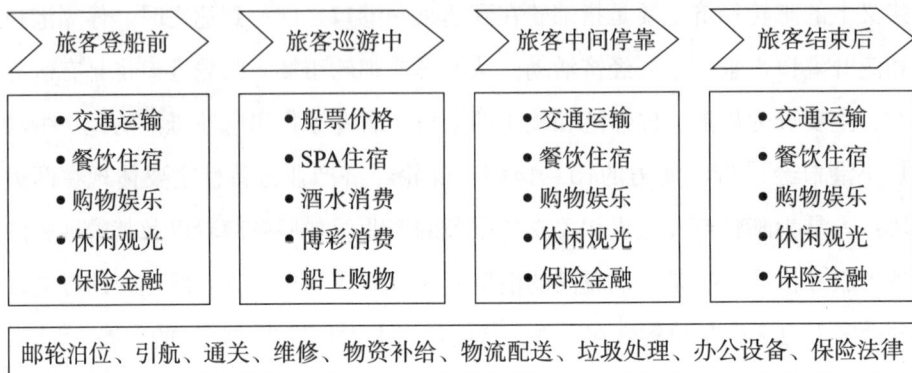

旅客登船前	旅客巡游中	旅客中间停靠	旅客结束后
• 交通运输 • 餐饮住宿 • 购物娱乐 • 休闲观光 • 保险金融	• 船票价格 • SPA住宿 • 酒水消费 • 博彩消费 • 船上购物	• 交通运输 • 餐饮住宿 • 购物娱乐 • 休闲观光 • 保险金融	• 交通运输 • 餐饮住宿 • 购物娱乐 • 休闲观光 • 保险金融

邮轮泊位、引航、通关、维修、物资补给、物流配送、垃圾处理、办公设备、保险法律

资料来源：孙晓东《邮轮产业与邮轮经济》

　　包莉莉认为邮轮经济是指以邮轮旅游为核心产品，同时带动相关产业的发展而产生的总体经济效应。邮轮经济的产业链很长，以邮轮为核心，以旅游为具体内容，上下游及周边产业涉及船舶制造、交通运输、港口服务、船舶供应、游览观光、餐饮、酒店、银行保险、房地产等众多高就业、高附加值、低能耗的产业。邮轮制造和邮轮船公司经济增加值占比最大，其中船公司经济增加值占比过半，为邮轮经济的核心。发展邮轮产业，对于城市综合水平的提升和经济贡献明显，拉动的产业包括房地产开发、旅游、餐饮、酒店、航空、劳务输出、船舶供应等。

　　杨明认为，邮轮经济是指邮轮产业的运行与发展推动、拉动船舶制造业、港口建设与服务业、购物中心、旅游业等相关上下游产业，形成多产业共同发展的经济现象。邮轮产业对相关产业的经济带动系数高达1∶10到1∶14，是区域经济的重要增长极。

　　潘勤奋认为邮轮经济是由于邮轮产业的运行与发展而推动与拉动相关产业的发展，形成多产业共同发展的经济现象。这一经济现象发生在一定区域则构成该区域的经济增长极。在区域经济中，增长极被定义为"位于都市内的正在不断扩大的一组产业，它通过自身对周边的影响而诱导区域经济活动的进一步发展"。因此他认为邮轮经济定义：由于邮轮抵达之前、抵达、停靠、离开邮轮码头所引发的一系列产品与服务的交易，包括港口补给，码头服务，邮轮游客、工作人员离船食、住、行、游、购、娱所引发的综合经济现象。该定义对邮轮经济内涵概括包括以下三个方面。

一是节点经济。邮轮产业是网络产业，而邮轮经济是围绕着邮轮码头而发展起来的经济，邮轮码头构成邮轮网络的节点，邮轮经济规模的大小取决于网络节点的重要性，发展邮轮经济最重要的方式就是争取成为大型邮轮公司的邮轮母港。

二是本土经济。邮轮与码头是互补品，但邮轮的经济与码头的经济却截然不同，前者是全球经济，后者是本土经济。因邮轮的到达而引发的港口邮轮经济也就成了全球经济中本土经济的具体化。

三是集聚经济。邮轮经济的集聚性表现在两个方面：一是为邮轮及邮轮乘客旅游服务的各类机构要集聚在邮轮码头附近，以便即时快捷地为邮轮及邮轮乘客提供优质服务，吸引更多的邮轮进驻本港，成为多艘邮轮的优质母港（邮轮城，如新加坡邮轮中心）；二是优质邮轮母港能吸引更多邮轮集聚本港，而多艘邮轮的集聚又大大促进本地的邮轮经济（邮轮集聚地，如迈阿密邮轮港）。

邵磊认为，邮轮经济是一种旅游经济。邮轮的来访，为口岸城市带来了大批有消费能力的游客；邮轮所特具的景观性和娱乐性，同时也吸引了本国其他地区的游客来到口岸城市旅游消费。游客的消费热潮带来了大量财富，也拉动了城市产业链的发展，从而刺激口岸城市的经济健康发展。

根据国际邮轮协会（CLIA）、欧洲邮轮理事会（ECC）的统计口径，邮轮产业对区域经济的总体贡献一般分为直接消费贡献、间接消费贡献和诱发型消费贡献三类。直接经济贡献是指邮轮公司、船员及乘客在运营或乘坐邮轮过程中产生的消费支出，包括邮轮公司总部运营支出、船上消费的饮料和食物、商务服务例如广告和市场营销服务等。此外，邮轮乘客和船员购买各种商品和服务，包括服装、岸上观光以及邮轮度假前后涉及的住宿等也包含在直接支出内。邮轮产业供应商的支出及消费构成邮轮产业对经济的间接贡献。例如，食品加工供应商必须采购食品加工原材料；供应商运行设备和工艺原材料所需的公用设施，如电力和水等；为邮轮公司或批发商进行产品的交通运输服务；以及员工人身和财产保险等。最后，邮轮行业直接及间接消费涉及的雇员个人的产品及服务消费为诱发型消费，例如住房、个人服务、保险、食品和运输等。

从这些定义上看，无论组织机构或学者对"邮轮经济"概念的理解和把握都有一定的共识，即邮轮经济包含以下四个部分的要素，如图1-1所示。

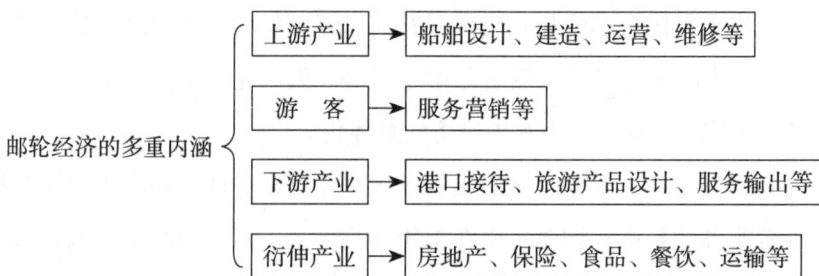

图1-1　邮轮经济的多重内涵

因此，归纳以上结论，根据现代邮轮旅游经济发展的客观实际，本书笔者将邮轮经济的概念做出如下界定：通过邮轮旅游的运营而带动产生直接、间接和诱发性贡献的相关产业共同同步发展的经济现象总和。

第二节　邮轮经济学的研究对象和内容

（一）邮轮经济学的研究对象

研究对象的确立是学科成立的前提，任何一门独立的学科都应该拥有自己特定的研究领域和对象。然而，不同学者从不同角度对邮轮经济进行研究时，会获得对研究对象的不同理解，在解说时也会有不同的认知，所指涉的研究对象也会呈现出细微差别。

对于邮轮旅游的经济研究，国外文献大部分体现在邮轮产业对区域经济的发展所产生的影响，研究对象主要分为北美、拉美、欧洲、大洋洲以及亚洲。学者Mamoozadedeh，G.Abbas和Chase，Gregory Lee.在对加勒比地区的邮轮经济研究方面贡献较大。Mamoozadedeh，G.Abbas（1989）主要分析了邮轮产业发展对加勒比岛屿国家所产生的经济效应。其分析表明，20世纪七八十年代，世界邮轮产业的快速发展对岛屿国家的经济发展具有较大促进作用，而这些都是由于有强大的政府决策做后盾，扩大对邮轮港口的投资，吸引更多邮轮的到访，促进经济发展。Chase，Gregory Lee 博士在文中分析了曾经是英国的殖民地，现在拥有邮轮港口的国家，如安提瓜、巴巴多斯、巴哈马和牙买加等国家，因为这些国家受英国文化影响较深，增加邮轮港口的相关设施建设有助于推动这些区域经济的发展。

由此可见，国外学者主要集中在对地区性邮轮业的经济影响研究，最突出的是对北美地区和加勒比海地区。对北美地区的研究主要是世界邮轮理事会委托美国商业研究与经济顾问公司（BREA）所开展的研究，这是一个长期的合作研究项目，每年都发布相应的研究报告。报告主要分两大部分，一部分是北美邮轮经济的总体研究，第二个部分是北美邮轮经济对美国经济的贡献分析。研究报告涉及邮轮增长、邮轮港口发展、邮轮游客消费、邮轮业运营态势、邮轮业就业规模、邮轮经济对相关产业的影响等内容。

我国学者们围绕邮轮经济所表述的研究对象也相对一致，即邮轮经济的研究对象是邮轮的港口（腹地）经济、邮轮区域经济、邮轮航线、邮轮游客服务经济、邮轮的旅游经济、邮轮的全产业链经济（包括邮轮设计、制造维修、邮轮运营、物资供应、中介服务等）。

（二）邮轮经济学的研究内容

邮轮经济学的研究内容取决于其研究对象的规定，从邮轮经济学对象的定义来看，邮轮经济学研究的主要内容应集中在以下几个领域。

1. 邮轮制造经济

全球的邮轮建造是邮轮产业链经济上游最重要的一环。年订单均呈现饱和状态。由CLIA数据统计，2018年新增13艘船舶，载客量增加了33379人。从2018年到2020年，有37艘新邮轮上线，为全球增加99895名乘客。这些邮轮每年将为海洋邮轮行业增加117亿美元的收入。正是由于强大的经济效益，随着邮轮产业的发展，各大邮轮企业纷纷增加运力，邮轮船舶总数不断增加，运载能力逐年提高，每年都有新的邮轮投放于市场，给邮轮制造业带来丰厚的经济回报。

邮轮产业链上游是邮轮制造船厂，主要业务是邮轮设计、邮轮制造、机械电子和信息服务等。邮轮产业具有高附加值性，它的建造技术和研发从一开始就是集中在欧洲少数几家公司手中，没有建造过邮轮的公司基本上很难渗入到这个领域。眼下全世界仅有的几家著名经典造船厂均分布在欧洲，他们具有超强的设计技术和建造能力，并且有长期的生产经验。

2. 邮轮行业巨头经济现状

市场供给方面。全球邮轮市场供给显示，全球市场份额和邮轮运力供给也在持续增长。全球邮轮产业仍然是一个寡头垄断市场。下面以世界两大邮轮集团运营经济现状为例对运营经济进行概述。

嘉年华邮轮集团（Carnival Corporation & plc）成立于1972年，总部位于美国佛罗里达州的迈阿密市，是一家美国—英国邮轮公司，也是世界上最大的邮轮运营商。集团拥有超过10个邮轮品牌的100艘船只，嘉年华下属公主邮轮（Princess Cruises）、荷美邮轮（Holland America）、歌诗达邮轮（Costa Cruise Line）、冠达邮轮（Cunard Line），其前身白星邮轮拥有"泰坦尼克"号邮轮）、世鹏邮轮（Seabourn）、英国/澳洲P&O邮轮、阿依达邮轮和同名品牌嘉年华邮轮等，并在2016年推出小众品牌fathom。嘉年华邮轮集团主席为阿里森，总裁兼首席执行官为阿诺德·W·唐纳德。2015年，集团收入为157.14亿美元，之后的4年每年都以超过6%的比例在增长，根据集团年报显示，2019年嘉年华集团销售额达到208.25亿美元，预测该收入将于2020年达到242.32亿美元。员工人数超过12万。

表1-2 嘉年华邮轮集团2015~2022年销售收入

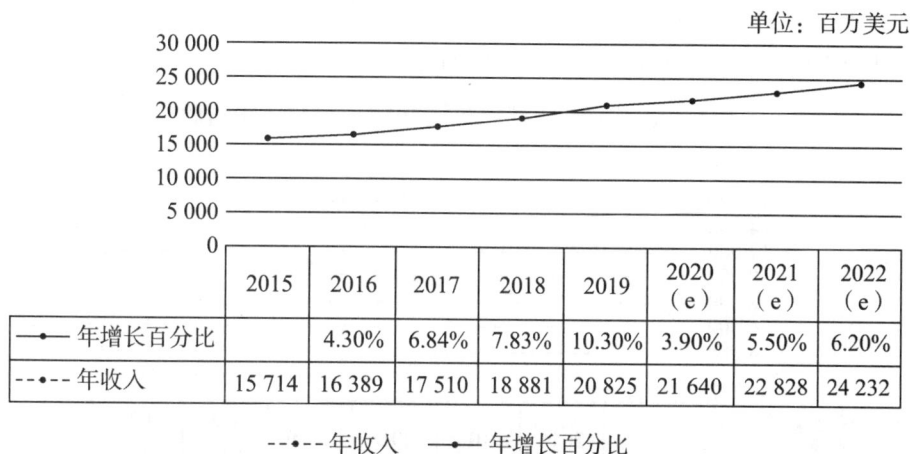

单位：百万美元

	2015	2016	2017	2018	2019	2020 (e)	2021 (e)	2022 (e)
年增长百分比		4.30%	6.84%	7.83%	10.30%	3.90%	5.50%	6.20%
年收入	15 714	16 389	17 510	18 881	20 825	21 640	22 828	24 232

----●---- 年收入 ——●—— 年增长百分比

资料来源：https://www.marketscreener.com/CARNIVAL-CORPORATION-PL-12003/calendar/

全球第二大邮轮集团，皇家加勒比邮轮有限公司（Royal Caribbean Cruises Ltd.）总部位于美国迈阿密，在全球范围内经营邮轮度假产品，旗下拥有皇家加勒比国际邮轮（Royal Caribbean International）、精致邮轮（CelebrityCruises）、精钻会邮轮（Azamara Club Cruises）、普尔曼邮轮（Pullmantur）、法国邮轮公司CDF（Croisieres de France）和德国TUI邮轮共6个邮轮品牌。该集团创立于1970年，有超过50年的创新历史，旗下拥有41艘豪华邮轮，460个多样化航线。截至2016年12月31日，该公司旗下的全球品牌及其合作品牌在邮轮度假行业经营着共有近123 270间客房、超过75 000名员工。截止到2018年7月31日，该公司的船只提供了一系列行程，在105个国家停靠，覆盖七大洲。皇家加勒比邮轮集团提供了包括阿拉斯加、亚洲、澳大利亚、加拿大、加勒比海、巴拿马运河和新西兰等一系列行程，航程从2晚到24晚不等，但主要目标市场依旧是美洲、欧洲、亚洲和澳洲。在开拓了中国市场后，皇家加勒比几乎将每年首航的邮轮都放在中国运营，自2015年，被称为"来自未来的船"的皇家加勒比"海洋量子"号进入中国后，不负众望地强势打开中国邮轮市场，皇家加勒比品牌也受到游客的青睐。加之美洲、欧洲的客源相对稳定，皇家加勒比邮轮集团的船票收入逐年稳步攀升。根据皇家加勒比年报数据显示，该集团销售收入已由2015年的82.99亿美元升至2019年的109.51亿。预计至2022年收入将达到142亿美元。

表1-3 皇家加勒比邮轮集团2015～2022年销售收入

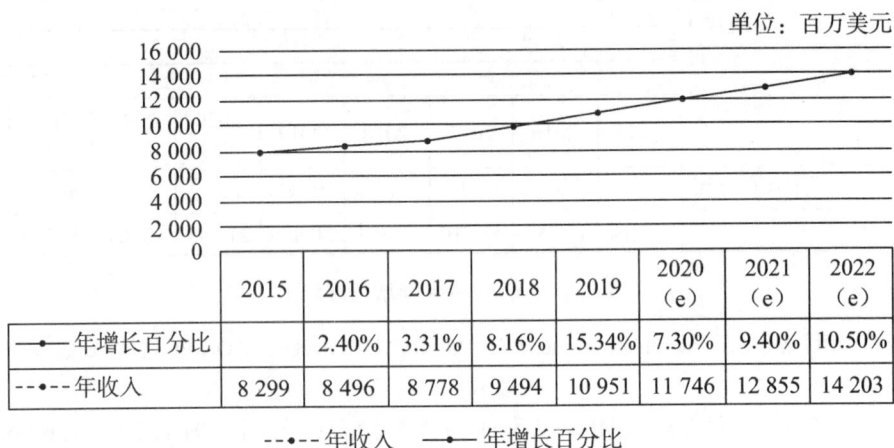

单位：百万美元

	2015	2016	2017	2018	2019	2020 (e)	2021 (e)	2022 (e)
——● 年增长百分比		2.40%	3.31%	8.16%	15.34%	7.30%	9.40%	10.50%
--●-- 年收入	8 299	8 496	8 778	9 494	10 951	11 746	12 855	14 203

--●-- 年收入　　——● 年增长百分比

数据来源：https://www.barrons.com/quote/stock/us/xnys/ccl/financials

通过对邮轮经营群落的分析可以看出，邮轮旅游市场具有寡头垄断又高度竞争的特点。高度竞争特性加上极高的固定成本和管理成本，一方面使得邮轮市场的进入壁垒过高，导致竞争者数量有限，另一方面使得各参与方一旦进入该市场就很难轻易退出，导致竞争异常激烈。因此，缺乏港口运作、票务代理、航线开发、消费者培育、销售渠道和人员培训经验的国家和地区往往难以打造具有国际竞争力的本土邮轮公司。

3. 邮轮消费经济

本书将邮轮产业的消费群体定义为与邮轮直接相关的核心购买者，其中分为两大部分：一部分为邮轮乘客和邮轮船员，另一部分为邮轮企业本身。前者称为消费者，其经济效益主要体现在邮轮乘客和船员在登船前、登船后的整个巡游过程中，在休闲购物、岸上观光和住宿、餐饮等方面的支出；而后者称为采购者，其经济效益体现在邮轮公司在满足消费者需求过程中的直接采购支出，包括食品、饮料、酒水、燃料、酒店用品和设备、导航和通讯设备以及其他必需的产品和服务。

自20世纪90年代以来，邮轮产业得以迅猛发展，游客数量以年均7.6%的速度增长，从1990年的377万人增长到了2010年的1 482万人，远远高于国际旅游业3%～4%的增长速度。纵观全球邮轮旅游市场，国际邮轮旅游市场主要集中在北美，一直占据全球80%～90%的市场份额，然而自2005年以来北美地区的市场份额下降明显，2010年游客数量为1 078万人，占世界邮轮市场的73%。欧洲是世界第二大邮轮市场，邮轮旅客主要集中在英国、德国、意大利、法国和西班牙，2010年五国市场欧洲占有率达到87.3%。近年来，不同文化背景和优美的自然风光使得亚太地区开始成为备受瞩目的新兴旅游目的地，邮轮产业增长速度已经高于世界平均水平。进入21世纪，亚太地区邮轮旅游更加频繁，并进一步推动世界邮轮经济的发展。

4. 邮轮港口经济邮轮

（1）邮轮港口的分类及经营性收费

根据自然条件、技术要求和服务功能的差异，国际上往往将邮轮港口划分为三种类型：邮轮母港、挂靠港和简易码头（又称一般停靠港）。邮轮母港具备多艘大型邮轮停靠及其进出所需的综合服务设施、设备条件，能够为邮轮经济发展提供全程综合的服务及其配套服务。母港是邮轮的基地，邮轮在此进行补给、废物处理、维护与修理。邮轮公司在母港所在地设立地区总部或公司总部，其中最著名的是美国迈阿密邮轮母港。研究表明，邮轮母港对所在区域的经济具有较强的推动力，母港的经济收益一般是停靠港的10～14倍，而目前国际上每接待一名国际邮轮游客的平均综合收益已高达1 340美元，加之邮轮港口的经营性收费，都是经济创收的重要来源。其中邮轮港口的经营性收费包括以下9个方面：① 引航、移泊费；② 拖轮费；③ 系、解缆费；④ 停泊费；⑤ 港务费；⑥ 货物港务费；⑦ 装卸费；⑧ 工时费；⑨ 其他费用（租用码头、出口货物或集装箱退关收取的费用等）。挂靠港，是指只有邮轮定期停泊和挂靠，拥有邮轮专用的泊位和配套设施，然而并未形成邮轮规模效应的港口，邮轮基本港一般为中途挂靠港。挂靠港是邮轮网络的延伸点，对邮轮进行一定的补给和废料处理作业，同时为乘客提供登岸观光活动。邮轮在挂靠港的停靠时间较短，一般是4~8个小时。一般停靠港则是指能够停泊邮轮，但并未设专用泊位及相关码头设施的港口，通常只供邮轮暂时或短时间停靠，停靠时间一般少于4个小时。发展邮轮经济，最重要的是争取能成为大型邮轮公司的邮轮母港。

邮轮母港的经济效益包括以下组成部分：

① 赚取外汇。邮轮公司是国际企业，游客多为国际游客，邮轮的抵达可以带来数以万计的游客在港口城市休闲娱乐、餐饮、购物消费，可以为港口城市带来可观的外汇收入。一名邮轮游客在邮轮停靠时的消费能力为30美元/小时~40美元/小时，以最低花费30美元/小时计算，一万名游客在母港区域停留10个小时，将会带来300万美元的收入。

② 带来新的产业与商机。邮轮在母港需要添加补给油料、淡水，处置废品，接受港口服务，维护与修理……这都能给母港带来新的产业、新的商机。

③ 促进港口城市就业。邮轮公司一般都要在母港设置规模较大的代表处，招聘一定比例的船务人员，为港口城市直接提供了一定的就业岗位。

④ 提升港口城市国际形象。邮轮母港可以让世界各国家和地区的人了解港口城市，提升国际知名度和国际形象。纵览发达国家的著名港口城市，无不拥有邮轮母港，比如美国的纽约、迈阿密、西雅图，英国的伦敦，西班牙的巴塞罗那，都是著名的邮轮母港城市。

⑤ 提升港口服务管理水平。邮轮对港口服务以及专业人才素养要求很高，邮轮的停靠，能够促进港口码头的运营服务与管理水平的提升。

第三节 邮轮经济学的研究方法

邮轮学的研究方法是其理论体系中不可或缺的重要内容，也是其作为一个学科所必备的基本手段和工具。只有掌握科学的研究方法，才能推动和提高邮轮学科的理论水平和研究成果的实用价值。介于邮轮旅游属于旅游的一部分，所以邮轮经济学的研究方法与旅游经济的研究方法及一般经济学的研究方法有相近之处。

（1）文献研究法

通过对国内外的邮轮产业文献进行研究，在全面了解和掌握国内外邮轮产业的研究背景、发展现状和发展趋势并借鉴国外的成功经验，再对产业链、演化经济学进行搜索，得出一些关于这方面理论的文献，对这些文献的综述进行分析，得出对本书有作用的理论和模型，在这些基础上提出我国发展邮轮产业链的具体应对措施。本书的文献主要来源于中国知网 CNKI（http://www.cnki.net/）等中文数据库，Springer Link、Elsevier、Science Direct 等外文数据库，Cruise Market Watch、CLIA 等官方网站的行业报告，及 Baidu、Google Scholar 和欧美权威股市网站等相关网站检索。

（2）调查法

调查法是科学研究中最常用的方法之一。它是有目的、有计划、系统地搜集有关研究对象现实状况或历史状况的材料的方法。调查方法是科学研究中常用的基本研究方法，它综合运用历史法、观察法等方法以及谈话、问卷、个案研究、测验等科学方式，对教育现象进行有计划的、周密的和系统的了解，并对调查搜集到的大量资料进行分析、综合、比较、归纳，从而为人们提供规律性的知识。调查法中最常用的是问卷调查法，它是以书面提出问题的方式搜集资料的一种研究方法，即调查者就调查项目编制成表式，分发或邮寄给有关人员，填写答案，然后回收整理、统计和研究。在邮轮经济的研究过程中，可以利用调查法对乘坐过邮轮的游客、港口的运营人员及邮轮的工作人员进行走访调研，或者以邮件形式进行沟通取证，可以实现本书对邮轮经济现象整理分析的目的。

（3）观察法

观察法是指研究者根据一定的研究目的、研究提纲或观察表，用自己的感官和辅助工具去直接观察被研究对象，从而获得资料的一种方法。科学的观察具有目的性和计划性、系统性和可重复性。如实体旅行社对邮轮船票的推荐销售过程会给潜在邮轮消费者的正负相关影响，从而导致其购买或不买邮轮船票行为的发生。观察法是邮轮经济研究中一个非常重要的研究手段。

（4）实验法

实验法是通过组织变革、控制研究对象来发现与确认事物间的因果联系的一种科研方法。其主要特点是：第一，主动变革性。观察与调查都是在不干预研究对象的前提下去认识研究对象，发现其中的问题。而实验却要求主动操纵实验条件，人为地改变对象的存在方式、变化过程，使它服从于科学认识的需要。第二，控制性。科学实验要求根据研究的需要，借助各种方法技术，减少或消除各种可能影响科学的无关因素的干扰，在简化、纯化的状态下认识研究对象。第三，因果性。实验是发现、确认事物之间的因果联系的有效工具和必要途径。该方法在研究邮轮经济体关系方面起到至关重要的作用。

（5）统计分析法

统计分析法是指借助统计工具对邮轮经济现象进行研究的方法，是统计学方法在邮轮经济学研究中的拓展。由于该方法既可以用于历史性的时间数列分析，以预测邮轮经济现象的发展趋势，又可以用于共识性分析与研究邮轮现象的空间关系，同时还可以描述邮轮经济现象的分布模式和结构，因此，统计分析在邮轮经济学研究中广泛应用于定量研究中。邮轮经济统计资料对研究邮轮经济活动的规律性具有重要作用，它是邮轮活动最客观最现实的反应，也是统计工具分析处理的对象。统计分析法的第1步就是要搜集整理统计资料，在邮轮经济研究的范围内，这些资料主要来源于世界各个国家以及各个城市区域的各个部门、行业内机构，甚至部分金融机构及公司年报。这些资料通常以统计年鉴或便览的形式发布出来，具有很高的真实性和权威性。因此，上述这些专门机构是我们获取邮轮数据统计资料最直接有效的渠道。对于现有邮轮统计资料进行科学的数理分析是统计分析法最重要的环节，在实际操作过程中，这些分析工作可依托计算机技术，使用Excel、SPSS等分析软件帮助完成。

（6）图标模型法

这是在应用型学科中使用得较多的一种工具性研究方法。绘制表格是处理各项邮轮经济指标的数据排列及比对较为方便、直观的方法，再进行横向或纵向的比较研究时，表格的运用尤其广泛。模型是一种描述性分析工具，用于刻画现象的结构、形态、关系和流程，具有很强的表现力和抽象力。对于复杂的现象，模型分析可以通过图像形式加以有意简化的描述。一个模型旨在表明某种结构或过程的主要组成部分以及这些部分之间的相互关系。此外，邮轮经济作为一种多因素综合体，各部分的内外关联错综复杂，借助建立模型来阐释其各关联因子之间的组成关系和作用机制，有助于我们更好的理解与记忆，因此，图表模型法也是邮轮经济学的基本研究方法之一。

（7）定性研究法

首先，实证分析和规范分析相结合的方法。实证分析和规范分析都是理论研究的基本方法。时政分析主要研究事物与现象"是什么"，即考虑社会经济活动是怎样运作的，而不回答这样的运作效果；规范分析研究事物与现象"应该是怎样的"，并对社会经济活动在一定条件下产生的效果进行评价。邮轮经济正处于成长阶段的发展过程中，当前对其发展的基本特征和规律，客观来讲，除了相对发达的北美地区有一定的认识以外，其他地区尚处于了解和借鉴的认知水平，因而，需要运用实证分析和规范分析相结合的方法，不断提高对其基本特征和发展规律的认识，才能科学而合理地建立邮轮经济的空间系统。

其次，历史分析与逻辑分析相结合的方法。历史分析法是考察事物与现象发生发展过程的常用方法，通过系统的历史考察，能使我们对邮轮经济现象及发展趋势有一个清楚的认识。然而历史分析的方法仅仅能使我们弄清楚事物发展的过程，而其内在的发展规律则需要采取逻辑分析的方法来揭示，通过对观察到的事物发展现象，经过抽象化而得出其内在的规律性。逻辑推理方法中最常用的是归纳推理与演绎推理。归纳推理是从观察到概括、由局部到整体、由特殊到一般的思维方法；演绎推理则是从一般到个别的过程。邮轮经济是一个历史的经济现象，经历了长时间的演变发展，形成的空间系统具有内在的规律性，只有认识了这种基本规律，才能为邮轮经济健康稳定发展提供科学的理论依据。

最后，宏观分析与微观分析相结合的方法。邮轮经济空间系统的研究介于宏观研究和微观研究之间，因此，在对邮轮经济空间系统进行考察时，一方面要运用微观分析的方法，重视其内部各要素的研究，从而更好地把握其具体特征；另一方面需要加强宏观层面的研究，从整体出发，去研究和分析邮轮经济的系统逻辑与动态规律。只有这样才能把握邮轮经济系统带有全局性、长远性和根本性的客观规律，从而采取更加有效的战略行动，促进有人经济实现可持续发展。

思考题

1. 简述邮轮经济的构成要素。
2. 对比理解广义与狭义的邮轮经济。
3. 简述邮轮经济的构成部分。
4. 简述邮轮经济的基本研究方法。

第二章

邮轮经济要素与产品

第一节　邮轮经济要素

一▶ 邮轮经济概述

　　自现代邮轮业诞生于北美、欧洲以来，邮轮旅游作为国际旅游市场中增长最迅猛的一大板块，发展潜力巨大。根据国际邮轮协会（CLIA）资料显示，自1980年以来，邮轮旅游保持年均8%的增长速度，远高于国际旅游业的整体发展速度。而随着世界邮轮产业的飞速发展、邮轮规模的日益扩大，邮轮旅游的经济效益十分显著。按照时间顺序，邮轮经济活动可分成抵达之前、抵达、停靠和离开四个阶段（表2-1）。

表2-1　邮轮经济活动

时间顺序	活　动
抵达之前	邮轮公司在当地办事机构的日常运作、销售、服务，邮轮乘客到达时的交通运输、住宿、餐饮、购物与观光
抵达	当地港口公司的引航，乘客上岸时的关检与港口服务、交通、就餐、住宿、观光与购物等
停靠	邮轮泊位，邮轮补给，废物处理，邮轮维护，邮轮乘客与船员上岸观光时的就餐、景点门票、交通与购物等
离开	乘客上邮轮时的关检与港口服务、邮轮出港时的引航服务

在邮轮经济活动的全过程，不同要素的作用不同，因而我们可以将邮轮经济要素分为以下四类：邮轮生产要素、邮轮经营要素、邮轮服务要素、邮轮设施要素，如图2-1所示。

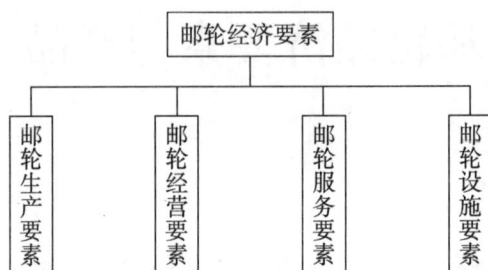

图2-1　邮轮经济要素

二▶ 邮轮生产要素

邮轮生产要素根据其在生产过程中的作用不同可细分为邮轮制造技术要素、人力资源要素、资本要素、旅游资源要素。

（一）邮轮制造技术要素

相比于邮轮运营公司，邮轮设计制造是邮轮经济发展的起点。邮轮制造属于高端船舶制造领域，在邮轮经济链条中，属于技术难度最大、对经济带动作用最强、毛利率最高的环节，目前基本被欧洲垄断。国外邮轮制造企业经过一系列的并购之后，船厂的规模变得越来越大，集中化程度也越来越高，逐渐形成了邮轮设计建造的行业进入壁垒。无设计与建造经验的造船国很难断定其研发和建造的难度，因此邮轮制造技术是发展邮轮旅游的重要因素。在邮轮的设计和建造这一环节中，邮轮设计的核心是要把握并体现西方的贵族文化，建造的重点是豪华、舒适和安全。随着时代和科技的发展，市场需求发生了很大的变化，邮轮建造要求更高，对低碳环保要求明显，而且船型更趋于大型化。同时，邮轮设计制造技术也有助于提高开展邮轮旅游的自由度。2020年年初席卷全球的新型冠状病毒肺炎（COVID-19）疫情，给邮轮旅游带来了巨大的冲击。最先受到疫情影响的"钻石公主"号因出现确诊病例要求所有人员船上隔离，不得下船。邮轮狭小的空间和安全设施条件的简陋，使得隔离成为一项难题。这样一来，人们对于邮轮的安全环保以及独立空间的需求更高，内舱的房间因无窗、透气性差而认可度降低。

（二）人力资源要素

人力资源又称劳动力资源或劳动力。旅游业是劳动密集型行业，邮轮旅游更是如此。邮轮经济中的人力资源是各类相关劳动力的统称，是邮轮经济活动中最具能动性和创造性的要素，它作为基本条件参与邮轮生产的全过程，并对邮轮生产的效率和效果产生决定性的影响。在整个邮轮经济活动的过程中，涉及多个产业，相关劳动力人数多、范围大、背景复杂。从港口城市的各类生产行业和服务行业到邮轮运营行业，技术水平、知识、能力要求都不一样，根据这些行业的要求，人力资源要素在邮轮产业经济的各部门存在差异性。

（三）资本要素

资本是一个很宽泛的概念。经济学认为，几乎是所有能够带来价值增值的资源都可以被看作是资本，如自然资源、生产资料、劳动力等。任何产业的运行，都离不开资本。在这里我们要提到的资本，专门定义为邮轮产业经济活动中，用于生产经营活动而所需投入的货币资金。行业资本投入的迅速增加，使得资金在产业链上不断流动和增值，促进邮轮产业经济结构优化升级，推动邮轮产业经济可持续发展。

（四）旅游资源要素

发展邮轮旅游对港口城市提供的旅游服务有很高的要求。自然旅游资源是否丰富，文化旅游资源是否具有特色，景区的地理位置是否密集，空间分布距离是否合理，与周边城市及周边国家联系是否紧密等都是制约一个港口城市能否成为邮轮母港的重要因素。吸引游客的不是港口本身，而是具有吸引力和知名度的旅游资源，所以邮轮公司在选择停靠港时，除了考虑港口自身条件和所在城市的旅游基础配套设施以外，首先要考虑的是当地有特色的旅游产品和旅游项目。港口城市丰富的历史文化资源和高知名度，以及旅游"六要素"（食、宿、行、游、购、娱）配套设施的完善程度都是吸引游客的重要因素。

三 ▶ 邮轮经营要素

邮轮经营要素根据其在邮轮运营过程中的作用可细分为邮轮公司、邮轮代理商、政府部门、邮轮游客和邮轮旅游产品。

（一）邮轮公司

在过去的50多年里，邮轮经济的快速发展，使得邮轮公司也如雨后春笋般地发展起来。我们将邮轮公司定义为：依托邮轮和海上旅游资源，为旅游者提供愉悦的邮轮旅行经历，从事相关经营活动的营利性经济实体。邮轮公司收益的主要来源是邮轮旅游产品的销售和高质量的邮轮服务。目前，全球各邮轮公司所拥有的邮轮数量和载客能力差异巨大，大型邮轮公司拥有的邮轮数量多达数十艘，而相比之下，中小型邮轮公司最少的只有一艘邮轮。邮轮公司主导邮轮旅游市场，拥有或出租豪华邮轮，设计邮轮旅游航线，开发邮轮旅游产品，目的是瞄准特定的邮轮旅游细分市场，从而获取高额的经营利润。邮轮公司在邮轮经济中有着举足轻重的作用。世界上邮轮公司数量众多，截止到2019年，排名前四的邮轮公司分别是嘉年华邮轮集团、皇家加勒比邮轮集团、诺唯真邮轮公司和地中海邮轮集团。各公司旗下邮轮的特点不同，能够满足不同游客个性化的需求，游客可以根据自己的情况做出选择。在激烈的市场竞争中，各邮轮公司之间的收购重组从未停止过，全球邮轮市场份额的87.1%已由上述四家大型邮轮公司控制，呈现出明显的寡头垄断特征。

（二）邮轮代理商

在邮轮公司业务经营和产品销售的过程中，邮轮旅游代理扮演了至关重要的角色。作为邮轮公司和邮轮游客之间的桥梁，邮轮旅游代理扩大了邮轮旅游产品的分销范围，促进了邮轮公司与邮轮游客之间的沟通，在邮轮经济运行过程中的作用不容忽视。传统的邮轮产品销售模式以代理销售为主，其后逐渐发展成为以代理销售为主、直接销售为辅。无论是哪种模式，邮轮代理商均在其中占据了绝对的主力地位。常见的邮轮代理商包括传统旅行社、在线旅行社（OTA）、其他旅游批发商、行业协会等。邮轮公司和邮轮代理商互相合作，更好地为邮轮旅客提供服务。

（三）政府部门

政府部门是整个邮轮旅游产业中的重要一环。在整个邮轮产业经济的传导拉动过程中，首先应该是有关地区政府部门利用政策工具（包括基础设施建设、产业发展政策、产业发展规划等）影响邮轮旅游供需平衡关系，从而影响邮轮旅游价格体系，以提高邮轮经营者投资意愿和增加邮轮旅游者的数量，最终提升邮轮旅游的经济效益和促进国民经济增长。政府从宏观经济的长期发展出发，利用"无形之手"，帮助调控邮轮旅游经济发展，为行业发展制定完善的行业规则提供依据，有利于避免邮轮行业发展的混乱无序。

（四）邮轮游客

邮轮产业运营以邮轮消费者为中心展开。邮轮消费者也就是邮轮游客，邮轮游客是邮轮经营过程中的服务对象，同时游客的需求是邮轮旅游业存在的前提。随着人们生活水平的提高，人们的闲暇时间和可随意支配收入的增加，使得旅游消费市场在近20年里迅速扩大，邮轮游客占总游客的比例不断提高。自20世纪90年代以来，邮轮产业得以迅速发展，有赖于游客数量以年均7.6%的速度增长。

（五）邮轮旅游产品

邮轮经济活动的核心经营要素是邮轮旅游产品。邮轮公司经营业务的核心部分是通过向邮轮游客提供满足其物质与精神需求的邮轮旅游产品来获得经营利润。游客购买邮轮旅游产品，享受邮轮上的各种设施和服务，欣赏浩瀚大海的自然风光与沿途港口的人文景观，体验邮轮旅游所带来的休闲放松乐趣。在邮轮经济发展过程中，邮轮旅游产品随着时代的发展日渐完善，根据市场的需求，邮轮旅游产品更具个性化，满足了游客的多元需求。其中，邮轮旅游产品的价格是邮轮游客考虑购买邮轮产品的关键因素。合理的价格构成会成为驱动游客参加邮轮旅游的重要因素。邮轮公司会在每本邮轮宣传手册上标注每一艘邮轮航次的价格，并且告知这些价格中包含的项目，以便游客做出旅游预算，并作为选择邮轮航次的参考依据。

四 ▶ 邮轮服务要素

邮轮服务要素根据服务内容的不同可细分为金融保险服务、商业服务、物资供应服务、邮轮餐饮服务、邮轮休闲娱乐服务、邮轮服务和管理的各层级人员。

（一）金融保险服务

邮轮金融作为一项专业性较强的金融业务，需要金融机构对邮轮产业市场有专业化的理解和把握，在邮轮产业链的不同环节上提供不同的金融服务产品支持。以邮轮港口建设融资为例，目前有关港口开发建设的一系列投融资模式，包括政府投资、"地主港"模式融资、贷款融资、上市融资、发行债券、BOT方式融资、ABS模式融资等也适应于邮轮港口建设，并且邮轮港口建设往往也会采用多种融资方式组合的形式。

保险是降低邮轮旅游经营风险的有效途径，更是邮轮游客保障自身权益的重要选择。邮轮产业在邮轮航运保险、邮轮港口基础建设保险、旅游保险、保险资金投资邮轮经济重大项目等方面均有着较大需求，因此保险业的开展对于整个邮轮产业至关重要。航运保险中的船壳险、保赔险均适用于邮轮领域，构成专业的邮轮建造险、邮轮船只险、邮轮承运人旅客责任险、邮轮码头责任险、邮轮船东保障和赔偿责任险等险种。另一方面，由于邮轮产业的任一环节都具有蕴含价值高的特点，一旦遭遇风险，损失必将十分惨重，致使单个保险公司无力赔偿，因此各保险公司在承保邮轮产业相关险种时，普遍利用再保险的方式，用以分散风险、扩大承保能力、稳定经营成果，并以此推动邮轮产业的稳健发展。

（二）商业服务

邮轮游客到港消费，很重要的内容是餐饮、零售、娱乐、宾馆和配套服务。港口城市配套商业服务也是构成对邮轮及其乘客吸引力的重要因素，因此邮轮母港对服务业的要求非常高，商业设施的发展规模也普遍较大，意在吸引游客上岸消费。事实上，如确定在邮轮码头周边发展大型商业设施，目标市场的定位也可以是吸引周边居民到此购买，而不仅仅是邮轮游客，如新加坡邮轮中心。

（三）物资供应服务

物资供应包括邮轮自身的补给与维修、油料添加、生活必备品采购等。作为专业接待和服务的母港，应满足邮轮在港口集散游客、加载燃油、采购生活必需品、补充各类物资和提供邮轮养护维修等需求。后勤服务设施的配套完善，是影响游客体验的重要因素之一。当地港口城市在物资供应方面的配套设施是吸引邮轮公司在此设置邮轮母港的重要因素之一。

（四）邮轮餐饮服务

邮轮餐饮服务又可以称为船上餐饮服务，指的是为游客提供的有关餐饮活动的设施、餐具、菜肴、酒水以及帮助游客用餐的一系列行为的总和。餐饮服务根据与邮轮游客的接触程度不同可以分为直接对客的前台服务和间接对客的后台服务两大部分。前台服务主要是在邮轮上的主餐厅、特色餐厅、自助餐厅、酒吧、咖啡厅、小吃店等部分进行直接对客服务。后台服务是邮轮上的厨房等部分进行的工作，也就是后勤工作。邮轮上优秀的餐饮管理使得丰富多彩的用餐选择成为邮轮上的一大特色，而精心烹制的特色美食也使得邮轮餐饮成为名副其实的优秀榜样。很多航线提供各类精致可口的菜肴，吸引了很多回头客。

（五）邮轮休闲娱乐服务

邮轮休闲娱乐服务是邮轮公司向游客提供的各种船上休闲和娱乐活动服务的总和，是一项综合性的服务，对于丰富船上生活、增进度假体验、提升游客满意度起到了重要作用。邮轮在浩瀚的大海上航行，缺少周边娱乐设施的支持，而休闲娱乐体验又是游客搭乘邮轮的主要目的。为了迎合不同年龄层次、不同活动规律的游客，使游客都能在船上找到自己感兴趣的活动，邮轮公司不断创新，逐渐形成了种类繁多、丰富多彩的休闲娱乐活动，如艺术鉴赏类、文化演出类、博彩娱乐类、休闲购物类、运动健身类、游乐活动类等活动，为游客的邮轮假期增添了无限乐趣。邮轮休闲娱乐服务需要邮轮上多个部门通力协作完成，有时还需要客舱部、餐饮部等部门的积极配合与参与，在服务项目的设置以及服务人员的调配上具有一定的灵活性。邮轮上的主题娱乐活动是在一定的环境或设施下，游客通过参与或自助的形式而进行的娱乐活动，包括的范围比较广泛，常见的主题娱乐活动包括表演类项目、博彩类项目、棋牌类项目、游戏类项目等。邮轮购物也是非常重要的一环，邮轮游客可以在邮轮假期中享受到优质的购物体验，除了在异国港口进行岸上观光时可以购买当地特色商品，还可以在邮轮上享受到免税购物的乐趣。运动健身是游客在邮轮上的重要休闲娱乐活动方式，通过运动健身项目的开展，游客可以在参与中获得锻炼的快乐、竞争的刺激和合作的愉悦。邮轮上常见的运动健身项目包括健身类运动、球类运动和体验类运动。很多乘坐邮轮旅游的游客喜欢带着小孩，邮轮的行程也非常适合全家人一起欢乐出游，因此，邮轮上除了有适合大人的娱乐活动外，对青少年和儿童的节目安排也很精彩。针对不同年龄段的孩子，邮轮上提供不同的活动项目。青少年可以欣赏音乐、电影和玩视频游戏。所有活动均在受过专门训练的辅导员或保育员的监督和指导下进行，以确保孩子们的安全、健康、愉快。邮轮上的摄影师为游客提供摄影服务，从游客登上邮轮开始直至游客下船，摄影师们会出现在游客登船的舷梯、船长欢迎宴（称之为"船长之夜"）、泳池、甲板区域等，为游客拍摄专业的、具有纪念意义的照片，为游客留下美好回忆。冲洗出来的照片将在邮轮上的展示区展示，方便游客看到这些照片并且选择是否购买。很多邮轮公司会通过数码技术合成一些照片，或者将其制成一些小型的纪念品，通过出售给游客来获取收益。

（六）邮轮服务与管理的各层级人员

由于邮轮公司的国际化运营，邮轮上的工作人员来自世界各个国家和地区，年龄、学历、社会背景等各不相同。根据邮轮公司的运营方式的差异，每个公司船上的部门设置不尽相同，以歌诗达为例，除了集团的董事长和CEO之外，在船上，船长是船上的最高负责人和指挥官，下设有甲板部、轮机部、酒店部和医疗部等部门，另有牧师和负责环境事务的岗位。大致上，邮轮上都设置有甲板部、轮机部和酒店部三个主要部门，每个部门根据业务的需要又下设不同的子部门以维持整个邮轮的系统运作。

邮轮的甲板部负责船舶的航行和保养。主要设置有船长、大副、二副等船舶管理人员，报务人员，保安人员，安全人员，环保人员，甲板维修人员等。船长是邮轮上的最高行政长官，对邮轮上的所有事务负责，尤其是邮轮安全。此外，每个航班都会举行船长晚宴。大副等其他管理人是船长的助手。报务主任和报务员负责邮轮整个通信系统的操作和维护。

轮机部主要负责邮轮的推进系统、主机和辅机的安全与正常运转，负责邮轮所有技术操作和机械设备，以及电气系统、安全和消防系统、暖通系统和废物处理系统的有序进行。轮机部包括轮机长、大管轮等管理人员，以及电机、机电等技术人员和维修人员。

酒店部是邮轮旅游的关键所在，酒店服务人员在员工数量上占主导地位。酒店部的负责人通常称为酒店主管或者执行董事长，主要负责掌管邮轮日常事务，如游客账目管理、邮件、实时通讯、贵重物品的寄存等。邮轮的酒店部一般包括餐饮部、客房部、康体服务部、娱乐服务部、岸上观光部、商店等多个子部门，各个邮轮根据船情对部门进行划分和设置。

（五）▶ 邮轮设施要素

邮轮设施要素根据设施类型的不同可分为邮轮、地理位置、邮轮港口及设施、城市交通、船上设施。

（一）邮轮

在邮递服务的初期，洲际的邮递服务，都是依靠邮务轮船将信件和包裹由此岸送到彼岸，邮轮是邮政部门专用的运输邮件的交通工具之一，并且同样运送旅客。现代邮轮是旅游性质的，被喻为流动型的旅游目的地。按照内部设施和装修档次的不同，可以将邮轮划分为豪华邮轮、标准邮轮和经济型邮轮。按照邮轮船型（注册吨位）大小，可以将邮轮划分为巨型邮轮（7万吨以上）、大型邮轮（5万~7万吨）、中型邮轮（2万~5万吨）和小型邮轮（2万吨以下）。巨型邮轮载客量一般为2 000人以上，大型邮轮载客量一般为1 000~2 000人，中型邮轮载客量一般为500~1 000人，小型邮轮载客量一般为500人以下。按照邮轮航行的水域，可以将邮轮划分为远洋邮轮、近海邮轮和内河邮轮。远洋邮轮一般航程较长，航期为10~15天，甚至更长；近海邮轮和内河邮轮航程较短，航期一般在7天左右（见表2-2）。

表2-2　邮轮分类标准及类型

分类标准	邮轮类型
内部设施和装修	豪华邮轮、标准邮轮、经济型邮轮
船型大小	巨型邮轮、大型邮轮、中型邮轮、小型邮轮
邮轮航行的水域	远洋邮轮、近海邮轮、内河邮轮

（二）地理位置

邮轮母港的选址和邮轮航线密切相关，而邮轮航线的规则，取决于旅游资源的丰裕程度以及岸上观光的可开发性。比如，以地中海为中心的欧洲各国普遍崇尚航海文明，且有大量的自然和人文旅游资源，因此，沿线分布有很多的邮轮港口，其中不乏巴塞罗那等著名邮轮母港，其选址既继承了欧洲城市港口发展的传统，又体现了现代文明。

（三）邮轮港口及设施

目前，世界版图内的邮轮港口已经形成了较为稳定的布局形态。从区位分布看，全球邮轮港口主要分布在四大地区：北美、欧洲、亚太和大洋洲地区，其中北美和欧洲是邮轮港口聚集度最高的区域。邮轮母港是国际旅游者的集散地、邮轮产业链的组织者、规模经济的新引擎和区域经济的增长极。邮轮母港不仅是邮轮运输的中心环节，也是邮轮经济体系中的重要经济要素之一，随着邮轮经济的不断发展，其功能从传统上的运输功能向工业生产、商业、服务等多功能的方向发展，伴随着大量客流、资金流、信息流的汇集，邮轮母港越来越成为社会经济活动的集聚地，其发展水平已成为衡量一个临海国家或地区经济发展水平的重要标志。按照码头是否设有专用设施、固定航线、游客流量的大小及是否设有公司总部，邮轮港口分为一般停靠港、邮轮基本港和邮轮母港三种类型（表2-3）。一般停靠港是指能够停泊邮轮，但未设专用泊位以及相关码头设施的港口，通常只供邮轮临时或短时

表2-3 邮轮港口类型及配套内容

港口类型	配套内容
一般停靠港	能够停泊邮轮，但未设专用泊位及相关码头设施，通常只供邮轮临时或短时间停留
邮轮基本港	有邮轮定期停泊和挂靠，拥有邮轮专用的泊位和配套设施，然而并未形成邮轮规模效应
邮轮母港	邮轮出发和返程并进行后勤补充和维修的固定地点，也是游客的集散地，拥有包括定期和不定期停泊大型邮轮的码头，配套设施齐全、相关产业发达、旅游资源丰富

间停留。邮轮基本港是指有邮轮定期停泊和挂靠，拥有邮轮专用的泊位和配套设施，然而并未形成邮轮规模效应的港口。邮轮母港是指邮轮出发和返程并进行后勤补充和维修的固定地点，也是游客的集散地。它不仅拥有包括定期和不定期停泊大型邮轮的码头，还具有配套设施齐全、相关产业发达、旅游资源丰富等特点。按服务辐射范围大小分为国际性邮轮母港和区域性邮轮母港，前者既有跨洋跨洲航线，又有近海航线；后者以近海航线为主。国际上邮轮经济发展较好的港口城市，包括全球排名前位的邮轮港口，均设有多个停泊位置，可供巨型邮轮停泊之用，如迈阿密、新加坡、上海等（图2-2）。

图2-2 上海吴淞口国际邮轮码头"三船同靠"

邮轮母港发展的基本条件包括地理位置、港口设施、交通运输、旅游资源、商业服务、物资供应、金融保险等。邮轮母港必须设有专有的泊位、上下车船通道、候船厅和停车场。邮轮码头的建设需要注意实用性和便捷性，候船厅的商业设施和辅助设施建筑应该精致、紧凑，重在突出码头组织邮轮游客快速上下船的功能。邮轮码头清关速度的快慢直接影响邮轮的靠泊以及邮轮公司是否选择在该港开设邮轮航线的可能性。

（四）城市交通

旅游者出行的基本交通网络的建设在邮轮旅游经济发展中至关重要。安全、便利、快捷、舒适是邮轮旅游者对旅游交通的基本要求。凡是邮轮产业发展较快的地方，都有比较便利的交通运输条件。在邮轮码头构成的交通枢纽中，只有各个子系统相互配套组合，才能发挥应有的作用，最终实现邮轮与城市的无缝衔接。交通网络的方便快捷，可以解决游客的就近上船问题，为游客提供方便的出行条件。在中途停靠时，邮轮游客上岸游览的时间多为半天或大半天，时间的限制对于交通网络的便捷性要求更高，"进得来、散得开、出得去"的智慧、便捷城市交通才能让游客在有限的时间里尽可能体验岸上风光。

（五）船上设施

邮轮上的空间一般包括客房空间、非公共空间和公共空间。供船上员工使用的空间一般位于客房甲板以下，包括船上员工客房、餐厅和娱乐设施空间。其他非公共空间包括船长驾驶室、船上厨房和机械区域等。公共空间是游客汇集的场所，常见的区域有接待区、餐厅、演出大厅、泳池区、健身区、礼品店、医疗设施、展示区和赌场。此外，还设有儿童乐园、酒吧、攀岩壁、棋牌室、多功能厅、网吧、电子游戏室、图书馆和教堂等。邮轮上设有不同等级的舱房，主要有内舱房、海景房、阳台房和套房四个等级。内舱房位于邮轮的内部，通常不设窗户，价格最便宜；海景房比内舱房多了一个封闭的窗户，乘客只能在房间内感受阳光与海景；阳台房设有面向大海的宽大落地窗户和阳台，乘客可以走出房间直接感受阳光与海景；套房一般设有起居室、卧室和浴室，通常可供两人以上住宿，因面积最大、设施齐全、定制服务、视野开阔，价格也最为昂贵，一艘邮轮上只在船头设少量的套房。

邮轮上的剧院是进行重要演出活动的场所，如大型音乐演出、喜剧表演、歌舞表演或者魔术表演。剧院也是最大的游客集中区域，既可以用于应急演习，又可以作为岸上旅游的集合地点。剧院通常每个晚上有2~3场表演，表演活动是按时间滚动进行的，这样的设计确保节目看起来新鲜、有趣和新颖。当前，邮轮上的剧院可以给游客带来更加梦幻的体验。例如，"迪士尼魔力"号邮轮上的华特·迪士尼剧院拥有977个座位、12米宽的舞台、可移动的背景、舞台升降机、最新式的灯光以及音响系统，可供游客观赏原版百老汇风格的迪士尼现场表演、迷人的迪士尼音乐剧及最新的数字3D电影。现代邮轮除了停靠码头，绝大部分的时间都是在公海上进行，各国的法律规则对其没有绝对的约束力，因此，绝大多数的邮轮上都设有赌场。邮轮上的赌场是一个充满激情和刺激的场所，和拉斯维加斯的赌场具有相似的浮华与美丽，但性质却大有不同。现代邮轮往来于世界各大邮轮航线，主要是以游客观光游览和休闲度假为主，赌场的开设除了能盈利，还能享受博彩文化盛宴。

第二节　邮轮旅游产品

邮轮公司经营业务的核心部分是通过向游客提供满足其物质与精神需求的邮轮旅游产品来获得经营利润。随着现代意义上的邮轮公司的诞生及邮轮度假业务的展开，邮轮旅游产品这一概念也被越来越多地提及。当提到邮轮旅游产品时，人们会联想到诸如大海、美食、表演等各种要素。事实上，邮轮旅游产品是一个可以明确界定的组合产品。游客购买邮轮旅游产品，享受邮轮上各种设施与服务，欣赏浩瀚大海的自然风光与沿途港口的人文景观，体验邮轮旅游所带来的休闲放松乐趣，而邮轮公司从邮轮旅游产品的供给中获得经营利润。邮轮旅游产品，未来将集度假、娱乐、会议、休闲多功能于一身，实现一站式服务。

（一）▶ 邮轮旅游产品的概念与特性

（一）邮轮旅游产品的概念

邮轮旅游产品可以定义为一种多功能、复合型的海洋休闲旅游产品，是指由邮轮公司提供，以邮轮为载体，满足旅游者在旅游活动过程中精神、文化、生活需求的物质实体和非物质形态的服务的各种要素的组合，并可以组合海上休闲、观光、度假、健身、会议、婚庆、潜水、探险等内容。以邮轮本身和邮轮航线为典型和传统的市场表现形式。

除此之外，参照旅游产品定义[1]，我们可以从供给者和需求者的角度来分别进行界定。从供给者的角度来讲，邮轮旅游产品指的是邮轮公司借助一定的旅游资源和旅游设施，为旅游者提供的满足其在邮轮旅游过程中综合服务需要的组合。从需求者的角度来讲，邮轮旅游产品是指旅游者以货币的形式向邮轮经营者购买的全部的有形与无形产品的总和。

关于邮轮旅游产品的定义需要注意以下几点。

1. 邮轮旅游产品的供给以"邮轮"这一特定的旅游资源和旅游设施为载体

没有邮轮，邮轮旅游产品也就无从谈起，邮轮公司经营也就无法实现，这一点与其他旅游产品有着明显的差异。邮轮既是旅行的工具，又是旅游目的地，还是重要的旅游吸引物，并且相比于其他旅游产品，邮轮旅游产品更加依赖于水资源，水体环境是开展邮轮旅游的基础。

---

[1] 林南枝，陶汉军.旅游经济学［M］（第3版）.天津：南开大学出版社，2009.

2. 邮轮旅游产品是有形产品和无形产品的总和

邮轮公司为游客提供餐饮、住宿、游览、娱乐等多种服务，满足游客在邮轮旅游过程中食、住、行、游、购、娱的需要，游客参与邮轮旅游，除了可以消费基本有形产品，还可以获得美好的心理体验，领略浩瀚大海的魅力。

3. 邮轮旅游产品是一种高端休闲度假产品，也是一种全新的旅游度假概念

邮轮作为一个平台，既要求有酒店功能，也要有娱乐休闲的度假区功能，能够欣赏与众不同的风光，其复杂程度比一般旅游产品更高，但是对于顾客而言，方便程度高于其他旅游产品。邮轮旅游产品提供一种类似但甚于旅游度假地的休闲体验。

（二）邮轮旅游产品特性

邮轮旅游产品不论是硬件设施和软件服务上都有区别于其他旅行方式的特性，邮轮旅游产品几乎涵盖吃、住、行、游、购、娱等方方面面，其复杂程度可见一斑。

1. 服务载体的特殊性

与其他旅游产品截然不同的是，邮轮是艺术性、科技性、历史性、人文性与多样性的统一。邮轮服务所借助的设施是航行的邮轮，因此在邮轮旅游产品中，游客想在海洋、湖泊、河流等水域进行观光、度假，都要依赖邮轮这一载体才能实现，而邮轮自身又包含旅游饭店的所有服务功能，这就是邮轮旅游产品特殊性之所在。

2. 服务内容的复杂性

邮轮服务是提供邮轮服务的管理者和员工通过邮轮以及邮轮各种硬件服务设施，借助一定的旅游资源，通过一定的手段向游客提供的满足核心利益的所有服务总和。从产品消费者角度分析，邮轮服务分为主要的核心服务和辅助的基本服务两个板块。从产品提供者的角度分析，邮轮服务涵盖了吃住行游购娱等服务以及紧急情况下的应急服务。从服务类型上分析，又分为硬件服务和软件服务。此外，邮轮是通过为游客提供一种愉悦的经历来完成的，游客愉悦的经历又是由多个邮轮服务细节组成的，可见其服务的复杂性。

3. 产品的综合性

邮轮除了满足水上运输功能之外，又兼有酒店、休闲度假等功能，可以为游客提供旅游组织及吃、住、行、游、购、娱等综合服务的多种功能。邮轮内部的协调性能够保障游客消费旅游活动中所有的产品和服务。乘坐豪华邮轮出游度假，曾是欧美国家社会人群热衷的度假方式，如今在中国也开始为越来越多的普通人所接受。邮轮能够提供满足旅游者旅游活动中全部需要的产品和服务，因而邮轮旅游产品具有综合性。

（二）▶ 邮轮旅游产品构成

（一）邮轮旅游产品的构成要素

分析邮轮旅游产品的构成时，不仅需要从理论层面对于邮轮旅游产品的抽象概念进行理解，还需要结合实际情况进行分析。而在实际的经营中，邮轮公司提供的邮轮旅游产品是以邮轮旅游航次作为具体的表现形态，并且以航次为单位在市场上进行售卖。在任意一个旅游航次中，都包含航行服务、航行线路、航行船只以及航行时间四大构成要素（见图2-3）。对于邮轮旅游产品的认知，也可以从这四个方面来进行。

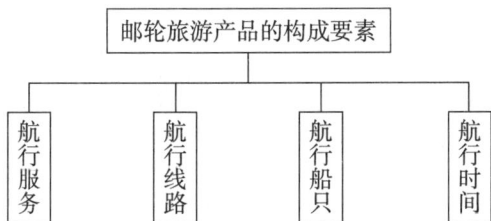

```
           邮轮旅游产品的构成要素
    ┌──────────┬──────────┬──────────┐
  航行服务    航行线路    航行船只    航行时间
```

图2-3 邮轮旅游产品的构成要素

1. 航行服务

邮轮旅游产品的核心要素是航行服务。航行服务是指在邮轮旅游全过程中为旅游者提供的服务内容、方式、态度、速度与效率等。在消费邮轮产品的过程中，除了消费少量的有形物质产品如餐饮产品外，主要是对邮轮所提供的各种服务的消费，包括为了满足休闲、游览、度假等核心利益的需求所提供的服务，也包括满足游客在游览过程中维持正常生活需求的基本服务。因此，旅游者购买的邮轮旅游产品不仅包括有形产品，还有整套无形的服务，邮轮服务才是组成邮轮旅游产品的核心要素。不同的邮轮旅游航次，其服务项目的多少以及服务内容的深度也有所不同，故而航行服务是邮轮公司产品竞争的重要内容。从服务的产生过程来看，邮轮航线服务是从事服务工作的前提，服务技术是服务工作的基础，也是评判服务质量的标准，服务态度是对旅游者的尊重和理解，也是旅游者关注的重点。从静态角度来看，邮轮航行服务包括服务项目和服务价格。服务项目是在邮轮设施基础上的扩大和深化，服务项目内容多少决定着能否为旅游者提供方便、快捷、高效以及有特色的服务形式与内容；不同的价格反映着所提供的不同等级的服务，服务价格是服务质量的货币形式，价格是邮轮游客衡量旅游产品的要素之一，这是国际旅游业的通行原则。

2. 航行线路

虽然邮轮即是旅游目的地，但是邮轮旅游产品亦不能忽略航行要素。邮轮航线是邮轮从母港出发到结束行程靠岸过程中所航行的路线，通常会受到季节、水域以及港口目的地的旅游吸引物等因素的影响。航线的设置及可能经过的停靠港，都需要慎重考虑。邮轮航线对于邮轮旅游产品能否吸引客源也会产生很大的影响。任何一个邮轮旅游航次都要制定航线的规划，以此来满足旅游者对邮轮旅游产品的不同期望。

3. 航行船只

邮轮是完成邮轮旅游活动必须具备的要素，也是邮轮旅游产品的必备要素。搭乘的邮轮不同，旅游者的航次体验不同。作为构成邮轮旅游产品的必备要素，邮轮从两个方面影响游客对于某一邮轮航次的感知：

一是邮轮的设施。大型邮轮拥有宽敞的客舱、餐厅、剧院以及众多的娱乐设施，小型邮轮在内部装潢与艺术设计方面也颇有特点，大小邮轮各具特色，能够满足不同游客的需要，从而对游客产生不同的吸引。邮轮是旅游者完成旅游活动所必须具备的物质条件。游客对邮轮的感知，取决于邮轮的吨位大小、空间布局、设施设备及装饰装潢。

二是邮轮的形象。邮轮的形象是旅游者对于邮轮的综合看法，涉及邮轮公司的历史、邮轮品牌的定位、邮轮的设计风格、知名度和美誉度等诸多方面。邮轮形象的好坏直接影响旅游者的购买决策。

4. 航行时间

旅游者在考量某一邮轮旅游产品时，关注的另一个要点是航行时间。航行时间会限制游客的选择。航行时间包括两方面的含义，既可以表示邮轮航次安排时间的淡旺季之分，又可以表示某一具体航次中邮轮航行时间的长短。一方面，邮轮旅游产品具有典型的季节性，季节变化影响着邮轮产品在市场上受欢迎的情况。邮轮旅游需求在一年中不同的时间呈现波动状态，故而在邮轮旅游航次中会体现出季节性要素；另一方面，某一邮轮旅游航次的航行时间的长短也会影响游客的购买选择，一些游客青睐时间较短的行程，而另外一些游客则希望有更多的游览时间。

（二）邮轮旅游产品的五个层次

对于邮轮产品的认知，还可以从整体产品观念的五个层次进行深度剖析。在整体产品观念的指导下，邮轮旅游产品需要在核心产品、形式产品、期望产品、延伸产品和潜在产品五个层次（见图2-4）进行最佳组合，梳理清楚产品的主次关系，才能更好地确定产品的市场位置，发掘潜在客户的需求，才能形成产品的竞争优势，开拓新的市场。

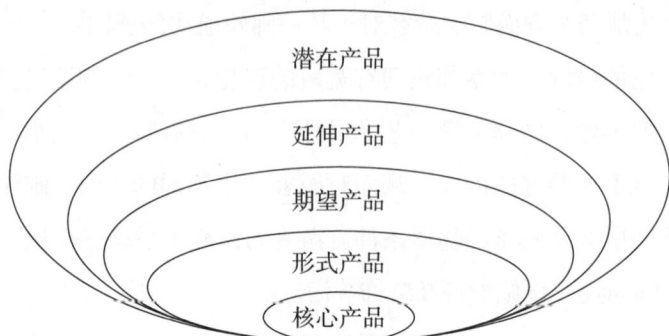

图2-4　邮轮旅游产品的五个层次

1. 核心产品

核心产品是基于消费者购买的基本对象，它是由对旅游者核心利益的满足而设计开发出来的，是消费者购买的某航次邮轮提供的服务，这是整个产品概念中最重要的部分，也是邮轮公司开展邮轮旅游的先决条件。旅游者的核心利益即通过购买邮轮旅游产品来满足其观光娱乐和休闲度假的需要。这种利益是无形的，而很大程度上与邮轮乘客的主观愿望相关。消费者选择邮轮旅游，是为了休闲和放松；在餐厅用餐，是为了满足其饮食需求。由于邮轮旅游的核心产品大同小异，因此在核心产品设计上要注重细节问题。核心产品需要通过形式产品体验出来。

2. 形式产品

形式产品是将核心产品形式化而产生的，是能够满足消费者需求的实实在在的产品和服务。它包括邮轮上所提供的各种餐厅美食、各种舒适的客舱以及各种各样的休闲娱乐活动项目，还包括邮轮旅游过程中所欣赏到的自然风光和人文景观。形式产品应具备品牌价值高、品质高、富有特色、服务质量上乘和安全系数高等特征。

3. 期望产品

期望产品是消费者在购买旅游产品时必然产生的种种期望，诸如舒适度、安全感、受人尊重及良好的服务等。消费者在邮轮旅游的过程中，除了消耗有形的物质产品之外，主要是对邮轮提供的各种服务的消费。邮轮在满足消费者参观、游览、住宿、用餐等基本需要的同时，还应该满足其对气氛、便利和愉悦等期望的主观愿望。

4. 延伸产品

延伸产品是邮轮形式产品与期望产品的延伸和进一步完善，是附带获得的各种利益的总和。这些产品往往不属于必须提供的产品与服务，但能够使之与其他邮轮产品区别开来，从而在激烈的市场竞争中获得优势。在为消费者提供形式产品并使其期望得到满足的同时，可以进行邮轮旅游产品的创新，如超过期望的美食、价格折扣、赠送礼品、售后服务等。

5. 潜在产品

随着外部条件的成熟，可以策划新的旅游产品。潜在产品是指现有邮轮旅游产品可能的演变趋势和前景，通常超越消费者的期望和预料。此外，潜在产品还可以是为满足个别消费者的特殊需要而提供的特殊性、临时性的服务。邮轮潜在产品通常会随着新航线的开辟、主题套餐的推出以及新邮轮的下水而开发，可以吸引游客的目光，给人耳目一新的感觉。即将上市或在筹备过程中的新产品，通常潜在产品要以突出创新为主。

邮轮旅游产品的五个层次各具特点、相互独立又紧密连接。在这五个层面上，确保形式产品和期望产品的质量，是使消费者满意的前提条件。延伸产品和潜在产品是邮轮旅游产品灵活性的具体表现，同时也是形式产品在现有价值之外的附加价值。这五个层面的全部意义在于提供一个具有质量保证、具有一定灵活性和竞争优势的邮轮旅游产品。

（三）▶　邮轮旅游产品类型

根据不同的分类标准，邮轮旅游产品可划分为多种类型。常用的分类标准有按照邮轮航行路径分类、按照邮轮航线长短分类、按照邮轮出发港口分类以及按照邮轮航线特色分类等（见表2-4）。

表2-4　邮轮旅游产品的类型

分类标准	产品类型
邮轮航行路径	往返航线邮轮旅游产品、单程航线邮轮旅游产品
邮轮航线长短	中短线邮轮旅游产品、长线邮轮旅游产品和环球航线邮轮旅游产品
邮轮出发港口	境内母港航线邮轮旅游产品、境外母港邮轮旅游航线产品
邮轮航线特色	休闲度假型产品、观光型产品、会议型邮轮旅游产品，其他主题型邮轮旅游产品

（一）按照航线路径分类

按照邮轮的航行路径进行划分，邮轮旅游产品可以分为往返航线产品和单程航线产品两种类型。

1. 往返航线产品

往返航线产品是指邮轮出发和返程都在同一港口的邮轮旅游产品。在邮轮旅游市场，往返航线产品比较多见，既有经停一两个港口的直线式往返航线产品，又有经停多个港口的环状式往返航线产品。往返航线产品增加了游客从家到集散港口的交通便利性，在市场上受到较多欢迎且在很多情况下经济适用。

2. 单程航线产品

单程航线产品是指邮轮从一个港口出发，经停中途靠港后，游客在另一个港口下船，完成邮轮旅游全过程。在同样的时间内，单程航线产品停靠的港口较多，基本上不走回头路，相对的观光内容也更加丰富，游客可以领略不同的停靠港风光。单程航线产品也存在一些不便之处，比如航线跨度大，游客需要用航空、铁路等交通方式往返，会带来一定的不便。一些邮轮公司会采取包价的形式为游客提供往返交通服务，为游客提供便利。由于单航线产品的特殊性，因此一般在高端旅游产品中比较常见，邮轮在转港或转区域航行时也会设计此类产品。转港航线是邮轮结束一个母港航季之后，转向另外一个母港时开辟的航线。转港航线经常要跨越大洋，相较于只在母港附近单一海域航行的短航线，此类航线目的地的丰富程度已经接近于环球航线。

（二）按照航线长短分类

按照邮轮航线长短进行划分，邮轮旅游产品分为中短线邮轮旅游产品、长线邮轮旅游产品和环球航线邮轮旅游产品三种类型。

1. 中短线邮轮旅游产品

游客搭乘邮轮进行海上旅行，享受船上精美的膳食、丰富的活动，欣赏国内外港口城市的风光，可以选择航程在10天以下的中短线邮轮旅游产品。中短线邮轮旅游产品航线较短，灵活便捷，在邮轮旅游市场上比较多见，市场接受程度也比较高。由于休闲时间的限制，中国游客更加青睐6天5晚、5天4晚、4天3晚的航线产品。一些邮轮公司也会推出2天1晚、3天2晚的海上巡游航线，以满足特定消费者的需要，这些航线多数属于内河邮轮旅游产品。

2. 长线邮轮旅游产品

长线邮轮旅游产品的航程是10～15天甚至更长。游客选择此类邮轮旅游产品以轻松游览多个港口。享受更加惬意、深度的邮轮旅游假期。长线邮轮旅游产品在阿拉斯加航线、北欧航线、澳新航线中比较多见，适合邮轮旅游经验比较丰富的旅游者。在邮轮旅游产品销售中，通常会把搭乘飞机从境外港口登船的产品开发为长线邮轮旅游产品。

3. 环球航线邮轮旅游产品

长达数月的环球或洲际巡游航线也在市场上占有一席之地。由于环球航线产品巡航时间长，故而也可以分段进行销售。环球航线邮轮旅游产品的消费群体特征更明显，与普通邮轮的消费区别显著，很多时候都是根据特殊情况专门设计的环球航线。

（三）按照出发港口分类

按照出发港口进行划分，邮轮旅游产品分为境内母港航线产品和境外母港航线产品两种类型。

1. 境内母港航线产品

境内母港航线产品一般是本国游客直接从国内相对较近的港口城市出发搭乘邮轮的旅游方式。这也是邮轮旅游市场中相对来说占主导地位的产品，比较适合大众邮轮旅游市场的需要。

2. 境外母港航线产品

境外母港航线产品也称为海空联程邮轮旅游产品，是需要衔接长距离飞行在境外搭乘邮轮的旅游方式。目前，中国的境外母港航线产品主要目的地在地中海、加勒比海等传统的邮轮旅游市场集聚地。境外母港航线产品的消费人群旅游经验丰富，注重精神享受，具有很高的旅游期望，并且对价格不甚敏感。相较于境内母港航线产品，境外母港航线产品将邮轮体验与远距离陆上观光相结合，最大限度增加产品性价比，给游客提供更多的选择。

（四）按照航线特色分类

按照航线特色进行划分，邮轮旅游产品分为休闲度假型邮轮旅游产品、观光型邮轮旅游产品、会议型邮轮旅游产品和其他主题型邮轮旅游产品四种类型。

1. 休闲度假型邮轮旅游产品

休闲度假型邮轮旅游产品是指能为旅游者提供利用节假日休息时间，乘坐邮轮进行娱乐消遣休闲活动的旅游产品。在世界范围内，很多地区因为终年气候温暖、拥有阳光沙滩，水域不冻，有良好的靠港条件，沿岸拥有丰富多彩的自然风光和文化资源，能满足登岸参观条件的旅游目的地众多，这些区域便成了理想的邮轮巡航停靠活动区域。还有深受欢迎的内河巡游，如中国的长江三峡、美国的密西西比河、法国的塞纳河等。同时由于邮轮巨型化的发展，使游客乘坐悠闲、舒适，并提供完善的各种娱乐活动设施，能够满足顾客的各种休闲娱乐度假需求的服务，并且能简化很多出行手续，因而能够满足消费者休闲度假的需求，解决了很多后顾之忧，而逐渐受到休闲度假旅游者的青睐，使得市场上度假型邮轮旅游产品较为多见。购买度假型邮轮旅游产品的消费者，其目的在于休闲和娱乐，并不在于景观的多样性，故而度假型邮轮旅游产品所串联的旅游目的地较少，有的甚至只经停一两个港口。

2.观光型邮轮旅游产品

观光型邮轮旅游产品是指旅游者乘坐邮轮航线在湖泊、江河、海洋以及欣赏沿岸风采、了解民族风情、浏览名胜古迹、感叹建筑成就等为主要目的的邮轮旅游产品。作为旅游市场上较为高端的旅游项目，邮轮旅游多以休闲度假为目的，这也是邮轮旅游的本质属性。邮轮旅游刚兴起的时候，邮轮旅游产品是观光型邮轮旅游产品为主。此类产品会包含更多的邮轮旅游目的地，因此设计成本相对较高。目前，在我国，观光型邮轮旅游产品是邮轮旅游产品的主要部分。但是为了更好地满足市场上多元化的需求，邮轮公司也会竞相开发设计新型的观光型邮轮旅游产品，在单纯的邮轮观光产品的基础上，注入更丰富的文化内涵，带领游客观光和饱览异域风情。

图2-5　歌诗达邮轮"赛琳娜"号

3.会议型邮轮旅游产品

会议型邮轮旅游产品是指企业或个人利用邮轮平台举行各种会议论坛等活动，而购买邮轮旅游产品和综合服务消费。此产品形式主要针对企业年会、领域论坛、公司合作谈判等，是一种比较新型的产品。

4.其他主题型邮轮旅游产品

主题型邮轮旅游产品是聚焦于某一主题要素打造的邮轮航次，各项活动安排有比较专业的内容和属性，具有较强的文化性、专题性和趣味性。市场上常见的主题型邮轮旅游产品包括邮轮文化旅游产品、邮轮婚庆旅游产品、邮轮健身旅游产品等，适应消费者个性化、多样化的利益需求。

如"赛琳娜"号是歌诗达船队中独具古罗马风格的邮轮，她以富丽恢宏的内饰设计和精致细节完美还原古罗马神话传说，为乘客们打造充满欧式浪漫氛围和深厚文化渊源的"海上古罗马"之城。置身这座漂浮于海上的梦幻宫殿，邮轮的每一隅如同是对古罗马文明及欧式艺术的礼赞。

图2-6 "赛琳娜"号甲板图

"赛琳娜"号的宙斯大剧院，可同时容纳1 350人，从罗马竞技场获得灵感并构建，3层环形座位让观众在任何角度都能欣赏完美的表演。

图2-7　"赛琳娜"号上的宙斯大剧院

（四）▶ 邮轮旅游产品的开发

邮轮旅游产品具有明显的规模经济效应，一方面是邮轮公司规模越大，其邮轮数量规模就越大，所提供的娱乐服务内容就多，也就能越吸引乘客；另一方面，邮轮的船体规模越大，每次运载的乘客数量也就越多，邮轮巨大的固定成本分摊到每位乘客上的就越少，邮轮乘客的票价就可以降低，这又可以扩大邮轮旅游产品的顾客需求量。邮轮旅游产品以大海中航行的邮轮作为依托来满足游客的需要，邮轮这座"海上漂浮的度假村"向游客传递出全新的旅游度假概念。目前邮轮市场上不断扩大的供给市场与需求市场的增长存在不平衡的现象。邮轮旅游产品面临的结构性失衡可能体现在邮轮旅游产品的价格、时间和航线安排上。与此同时，邮轮旅游市场的常识性内容宣传不足和宣传手段缺乏针对性，也是导致供需结构失衡的影响因素之一。相较于一般的旅游产品，邮轮旅游产品面向不同的消费市场，开发符合消费者需求的邮轮旅游产品，邮轮公司需要在全面认知邮轮旅游市场的基础上，采取切实有效的营销手段使消费者满意才能使企业盈利。

（一）邮轮旅游消费市场

邮轮旅游消费市场庞大而分散，是邮轮旅游产品供给的终极目标所在。邮轮旅游消费市场是对邮轮旅游产品有购买能力、购买欲望的消费者群体。邮轮旅游消费者类型多种多样，这些消费者是邮轮旅游产品的购买者，是邮轮公司得以生存和发展的关键因素。正是有了众多不同需求的消费者，邮轮公司的各项经营业务才能够顺利进行。在区分邮轮旅游消费者时，常见的划分标准包括地理变量、人口变量、心理变量和行为变量等，如图2-8所示。

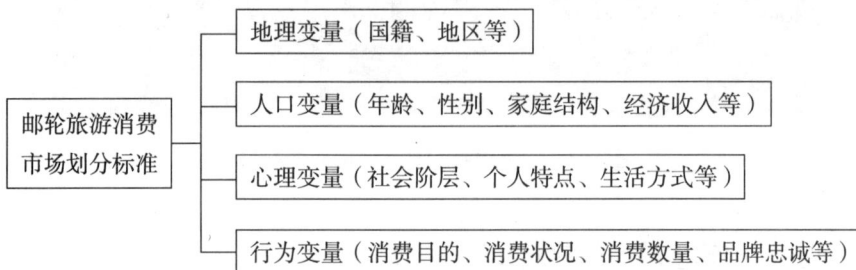

图2-8　邮轮旅游消费市场的划分标准

1. 基于地理变量细分消费者

基于地理变量细分邮轮旅游消费者，就是考虑消费者所在地的地理位置和自然环境等。来自世界各地的邮轮消费者，由于国家和地区的习惯和偏好不同，对于邮轮旅游产品往往有不同的需求和偏好，比如亚洲邮轮游客注重邮轮客舱的装饰设计和设施设备，而欧美邮轮游客更倾向于客舱的整洁、卫生与舒适。目前在中国市场上运营邮轮旅游航次的国际邮轮品牌，通常都会针对中国消费者的特点来开发邮轮旅游产品，就是注重了地理变量这一重要的划分标准，更加适应市场的需求。

2. 基于人口变量细分消费者

基于人口变量来细分消费者，就是考虑消费者的年龄、性别、收入水平、职业、家庭结构、文化程度、宗教、民族等人口特征。消费者对邮轮旅游产品的愿望、偏爱以及购买的频率与人口因素密切相关。

（1）年龄。年龄不同，消费者的需求和消费能力有所不同。年轻人观念新、爱冒险，更愿意尝试新的邮轮和新的设施。中老年人携家人出游，喜欢热闹的气氛，希望有比较多的娱乐的安排以及青少年活动。老年人退休后没有工作压力，没有子女的羁绊和家庭负担，喜欢慢节奏的旅行方式，是邮轮公司的理想客源。

（2）性别。性别不同对邮轮旅游产品的需求也表现出一定的差异。随着女性就业率的提高，参加邮轮旅游的女性游客数量在不断增加，很多邮轮公司非常重视女性客源市场，在邮轮旅游产品的设计和服务中更多考虑女性的消费需求，比如增加更多的舞蹈课程、购物与水疗等。

（3）家庭结构。家庭是社会的细胞，也是消费的基本单位。单身游客与家庭游客的邮轮旅游产品消费需求和消费特点有较大的不同。嘉年华、迪士尼等邮轮旅游品牌会侧重于吸引带小孩的家庭游客，会在邮轮的娱乐设施和活动安排上体现更多亲子游的特色。

（4）经济收入。消费者的经济收入和支付能力与邮轮旅游消费的层次、结构和水平之间存在着直接的联系，是引起邮轮旅游消费需求差别的一个直接而重要的因素。在邮轮旅游市场中，银海邮轮、丽晶七海邮轮等品牌定位高端，为经济收入较高的邮轮旅游消费者提供尊享奢华的邮轮旅游体验，就是为了满足经济收入不同的消费者之间的差异化需求。

3. **基于心理变量细分消费者**

基于心理变量细分邮轮旅游消费者，就是考虑消费者的心理特征。消费者的心理因素十分复杂，会受到来自社会阶层、个性特点、生活方式等多方面的影响。

（1）社会阶层。消费者所受到的教育、从事的职业以及人生观、价值观等多种因素决定了其所处的社会阶层不同，故而产生的消费习惯也有所不同。

（2）个人特点。消费者具有不同的个性，故而邮轮旅游产品也往往被赋予某种个性。

（3）生活方式。生活方式是消费者对待自己的工作、休闲、娱乐的态度。生活方式不同，对邮轮旅游产品的需求也有所不同。

4. 基于行为变量细分消费者

基于行为变量细分邮轮旅游消费者，就是考虑消费者的消费目的、消费状况、消费数量、品牌忠诚等。

（1）消费目的。邮轮乘客消费的目的多种多样。游客对邮轮旅游产品的消费是伴随其外出旅行的目的来产生的。观光型的消费者以外出观赏异地风景名胜、风土人情为目的，探险型邮轮的旅游消费者以探索奥秘、实现自我为目的。

（2）消费状况。按照消费者是否购买过邮轮旅游产品以及购买邮轮旅游产品的频次，可以分为不购买者、潜在购买者、初次购买者、重复购买者及经常购买者等多种消费者。邮轮公司不仅要使潜在购买者变成初次购买者，还要培养更多的重复购买者和经常购买者。

（3）消费数量。个体旅游消费者是以个体或家庭的形式参加邮轮旅游的散客，团队旅游的消费者是以团队为单位购买邮轮旅游产品的出行团体，其购买数量存在很大的差异。

（4）品牌忠诚。极端偏好型邮轮旅游消费者永远只乘坐某一品牌的邮轮度假，中等偏好型邮轮消费者偏好两至三个邮轮品牌，偏好变动型邮轮旅游消费者是原先偏好某一品牌而后又转向偏好另一邮轮品牌，无偏好型邮轮旅游消费者对邮轮品牌持中立态度。

（二）邮轮旅游产品的开发

随着邮轮旅游消费市场的日渐成熟，邮轮旅游消费者对邮轮旅游产品的需求也是越来越多样化。邮轮旅游者在决定购买邮轮旅游产品时，会综合考虑到产品航线的特征、邮轮大小、邮轮上的设备和设施以及邮轮的装修风格等。不同的邮轮旅游产品可以体现出市场上不同人们的生活习惯、消费习惯以及文化差异、消遣娱乐方式的差异等。无论从市场发展的角度看，还是从消费者需求的角度来看，任何一家邮轮公司都会面临产品开发的问题。竞争的压力、替代产品的出现、游客需求的变化以及邮轮公司内部的革新，都是邮轮旅游产品开发与创新的动力。邮轮公司通过更具有价值和创新性的产品来满足邮轮消费市场的需求，进而促进自身经营目标得以实现。

1. 确定产品目标市场

邮轮旅游产品的开发的依据是邮轮旅游消费市场，更加准确地说是邮轮旅游目标消费市场。消费者分散于不同的地区，具有不同的需求和欲望，其支付能力和购买方式也千差万别。面对这样复杂多变的大市场，任何一家邮轮公司都不可能满足全部消费者的所有需求。因此，邮轮公司需要根据自身优势和核心竞争能力，以及邮轮航线区域，细分邮轮消费市场，选择符合自身战略目标的细分市场提供有效的产品供给。对于邮轮公司而言，选择目标消费市场就是对各个不同的细分市场进行充分的评估，评估各类细分市场的盈利能力，评估各类细分市场需求的季节变化模式，了解哪些细分市场值得花大力气去招徕。分析自身对各类消费市场的招徕能力，还要分析竞争对手对细分市场的招徕能力等。针对确定的目标市场，还要做好产品定位，为自身推出的邮轮旅游产品塑造强有力的、与众不同的鲜明个性与形象，并将其生动形象地传递给消费者，以更好地赢得消费者的认同。细分目标市场，并进行恰当的选择是产品开发的第一步。

2. 产品策划

邮轮旅游产品开发的核心工作是做好邮轮旅游产品的设计。邮轮旅游产品的设计，以一定的主题、内容、形式，按照相应的规则合理配置旅游资源，并以价格表现出来的方法和过程。邮轮公司应该深入调研邮轮旅游消费市场的需求，有针对性地进行邮轮旅游产品的开发设计。产品构思是形成创意的过程，是对邮轮旅游产品基本架构的设想，是产品开发的基础和起点。构思的来源多种多样，最根本的来源是消费者。通过对消费者的调研，可以充分了解消费者对现有产品的喜好，进而进行有针对性的创新并解决问题。在开发设计和构思的过程中，要做好以下工作：

（1）分析邮轮旅游产品购买动机。根据对邮轮消费者的调研，消费者对邮轮产品的喜爱主要来源有：邮轮旅游省心省事，不用更换交通工具、不用寻找入住酒店、不用频繁开装行李，可以最大限度地利用假期时间进行放松游览；邮轮旅游远离日常烦扰，这种特殊的旅行方式可以让游客尽情释放日常生活中的压力；邮轮旅游航线广阔，一些邮轮旅游目的地最佳的邮轮方式就是乘船，游客可以乘坐邮轮去往更加广阔的天地；邮轮旅游新颖独特，一些游客厌倦了相同的旅行方式，想要尝试新的度假体验，这也是很多游客乘坐邮轮旅游的主要动力。

（2）邮轮旅游产品购买障碍。消费者在购买邮轮旅游产品时也会产生疑虑，常见的认知包括：邮轮旅游费用昂贵，邮轮旅游产品通常是以包价的形式来进行销售，几乎涵盖旅游过程中所有的消费项目，故而因报价较高引发购买障碍；邮轮旅游体验有限，部分游客会认为邮轮的狭小空间以及单一的海上航线制约其获得更多的体验活动；邮轮旅游停靠港口偏少，认为邮轮靠泊港口有限，且在港口停留时间短暂故而制约了游客深度体验港口城市历史文化、风土人情；邮轮旅游缺乏安全，对大海及船舶有太多恐惧和联想，故而对邮轮旅游望而却步。此外，还有一些游客担心搭乘邮轮会晕船。

3. 进行产品设计

在进行邮轮产品设计时，不仅要考虑到以上诸多因素，还应遵循以下原则：

（1）以市场为基准，满足市场需求。邮轮旅游完全符合市场经济特征，以供给需求为特征。邮轮旅游需求供给直接决定了旅游产品产生、发展和消亡。因此，在邮轮旅游产品的设计开发过程中，必须以市场发展为导向，以邮轮旅游市场的需求为基准，重视市场调研，掌握邮轮市场发展的变化趋势，确定邮轮旅游产品设计和开发的时序和规模，以便获得最好的经济收益。

（2）美学需求与享受体验。邮轮旅游的本质在于休闲和享受，邮轮旅行是现代人对于高层次美和高品质享受追求的体现。邮轮旅游产品的美学特征越突出和享受体验越非凡，知名度越高，旅游产品的吸引力便越大，市场竞争力也就越强。因此，在邮轮旅游产品的设计与开发过程中，要努力实现自然、社会、艺术审美三者的有机协调、融合，这才是邮轮旅游产品开发中所追求的美和享受的最高境界。

（3）强调特色，突出主题个性。主题个性与特色鲜明是邮轮旅游产品的内在驱动力，是邮轮旅游产品吸引力的灵魂和市场竞争核心，主题是对产品及其相关因素进行组合所形成的内在的、统一的基调。主题和特色相辅相成。邮轮的主题是消费者选择邮轮产品的考虑因素之一。邮轮旅游产品的设计和开发，就是要根据邮轮本身的文化特色、市场需求、人文资源和环境条件的综合分析，经过概括、提炼、高度的内部协调、创新才能保障主题与特色的彰显。

（4）品牌效应，引导消费。市场营销是邮轮旅游产品的设计和开发的重要内容，品牌定位准确，产品的形象才能吸引目标市场。塑造强调邮轮旅行最吸引旅游者的特征或是异于普通旅行的特殊地方，通过系统化设计，以及各种活动与传播媒介的推广，强化邮轮旅行在消费者心目中的印象，通过品牌效应，引导消费者的选择，影响目标市场的选择。

（5）系统开发，协调发展原则。邮轮旅游产品开发设计具有综合一体性的特点，强调内部高度协调性，这是由邮轮旅游本身的性质和要求所决定的。整体邮轮旅游产品既要求满足旅游者旅游活动中的物质需求，又要满足游客的各种服务需求，为保证其协调统一性，其生产过程相当复杂，涉及众多性质、功能不同的部门和行业。因此，邮轮旅游产品的设计和开发必须系统全面考虑问题，协调优化各旅游要素，才能保障旅游活动的正常进行。邮轮旅游产品在具体设计过程中，同样需要考虑航次产品的要素，在航行船只、航行时间、航行路线以及航行服务等方面进行更加符合消费者需求的设计和创新。

思考题

1. 简述邮轮旅游产品的概念及其性质。

2. 如何理解邮轮旅游产品的层次及相互关系？

3. 简述邮轮经济要素的定义及其分类。

4. 邮轮旅游产品的分类标准有哪些？简述其类型。

5. 邮轮旅游产品设计开发的过程中应遵循哪些原则？

第三章

邮轮经济组织

第一节　邮轮公司

（一）▶ 概述

世界上有很多邮轮公司，截至2017年底，嘉年华邮轮集团、皇家加勒比邮轮集团、诺唯真邮轮公司、地中海邮轮公司和云顶香港邮轮公司分别为全球前五大邮轮公司，其占据的全球份额比例如图3-1所示，不难看出，嘉年华邮轮集团所占据的比例最大。

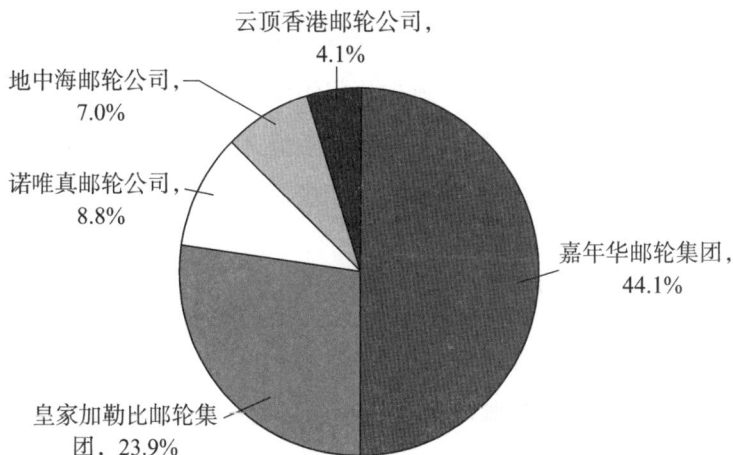

图3-1　2017年全球前五大邮轮运营公司市场份额占比

随着时代的变化，邮轮旅游越来越广泛地出现在大众的眼前，每个公司的邮轮特点都不一样，游客可以根据自己的情况与需求，从而选择自己心仪的邮轮公司。

（二）▶ 嘉年华邮轮集团

（一）公司简介

嘉年华邮轮集团成立于1972年，它的总部设在迈阿密市。嘉年华邮轮集团是全球规模最大的邮轮公司，它先后收购了歌诗达、丘纳德、冠达、公主、风之颂、世鹏和半岛东方等公司，成功地占据了邮轮市场首位，并为各地的游客提供最优质、最全面和最周到的服务，因此嘉年华邮轮集团又被称为"邮轮之王"。

嘉年华邮轮集团在全球设有很多办事处，例如在英国、澳大利亚、德国和意大利等，它是全球最大的休闲公司，也是邮轮和度假行业盈利能力和财务实力最强的公司之一；嘉年华邮轮集团已经发展成为全球第一的超级豪华邮轮公司，"Fun Ship"（快乐邮轮）是该集团的主要卖点，以此来与丽星邮轮等竞争对手形成区分。

嘉年华邮轮集团作为全球最大的邮轮公司，总共运营105艘邮轮，另外还有18艘新船计划在2021年至2022年完成交付。在游客的消费体验上，嘉年华邮轮集团也有着高度的重视，邮轮不仅为游客提供了最优质的服务，其中的装潢也做到了新颖全面，客舱干净且宽敞舒适，还有多样化的休闲设施与娱乐活动，这些都给游客带来了全新的体验。

（二）公司发展历程及邮轮航线

1972年嘉年华邮轮公司成立，在20世纪七八十年代，公司的业务稳步增加，在1987年，嘉年华邮轮公司开始在纽约证券交易所进行首次公开募股，其股票代码为CCL。该公司的业绩持续增加，2014年，集团的收入达到

158.84亿美元，营业收入达到17.92亿美元，利润达到12.36亿美元，总资产达到了395.32亿美元。

嘉年华邮轮集团的航线主要分布在阿拉斯加、夏威夷、巴拿马运河和加拿大海域。

（三）嘉年华邮轮集团旗下邮轮

嘉年华邮轮集团旗下拥有冠达邮轮（Cunard Line）、公主邮轮（Princess Cruises）、荷美邮轮（Holland America）、歌诗达邮轮（Costa Cruise Line）、风之颂邮轮及世鹏邮轮等品牌。

"嘉年华梦幻"号（如图3-2），1990年首航，2013年重新装修，总吨70 367，满载2 052名乘客和920名工作成员，它的航线为巴哈马、加勒比海。

图3-2　"嘉年华梦幻"号

"嘉年华迷情"号（如图3-3），1991年首航，2009年重新装修，总吨70 367，满载2 056名乘客和920名工作人员，它的航线为巴哈马、百慕大、加勒比海。

图3-3　"嘉年华迷情"号

"嘉年华想象"号（如图3-4），1994年首航，2006年重新装修，总吨70 367，满载2 056名乘客和920名工作人员，它的航线为巴哈马、加勒比海。

图3-4　"嘉年华想象"号

三 ▶ 皇家加勒比邮轮有限公司

（一）基本情况

皇家加勒比邮轮有限公司旗下的皇家加勒比国际邮轮（Royal Caribbean International）是全球邮轮品牌，其总部位于迈阿密市，拥有精致邮轮（Celebrity Cruises）、皇家加勒比国际邮轮（Royal Caribbean International）、普尔曼邮轮（Pullmantur）、精钻会邮轮（Azamara Club Cruises）和CDF（Croisieres de France）等邮轮品牌，包括量子、绿洲、自由、航行者、灿烂、梦幻、君主7个船系的25艘大型现代邮轮，有200多条航线和300多个目的地。皇家加勒比邮轮公司在纽约证券交易所和奥斯陆证券交易所上市，股票代码为"RCL"。

（二）历史

1970年，第一艘皇家加勒比邮轮——"挪威之歌"号建成，以"改变世界邮轮旅行的方式"的目标，经过近50年的发展，皇家加勒比邮轮已成为全球第二大邮轮运营企业。2009年在上海开启第一条中国母港航线，先后引进两艘吨位大、船龄新、设施先进的邮轮——"海洋航行者"号及"海洋水手"号，连续11年斩获"中国旅游业界奖"中的"年度最佳邮轮公司"奖项。

2012年，皇家加勒比在中国部署了10万吨级以上超级邮轮，叫作"海洋航行者"号，全年共运营51个母港航线，销售量突破至2011年的2.6倍，接待游客数量超过11.5万人次，其中上海始发航线达23条，游客总数超过6.5万人次。

皇家加勒比于2015年前后将"海洋赞礼"号、"海洋量子"号部署到中国。2017年，皇家加勒比将"超量子系列"邮轮"海洋光谱"号部署到上海。16.8万吨"海洋光谱"号是量子邮轮的改造升级版，可同时容纳双人入住的5 064名客人和1 551名国际船员。

（三）国内外航线

皇家加勒比邮轮的国际航线共约300条，有约450个目的地，主要分在地中海航线、加勒比海地区航线、澳大利亚航线、东南亚航线、阿拉斯加航线、古巴及巴哈马航线，并设有一系列观光项目。可以去阿拉斯加的冰川远足，去巴哈马的海上浮潜，去希腊圣托里尼岛看日落等。

自进入中国以来，皇家加勒比在中国有四个母港分别为上海母港、天津母港、香港母港、深圳母港，提供前往日本、韩国、中国台北、菲律宾和越南等数十条航线，最短的航线3天2晚，最长的航线13天12晚。2019年，皇家加勒比国际邮轮部署多条由中国母港出发的精选长航线，同时增加了多个停靠目的地，升级岸上观光体验，进一步丰富邮轮产品及邮轮出行体验。其中，新增的目的地港口包括日本、俄罗斯等。在2020年中国航线部署中，皇家加勒比船队计划提供覆盖27个目的地港口的约130个岸上观光精品游线路，近期增加了俄罗斯航线和岸上观光项目。

（四）皇家加勒比邮轮集团旗下邮轮

皇家加勒比邮轮集团拥有皇家加勒比国际邮轮（Royal Caribbean International）、精钻会邮轮（Azamara Club Cruises）、精致（CelebrityCruises）、CDF（Croisieres de France）和普尔曼邮轮（Pullmantur）等品牌。

图3-5　"海洋航行者"号

"海洋航行者"号（如图3-5），1999年首航，2002年重新装修，总吨138 000，有3 840名乘客和1 176名工作成员，它的航线为国际航线—南美航区和日韩航区，中国航线—香港—三亚—越南岘港—香港。

"海洋量子"号（如图3-6），2014年首航，总吨167 800，满载4 160名乘客和1 600名工作成员，它的航线为地中海。

图3-6　"海洋量子"号

"海洋绿洲"号（如图3-7），2009年首航，2019年重新装修，总吨225 000，满载6 296名乘客和2 000名工作成员，它的航线为加勒比海。

图3-7　"海洋绿洲"号

四▶ 诺唯真邮轮集团

（一）基本情况

丽星邮轮集团旗下诺唯真邮轮（Norwegian Cruise Line）简称NCL，总部位于迈阿密市，目前拥有14艘邮轮，宣扬"自由自在航行"。集团的邮轮一般都在10万吨以下，直到2010年15.3万吨的"诺唯真史诗"号首航后，诺唯真邮轮也开始向巨轮行列迈进。

（二）历史

2016年2月底，挪威邮轮Norwegian Cruise Line（原名"挪威邮轮"）更名为"诺唯真邮轮"。新名字完美诠释了"承诺、专属和真诚"的品牌理念。诺唯真邮轮成立于1966年，1998年诺唯真邮轮开辟了东南亚航线，2000年3月，诺唯真邮轮被马来西亚的丽星邮轮集团收购。

（三）航线

诺唯真邮轮航线遍及加拿大海域、加勒比海、地中海、北欧海域、南美洲海域和夏威夷等区域。

（四）诺唯真邮轮集团旗下邮轮

诺唯真邮轮集团旗下拥有诺唯真邮轮、大洋邮轮和丽晶七海邮轮三大品牌。

"诺唯真畅悦"号（如图3-8），2018年首航，总吨168 028，有4 004名乘客和1 716名工作成员，它的航线为加勒比海、阿拉斯加。

图3-8 "诺唯真畅悦"号

"诺唯真之勇"号（如图3-9），1998年首航，2020年重新装修，总吨75 338，满载2 018名乘客和962名工作人员，它的航线为地中海。

图3-9 "诺唯真之勇"号

"诺唯真珠宝"号（如图3-10），2005年首航，2018年重新装修，总吨93 000，满载2 376名乘客和1 089名工作人员，它的航线为加勒比海。

图3-10　"诺唯真珠宝"号

五 ▶ 地中海邮轮集团

（一）基本情况

地中海邮轮（MSC Cruise）集团总部位于瑞士日内瓦，是在1970年成立的家族企业，在意大利的滨海城市米兰、威尼斯、热那亚、罗马、巴勒莫、巴里，以及亚洲区域开设办事处。意大利索伦托的航海世家Aponte家族创立了MSC地中海邮轮——家族邮轮企业之一，至今已有300年历史，是世界第二大集装箱船运公司，遍布150个国家的480个代理办事处和拥有超500艘货船，目前已投入运营的有17艘邮轮。

（二）历史

MSC地中海邮轮的持有者——300年航海世家Aponte家族，其航海历程始于1675年。MSC地中海邮轮的17艘邮轮配备创新科技和先进技术，是海上年轻的环球船队之一，其诞生于2003年启动的一项60亿欧元的投资计划。在成功完成第一阶段的投资之后，地中海邮轮也启动了第二阶段更大型的投资MSC地中海邮轮拥有投资计划周期和规模，是打造该计划的邮轮品牌之一。2014年，MSC地中海邮轮投资50亿欧元与法国STX造船公司和意大利FINCANTIERI造船公司合作新建4条新船。2015年，地中海邮轮集团与意大利FINCANTIERI造船公司合作开展"邮轮复兴项目",其有利于"抒情"系列的邮轮的升级改造。

（三）发展目标

地中海邮轮的标志把MSC三个字母镶嵌在指南针图案中间,代表在MSC邮轮的世界里,顾客永远是中心。指南针本身象征着公司邮轮将驶向各个方向,从而达到公司的长远目标。地中海邮轮作为一家国际化公司,在不断拓展业务的同时,也为环境保护领域做出不懈努力。MSC地中海邮轮将对大海的热情转变为对卓越服务、专业能力、奉献精神和至臻细节的不懈追求,致力于为每一位来宾带来愉悦和满足。

（四）地中海邮轮集团旗下邮轮

已投入运营的16艘邮轮涵盖四种船型,包括"地中海海岸线"号和"地中海海平线"号,"地中海传奇"号,四艘"幻想曲"级邮轮——"地中海珍爱"号、"地中海神曲"号、"地中海辉煌"号和"地中海幻想曲"号,还有"抒情"级邮轮,分别是"地中海序曲"号、"地中海和谐"号、"地中海歌剧"号和"地中海抒情"号。

"地中海荣耀"号（如图3-11）,2019年首航,总吨167 600,有5 700名乘客和1 536名工作成员,它的航线为地中海。

图3-11　"地中海荣耀"号

"地中海海平线"号（如图3-12），2018年首航，总吨154 000，有5 336名乘客和1 413名工作成员，它的航线为地中海。

图3-12　"地中海海平线"号

"地中海传奇"号（如图3-13），2017年首航，2019年重新装修，总吨167 000，有5 386名乘客和1 536名工作成员，它的航线为地中海。

图3-13　"地中海传奇"号

（六）▶ 云顶香港

（一）基本情况

云顶香港（Genting Hong Kong）于1993年11月成立，是一家集休闲、娱乐和旅游及酒店服务业为一体的企业，以丽星邮轮品牌在亚洲经营邮轮旅游业。丽星邮轮以发展亚太区成为国际邮轮目的地为理念，带领世界各地旅客畅游亚太区精彩景点，并提供贴心服务。目前，丽星邮轮连同挪威邮轮为世界第三大邮轮公司，共拥有17艘邮轮，航线遍及全球200多个目的地。

（二）历史

云顶香港有限公司前身丽星邮轮有限公司。1993年，收购水晶邮轮带领云顶香港的邮轮业务更上一层楼，扩展至全球顶级豪华旅游市场。2009年11月16日，丽星邮轮有限公司正式更改为"云顶香港有限公司"。2016年，云顶香港收购三家德国船厂并将之合并成立德国MV造船集团，为集团旗下的三大邮轮品牌建造达200 000吨的新船。

（三）发展目标

云顶香港将继续引领业界，提供高品质的产品并且迎合客人不同的需求。公司发展上也会推陈出新，采用最先进的科技，增强公司的竞争力。

（四）云顶香港集团旗下邮轮

云顶香港邮轮集团旗下邮轮品牌有丽星邮轮、挪威邮轮、马尼拉名胜世界。

"双子星"号（如图3-14），1993年首航，2012年重新装修，总吨50 764，有1 530名乘客，它的航线为亚太地区。

图3-14　"双子星"号

"挪威天空"号（如图3-15），1999年首航，2009年重新装修，总吨77 104，满载1 928名乘客和766名工作人员，它的航线为加勒比海。

图3-15　"挪威天空"号

第二节　邮轮制造企业

一▶ 概述

目前，世界上80%的豪华邮轮由芬兰、意大利、法国、德国建造，主要承担方为欧洲的四大船厂——芬兰阿克尔船厂、法国大西洋船厂、德国迈尔船厂、意大利芬坎特里船厂。其中，芬兰阿克尔船厂和法国大西洋船厂同属于欧洲STX集团，而欧洲STX集团又是韩国STX集团的分支机构。

（一）芬兰阿克尔造船厂

阿克尔船厂于1738年成立，至今已有280多年的历史，欧洲各国对"阿克尔"十分敬重。阿克尔船厂曾历时两年打造了著名的"海洋独立"号，轰动整个邮轮界，其取代了姊妹船"海洋解放"号，成为世界最大超级邮轮。2009年秋天，同样由阿克尔承建的"海洋绿洲"号摘得了最大超级邮轮的桂冠。但阿克尔船厂之后被韩国STX集团收购，引起欧洲各国的不满，可见阿克尔船厂在欧洲人心目中举足轻重的地位。

（二）德国迈尔船厂

素有"德国巨匠"之称的迈尔造船厂，是德国最大的造船厂之一，成立于1795年，起初主要建造木船码头；1874年开始建造铁船，到1920年在帕彭堡地区已经拥有超过20个船坞，目前拥有世界上迄今为止最大的室内干船坞；总部设在帕彭堡。今天，迈尔造船厂是帕彭堡唯一的船厂，并已被一家私人控股和家族拥有的公司，并传承了六代以上。第一个室内船坞落成于1987年，长470米，宽101.5米，深60米（到车间顶部）。2000年，第二个巨型室内船坞建成，规格达到长504米、宽125米及深75米（到车间顶部）。该厂一年可以建造3艘邮轮。

（三）法国大西洋船厂

Ateliers et Chantiers de la Loire和Chantiers de Penhot船厂于1955年合并成立法国大西洋造船厂，该厂为法国大西洋线总公司兴业建造班轮。在为法国大西洋线总公司兴业建造完班轮和苏伊士运河封闭后，该厂开始建设大型邮轮，包括Batillus, Bellamya, Pierre Guillaumat and Prairial。一个能建造超过100万吨邮轮的新的干船坞（Basin C）列入计划，但这一计划随着苏伊士运河重新开放而告吹。法国大西洋船厂于2003年7月宣布建造豪华邮轮Crystal Serenity of Crystal Cruises，该厂2003年为Cunard Line建造超级班轮"玛丽女王2"号。

（四）意大利芬坎特里船厂

芬坎特里船厂是意大利最大的船舶制造厂，也是全球最大的船厂之一。业务范围涉及豪华邮轮、大型帆船艇、军舰和海工船等多个领域，雇员人数达到19 000人，拥有21个造船基地、3个设计中心、1个军事研发中心和2个海事相关系统和部件的制造生产基地。意大利芬坎特里造船集团有近200年设计建造军舰的悠久历史，集团总部在的里雅斯特，设计部在热那亚和的里雅斯特，生产出约7 000艘的各型船舰，主要产品有客轮、渡轮、水面舰、辅助船舰和潜艇，遍布全球，代表着意大利先进的工业技术向世界输出，尤其是客轮与豪华邮轮占据世界第一的位置，约占国际市场的40%。以集团业务而言，52%为高价客轮，28%为渡轮等商船，19%为军舰，1%为其他及修船业务。

早已占领传统标准型船舶制造的亚洲船厂正在积极涉入豪华邮轮这一高附加值船舶领域。其中，日本的三菱重工具备较强的实力，2012年底前已获得两艘1万吨级以上邮轮的建造订单。韩国的三星重工也已开始试水豪华邮轮。而中国也在积极争取与欧洲船厂进行邮轮方面合作的机会，并尝试自行建造邮轮。

从邮轮的船型发展来看，节能化将是未来必行的方向。2013年1月1日，由国际海事组织（IMO）的海洋环境保护委员会（MEPC）提出的用以计算船舶的碳排放情况的船舶能效设计指数标准（EEDI）正式生效。2013年4月建成的"挪威飞鸟"号邮轮就是按EEDI的标准制造的。

同时，为了使邮轮更多功能化和实现规模经济，大型化也是当前一大趋势。2011～2012年，世界邮轮船队结构（以总吨计）的主体是五万GT（总吨位）以上的船型，占到八成左右；10万GT以上船型超过30%。目前最大的营运船型是美国皇家加勒比邮轮公司的"海洋绿洲"号，船型已达22.5万GT。

但欧洲对船舶的需求量近年来却不断上升，并增加在中国订造新船，成为中国船舶出口的第一大市场。2003年1月至6月，中国向欧洲出口船舶价值达8.37亿美元，同比增长135%。其中出口德国3.33亿美元，同比增长200%；出口瑞典1.4亿美元，同比增长170%。凭借豪华邮轮订单的大增，欧洲3家船厂杀入全球手持订单排名前10强。而得益于在全球市场需求衰退之前获得的大量订单，韩国三大船企手持订单量保住了全球前三位，中国三大船厂则继续稳居中游。得邮轮订单者得天下，全球造船业的格局似乎正在发生巨大的变化。

进入2018年以来，中国船厂接单量正在大幅增长，多家船厂开始进军邮轮市场，而欧洲船厂邮轮订单依然不断，可以预料，未来全球造船业的格局将会出现新的变化。

第三节　邮轮中介

一　中国地区邮轮中介

（一）携程

携程邮轮平台依托携程丰厚的大交通联运经验，将巴士接送服务链入邮轮产品中，推出了"邮轮+巴士"接送服务，实现了机场-港口、火车站-港口的无缝对接，很大程度上节约了旅客的时间成本。据悉，携程平台上的"邮轮+巴士"产品覆盖了港口城市的主要交通枢纽。携程邮轮平台已经丰富了"邮轮+巴士"的产品形式，将酒店住宿列入产品可选项，让较远城市的旅客也可以提前一天抵达并入住港口附近酒店，从而能够在出行当天准时登船，体验邮轮旅行带来的乐趣。

邮轮业务一直是携程近年重点培育的新兴业务之一，去年携程的邮轮收客人数占国内市场份额10%。购入邮轮成立合资公司，携程亲自做起邮轮生意，收购"精致世纪"号、"水星"号和"银河"号三艘邮轮，做起自营业务。购买邮轮之后，携程成了邮轮旅游销售商，可以以包船、切舱的形式将产品卖给自身度假平台上的旅行社。此外，省去采购环节的携程，还可以将产品以更低的价位卖给消费者。

（二）飞猪

飞猪与皇家加勒比邮轮、丽星邮轮、歌诗达邮轮、公主邮轮、地中海邮轮、嘉年华邮轮、迪士尼邮轮等多家邮轮公司进行合作，开通了有国内、日韩、东南亚、地中海、加勒比海、北欧/挪威、南美、澳洲以及南北极等多条热门航线。

歌诗达的"威尼斯"号在意大利的里雅斯特的命名仪式在飞猪上进行了全程直播，并且宣布与阿里巴巴旗下飞猪合作，通过"飞猪超级品牌日"等新型传播推广方式，让更多的中国消费者认识、体验歌诗达邮轮。超级品牌日活动上线后，歌诗达"威尼斯"号的"身影"就开始在阿里巴巴旗下各平台的页面上高频出没。

飞猪南极专线在策划之初，基于最严格的环保考量，选择了IAATO成员"海达路德"邮轮公司作为合作伙伴。这家总部位于挪威的探险邮轮公司，已专营南北极的邮轮业务125年，事故纪录为0。这次执行飞猪南极专线的"午夜阳光"号邮轮，专为南北极航行设计建造，采用特殊船用馏分油，使硫排放大幅降低；新型360度螺旋桨可增加航线灵活性，减少不必要的航行排放；船体油漆也采用了可分解特殊环保涂料，出发点就是守护世界净土南极。

（三）去哪儿

旗下有多家邮轮网站，如七海邮轮、嗨邮轮、精彩假期邮轮、59166旅游网等平台。去哪儿旅游和皇家加勒比国际邮轮、公主邮轮、歌诗达邮轮、丽星邮轮、MSC地中海邮轮、星梦邮轮等多家邮轮公司合作。有国内外多种精选路线，每周三活动特惠，并且推出多种主题出行，满足多种人的需求。

（四）马蜂窝

在马蜂窝可以预订到皇家加勒比、歌诗达邮轮、公主邮轮、星梦邮轮、地中海邮轮、丽晶邮轮、渤海邮轮、维京邮轮、世纪邮轮等，也在过去几年的运营中累积经验，不断成熟，提升邮轮舒适度，增加中国船员，调整餐饮的口味，增加特色项目，以迎合中国邮轮旅游人群的多元化需求。通过马蜂窝网站的邮轮产品频道，用户可以按照出发地、出发日期、价格区间、行程天数、邮轮公司、出发港口等条件来筛选自己心仪的航程。

除了邮轮游的基础信息外，在产品列表中我们可以清晰地看到马蜂窝设置的特色标签，例如：一价全含、免费当地游、免费娱乐、豪华美食、淡季出行、家庭出行、赠送邮轮保险、早定免费升级等，让用户可以根据自己的喜好更方便的选择适合的邮轮来出行。在邮轮的价格方面，马蜂窝也本着为用户节约旅行成本的原则，因为选择邮轮出行的多为家庭亲子用户或者中老年用户，马蜂窝精选的优质商户也充分为用户考虑，价格设置清晰、透明，并且会详细注明邮轮上免费和收费的项目，避免登上邮轮后产生不必要的、误会的、额外的消费。马蜂窝的早定优惠可以帮你获得购物津贴，有的航线还提供早定升舱服务。

（五）同程艺龙

同程旅游的邮轮事业部正式成立于2014年5月，在短短2年时间内迅速成长为OTA行业第一。中国交通运输协会邮轮游艇分会等联合发布的《2015中国邮轮发展报告》显示，在邮轮旅游在线预订服务的主要OTA平台中，同程邮轮以30.3%位居第一。另据比达咨询相关报告，同程邮轮以高达61.7%的用户认知度处于行业第一位。此外，同程邮轮还是全球最大邮轮集团——嘉年华集团旗下的歌诗达邮轮品牌2015年的全国销售冠军。

开通了有国内、日本、东南亚、地中海、加勒比海、北欧/挪威、夏威夷以及南北极等多条热门航线，与皇家加勒比邮轮、星梦邮轮、歌诗达邮轮、诺唯真邮轮、MSC地中海邮轮、公主邮轮等多家邮轮公司进行合作。

（二）欧洲地区邮轮中介

（一）TripAdvisor（猫途鹰）

TripAdvisor进军邮轮旅游规划及推广业务，并推出TripAdvisor Cruises产品。用户将可在TripAdvisor网站上购买邮轮公司的产品、比较逾7万个航程的价格及筛选邮轮产品。新服务最初将在美国及英国推出，今年稍后会将服务范围扩大到欧洲其他地区及亚洲。TripAdvisor已开始为美国和英国的7万艘邮轮行程提供价格比较搜索服务。嘉年华邮轮、皇家加勒比邮轮和诺唯真邮轮等邮轮公司也开始像Expedia、Cruise.com和Priceline等OTA一样发布广告，他们通过TripAdvisor使用的元搜索形式购买广告。

TripAdvisor还推出了介绍每个邮轮公司的页面，其中甚至还包括未参加元搜索计划的邮轮公司。所谓的邮轮行程页面包括从邮轮公司和用户创造的内容中采集的各类不同内容，比如评论和图片，从而帮助消费者搜索他们的旅行。

值得一提的是，消费者可以通过点击转向卖家或转售商的链接比较邮轮优惠，而不是在TripAdvisor的界面上进行预订。TripAdvisor由于不与邮轮运营商争夺客户，其新的元搜索产品将吸引那些希望将消费者直接带到他们的网站和客服中心的邮轮运营商。一些大型邮轮公司的利润率超过15%，而到目前为止，老牌广告经营商尚未在TripAdvisor平台上花费太多。

但是，这一行为也存在风险。邮轮是一个复杂的产品，对于首次乘坐邮轮的游客甚至是经常乘坐邮轮的游客来说，可能不适合基于文本和图片的评论形式。

邮轮公司在网上做广告已经有十多年的历史。比如，Kayak和去哪儿网等元搜索品牌长期以来一直以价格比较的形式提供邮轮服务。

TripAdvisor航班、邮轮和汽车部门的总监Bryan Saltzburg表示："虽然其他公司也有元搜索服务，但我认为我们的库存和评论比其他经营商更多。"

OTA通过客服中心支持他们的服务，在邮轮销售方面比元搜索公司更有吸引力。

TripAdvisor表示，现在在其元搜索中投放广告的邮轮运营商数量，是美国和英国全球OTA转卖数量的四倍以上。

然而，TripAdvisor在没有呼叫中心支持的情况下，在自助服务知识上押下了重注。也就是说，一些首次乘坐邮轮的游客和大众市场中消费者可能发现他们在自己通过各种"邮轮行程"页面进行筛选时不知所措。

邮轮新闻网站AllThingsCruise的编辑兼CruiseCompete的联合创始人Heidi Allison-Shane表示："由于邮轮是一种复杂的高感触产品，所以你不能在搜索过程中取消人工代理服务。"

专家表示，邮轮产品复杂性正在推动许多不确定的消费者转向代理商以获得更细致的指导。

邮轮公司将测试TripAdvisor在没有人工代理的帮助下是否会更便利地吸引和转换更多客户。

（二）Kayak

Kayak邮轮线路包括阿拉斯加邮轮，南太平洋邮轮，百慕大邮轮，欧洲邮轮，南美邮轮，加拿大、新英格兰、纽约邮轮，古巴邮轮，非洲邮轮，巴拿马运河、美洲邮轮，跨大西洋邮轮加勒比邮轮，夏威夷邮轮，亚洲邮轮，南太平洋—澳大利亚邮轮，巴哈马邮轮，墨西哥邮轮，美国—所有邮轮，欧洲河邮轮。

思考题

1. 简述邮轮公司的由来及发展历程。

2. 世界排名前十的邮轮旅游公司分别具有哪些特色？

3. 嘉年华集团旗下有哪些邮轮品牌？其航线大概分布在哪些地区？

4. 如何认识邮轮中介在邮轮旅游发展过程中的作用？

5. 对比作为邮轮中介的携程和飞猪营销策略，分析其不同点。

第四章

世界邮轮旅游需求市场

现代邮轮旅游出现在北美客运班轮运输危机的顶峰时期，即20世纪60年代，当时部分班船的功能已经从一种运输手段转变为一种漂浮酒店。20世纪七八十年代的黄金时期过后，北美邮轮市场在90年代出现了饱和的迹象，因此，邮轮公司转向了新的市场。邮轮公司通过改造船只，使其更接近潜在客户，并通过各种营销策略吸引乘客，从而在全球范围内产生邮轮旅游需求。近年来，邮轮旅游经历了一个快速增长和显著变化的时期，邮轮旅游产业的动态可以通过其在需求和供给增长、造船巨幅化、邮轮公司集群化以及全球邮轮旅游产业空间组织变化等领域的特征来观察。本章主要讨论世界邮轮市场需求变化特点。

第一节　世界邮轮旅游市场结构

一▶　邮轮旅游市场结构的含义

市场结构是指买卖双方的数量和规模分布、进入壁垒、产品差异化、规模经济和企业层级组织。这些因素通常被认为是影响市场竞争水平的因素，但战略行动或创新可能削弱因果联系。市场结构是对特定市场中买卖双方的特征和相互作用的描述，在最基本的形式中，它指定了市场上买卖双方的数量和规模、产品差异化的程度，进入壁垒的重要性，规模经济的存在，使用垂直整合上下游活动以及产品多样化的存在。

旅游需求市场结构，主要指由旅游者市场所决定的旅游需求类型及其变化变动趋势，如游客地区分布、年龄构成、文化构成等。随着社会经济发展和人们生活水平的不断改善和提高，人们对旅游的需求越来越大，旅游需求市场的日益壮大和发展，为旅游市场体系的完善奠定了前提和基础。

人们对旅游需求的变动趋势大致可以分成以下几种：从出游目的看，人们的旅游需求正从单一的观光旅游、文化旅游进一步扩展到度假旅游、商务旅游、特种旅游等综合性旅游；从消费水平看，人们的旅游消费正从经济型消费向中高档消费乃至豪华型消费发展；从组织形式看，旅游需求正从传统的、单一的团队旅游形式，逐步向以团队、散客、自助和定制旅游相结合的多样性旅游市场发展。正是人们的这种多样性、多层次性旅游需求促使旅游需求市场体系得以不断完善。

（二）▶ 世界邮轮旅游市场结构

基于以上分析，本章将从世界邮轮旅游市场数量结构和客源分布、世界邮轮旅游目的地布局、邮轮旅游者的消费特征进行分析世界邮轮旅游市场结构。本部分内容的数据均来自国际邮轮协会（CLIA）。

（一）世界邮轮旅游市场数量结构和客源分布

邮轮经济极大地促进了区域经济的发展，为区域旅游业做出了越来越明显的贡献。根据国际邮轮旅游发展的经验，将国际邮轮旅游的发展阶段分为萌芽期、成长期和成熟期。区域邮轮旅游发展的初始阶段主要以出境游为主。邮轮旅游市场逐渐扩大，邮轮产品越来越丰富，对数量的追求转变为对产品质量的追求。在增长阶段，邮轮旅游由出境游占主导地位向出境游与入境旅游同步转变，但出境游规模整体大于入境旅游规模。在成熟期，出境游与入境旅游同步发展，出境游规模与入境旅游规模基本相当。

世界邮轮市场稳步增长。2017年世界邮轮市场规模达到2 580万人次，比2016年的2 470万人次增长4.5%。2007～2017年，世界邮轮市场需求从1 567万人次增长到2 580万人次，增长64.6%。根据国际邮轮协会（CLIA）的统计数据和CLIA最新发布的报告，邮轮旅游将保持积极的发展势态，乘客从2017年的2 580万人次增加为2018年的2 690万人次。邮轮产业的蓬勃发展已有30多年的历史。世界邮轮市场的惊人增长促进了新的目的地和资源的出现。首先是北美的需求，然后是欧洲的需求不断增加；最近，推动这一趋势的是中国和澳大利亚等新兴市场。预计2025年需求为3 760万人次，说明国际邮轮市场仍有良好的发展前景和市场潜力（图4-1）。

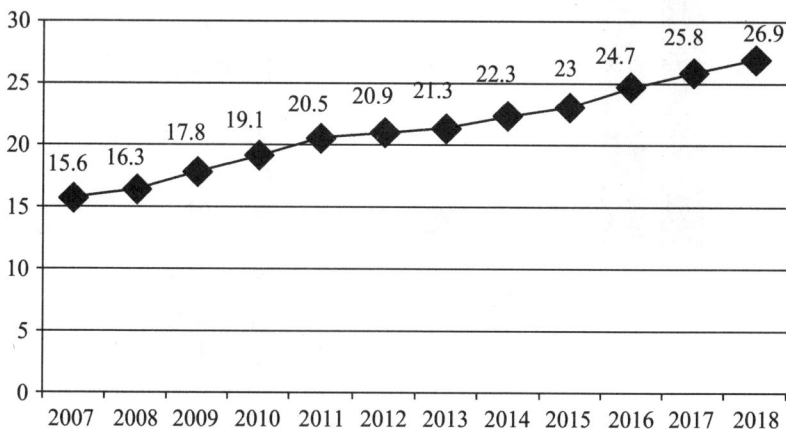

图4-1　世界邮轮旅游市场数量结构（百万人次）

伴随着北美邮轮市场在国际邮轮市场的占有率下滑，其他地区随着各自邮轮业的发展，所占市场份额表现出逐年递增的趋势。从邮轮旅游客源分布来看（见图4-2），2018年北美以54.4%的市场占有率成为世界最重要、最成熟的邮轮市场。欧洲紧随其后，名列第二。亚洲邮轮旅游市场正在崛起，占到9.2%，另外澳大利亚、新西兰、南美、中东和非洲在也是邮轮旅游市场重要的客源输出地。

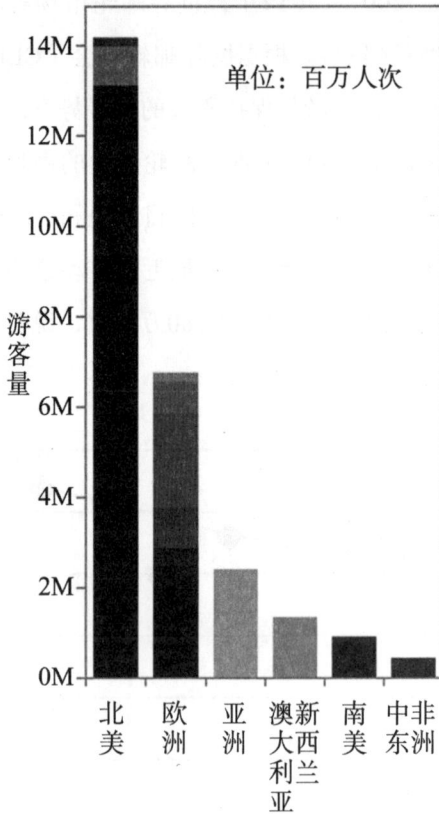

2018年世界游轮旅游客源市场规模

客源地区

单位：百万人次

游客量

主客源地区
- ☑ 亚洲
- ☑ 澳大利亚-新西兰
- ☑ 欧洲
- ☑ 中东/非洲
- ☑ 北美
- ☑ 南美

次级客源地区
- 亚洲
- 澳大利亚-新西兰
- 比荷卢
- 墨西哥
- 加拿大
- 美国&加勒比海
- 法国
- 德国
- 意大利
- 中东/非洲
- 斯堪的那维亚
- 南美
- 西班牙/葡萄牙
- 英国

世界游轮旅游客源市场比例

客源地区	
北美	54.5%
欧洲	26.0%
亚洲	9.2%
南美	3.5%
澳大利-亚新西兰	5.2%
中东/非洲	1.6%
总和	100.0%

图4-2 世界邮轮旅游客源市场结构（百万人次）

（二）世界邮轮旅游者目的地选择结构

根据运输能力、床位数量、昼夜、邮轮分布情况，2017年热门旅游目的地包括：加勒比地区（35.4%）、地中海（15.8%）、除地中海以外的其他欧洲区域（14.6%）、亚洲地区（10.4%）、澳大利亚/新西兰/太平洋区域（6.0%）、阿拉斯加地区（4.3%）、北美地区（2.1%）（见图4-3和图4-4）。

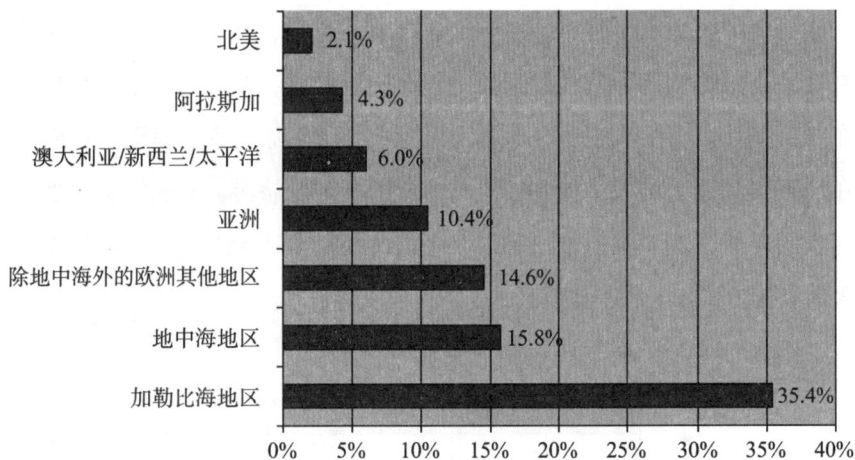

图4-3　2017年世界邮轮旅游目的地分布结构

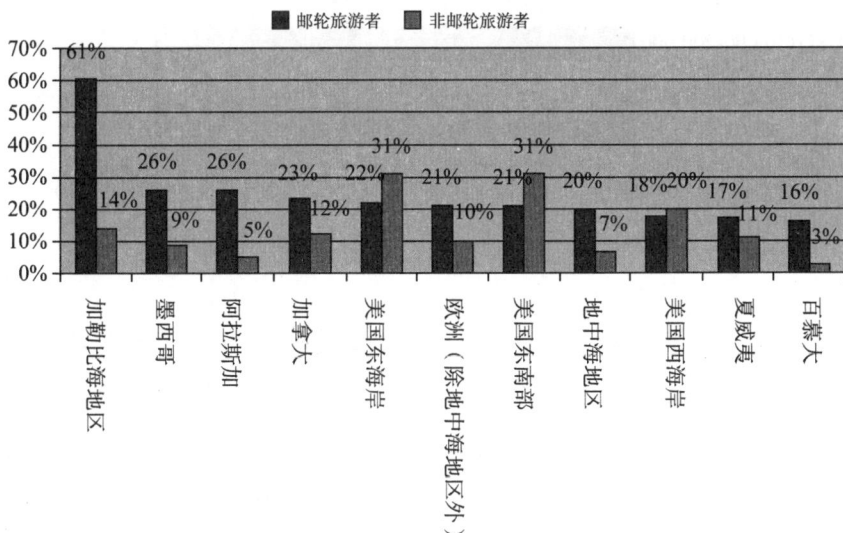

图4-4　世界上最受游客欢迎的邮轮旅游目的地

加勒比海地区是世界上邮轮旅游最发达的地区，也是最重要的邮轮旅游目的地。从邮轮游客和非邮轮游客的比较中可以发现，加勒比海地区是游客最喜欢的旅游目的地。此外，邮轮游客对墨西哥、阿拉斯加、加拿大、欧洲、夏威夷、百慕大等邮轮旅游目的地的偏好高于非邮轮旅游者。

（三）世界邮轮旅游者收入结构和出游时间结构

旅游者的收入水平将直接影响邮轮产品的选择，从收入对邮轮旅游的影响来看，当邮轮被认为是度假选择中较好的选择时，收入起到主要作用。收入在10万美元以下的人中，66%的人愿意选择邮轮旅游而不是陆上旅游，收入在20万美元以上的人中，70%的人愿意选择邮轮旅游。邮轮游客仍然对他们喜欢的度假方式非常忠诚。超过一半的邮轮游客（58%）认为邮轮旅行是度假的最佳方式（见图4-5）。

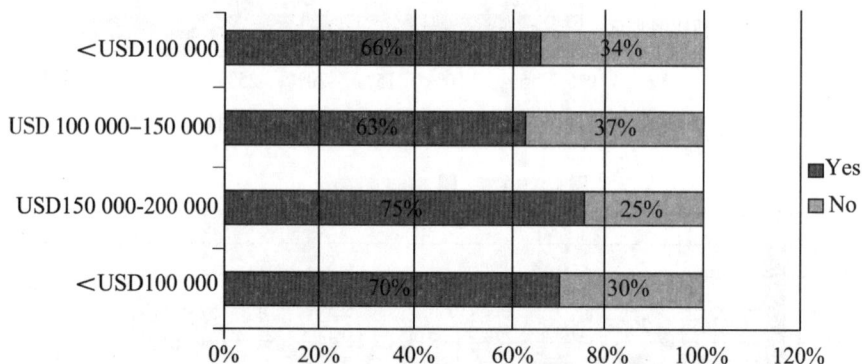

图4-5　世界邮轮旅游者收入结构与邮轮产品选择

虽然较高的收入对于长期的邮轮航行是有利的，但是根据统计，可以发现目前最受欢迎的是6～8天的旅行。收入在10万美元以下的游客中，这种旅游安排占57%，收入在20万美元以上的游客中占43%。高收入的游客最有可能进行为期3天的短期旅游（12%）或长达16天的旅游（5%）。收入在10

万美元以下的消费者中，约24%的人表示，他们的最后一次邮轮之旅是3～5天，14%的人表示最后一次邮轮之旅是9～15天。而年收入20万美元的受访者中，14%的人表示他们的最后一次邮轮之旅是3～5天，26%的人表示最后一次邮轮之旅是9～15天（见图4-6）。

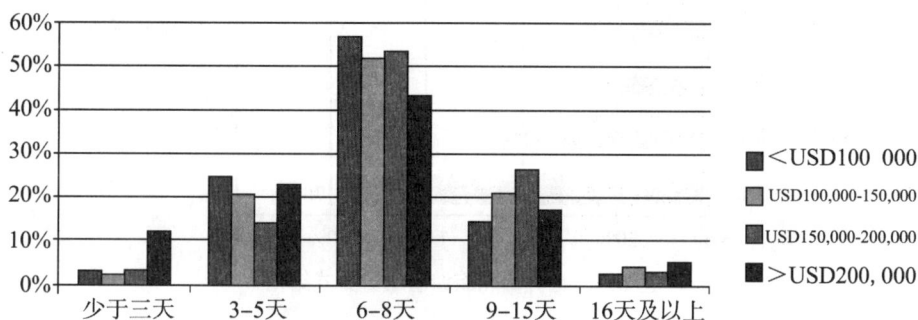

图4-6　世界邮轮旅游者出游时间结构

收入较高的邮轮游客更有可能选择高级邮轮、豪华邮轮和内河邮轮。套房和阳台是所有邮轮游客最看重的设施，但温泉和沙龙对收入较高的游客更重要。然而，对于收入较低的游客来说，健身俱乐部更为重要。

（四）世界邮轮旅游者出游方式结构

结伴旅游正成为邮轮旅游的一个显著特征，邮轮游客与朋友、伴侣/同伴或孩子结伴旅游的可能性比陆地上游客高40%。与2016年相比，2017年有更多的游客愿意和家人一起度假。团队旅游是体验邮轮旅游的最佳方式。邮轮游客在与他人一起旅游时有很高的满意度，从有组织的团队到朋友、家人、孩子、伴侣和配偶，团队旅行比独自旅行有趣得多。真正喜欢和别人一起旅游的邮轮游客将2017年定为邮轮游客友谊年。邮轮游客携带伴侣（+6%）、18岁以下儿童（+7%）和朋友（+6%）的可能性高于非邮轮游客（见图4-7）。

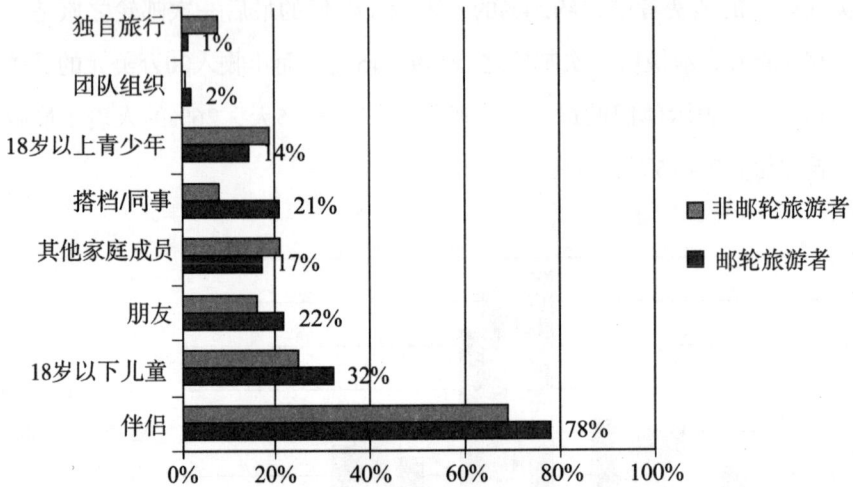

图4-7　世界邮轮旅游者出游方式结构

（五）世界邮轮旅游者消费项目结构

在服务设施方面，设施对游客的重要性与可用性存在偏差，平均约41%的邮轮游客对儿童服务感兴趣，包括保姆服务、儿童和青少年项目，但只有13%的游客说他们实际使用过这类服务。许多服务和活动出乎意料地受到游

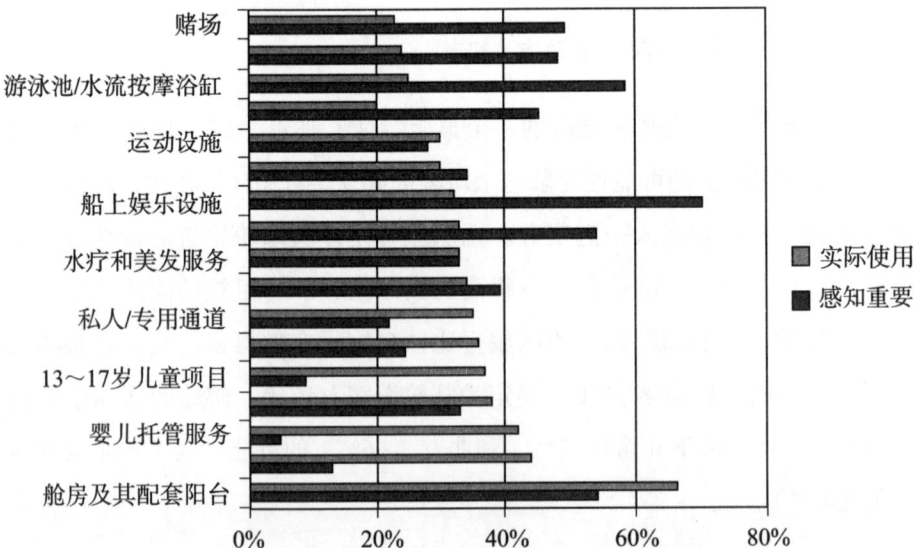

图4-8　世界邮轮旅游者消费项目结构（感知重要和实际使用的比较）

客的欢迎：有23%的邮轮游客说他们想要赌场和赌博，25%想要游泳池和按摩浴缸，32%对船上娱乐设施感兴趣。事实上，70%的邮轮游客参与了音乐和喜剧表演，几乎是对此类活动表现出兴趣的游客的两倍。船上的娱乐设施是整个邮轮上最常用的功能，其他设施也比预期的更受欢迎。（见图4-8）

（六）世界邮轮旅游者出游动机结构

对于不同的行为主体来说，其行为的原始动机存在着显著的差异，可能受其所处的背景、经历以及所追求的物质和精神层面等因素的影响。行动主体的动机与其需求显著相关。马斯洛需求层次理论表明，从低到高存在需求层次。需求层次的形成受个人经济因素、精神追求、教育背景等因素的影响。旅游者的内在欲望是他们渴望摆脱日常琐事、工作压力等，选择去一个能给他们身心带来愉悦和放松的旅游目的地的内在动力。旅游目的地的自然旅游资源、人文旅游资源、休闲娱乐设施等部分是旅游动机外部张力的重要组成部分。

在旅游需求的层次结构中，有些人旅游仅仅是为了观光，目的相对简单；有的人追求舒适的生活体验，同时也追求自我、感悟生活智慧和精神升华。这直接反映了不同旅游参与者的不同旅游动机。游客最终选择了不同的旅游方式，这也是旅游产品和服务多样化的重要原因。邮轮旅游是一种相对封闭的旅游方式，游客参与邮轮旅游的动机不同于一般的旅游动机。推动游客参与邮轮旅游的动机并不是独一无二的，逃避工作或生活压力，加深感情，追求新奇的旅游体验，扩大社会枢纽，体验异国文化，都可能成为游客参与邮轮旅游的动机（见图4-9）。

在邮轮游客的旅游动机中，不同年龄段的游客由于自身成长环境等方面的影响，其旅游动机也不尽相同。然而，总的来说，开阔视野、增长知识、追求放松和消除生活压力是旅行的主要动机。这也与邮轮旅游的休闲度假特征直接相关。游客可以了解不同国家和地区的当地热情和地域文化，可以暂时忘记烦恼，在旅游中放松。其他动机主要包括获取更多的知识，追求邮轮

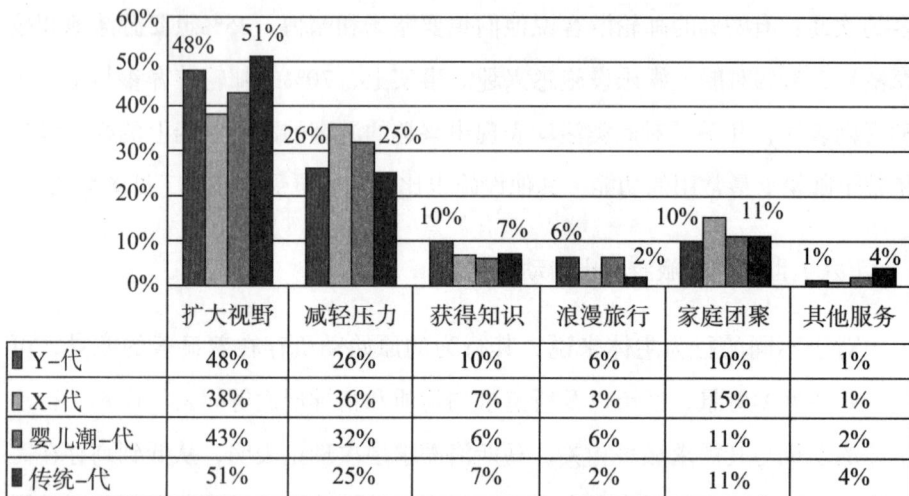

	扩大视野	减轻压力	获得知识	浪漫旅行	家庭团聚	其他服务
Y-代	48%	26%	10%	6%	10%	1%
X-代	38%	36%	7%	3%	15%	1%
婴儿潮-代	43%	32%	6%	6%	11%	2%
传统-代	51%	25%	7%	2%	11%	4%

图4-9　不同年龄段的世界邮轮旅游者出游动机结构

旅游的浪漫，通过邮轮旅游与家人团聚，在邮轮旅游中体验高品质的服务。

　　不同性别的游客对邮轮旅游的动机也不同，但这种动机与邮轮旅游产品的特点基本显著相关。男性游客比女性游客更理性，更注重邮轮旅游知识的获取和视野的开阔。而女性游客则更感性，更注重通过邮轮旅游缓解压力，追求浪漫生活，与家人团聚，更好地享受他人提供的服务（见图4-10）。

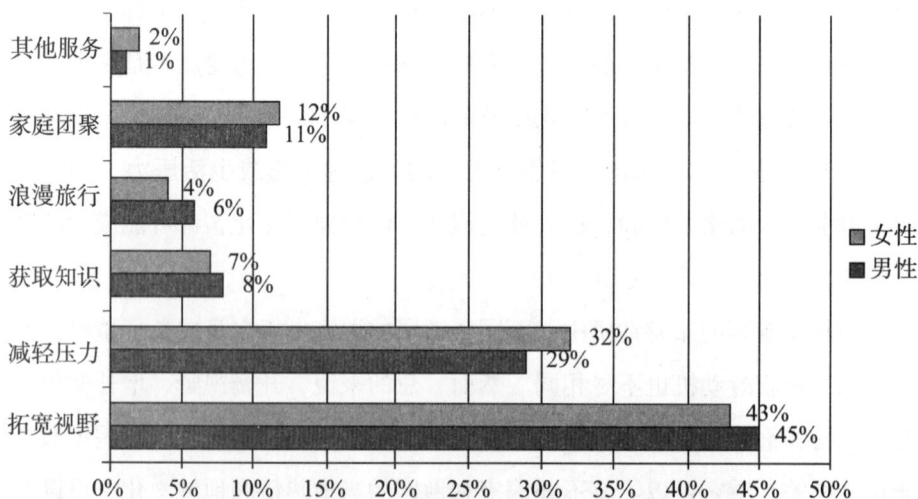

图4-10　不同性别的世界邮轮旅游者出游动机结构

第二节 世界邮轮旅游市场价格体系

一 ▶ 邮轮旅游市场价格构成研究

邮轮度假是一种综合性产品，同时具有运输和旅游两大学科特点，因此邮轮旅游产品价格构成应包括旅游和运输两大要素。邮轮产品的运输部分是指将乘客转移到每个定期邮轮旅行所包括的港口。另一方面，旅游要素是指为乘客提供的休闲服务，这类服务可在船上（如游泳池、剧院、餐厅等）和现场（如餐饮、岸上游览、观光等）的停靠港提供。为了在邮轮市场上与其他邮轮产品竞争，邮轮套餐应满足乘客的需求，并在尽可能高的水平上满足他们的期望。也就是说，旅游和运输的维度应该结合起来，提高邮轮产品对客户的吸引力。从这个意义上说，由不同种类的船只、不同的行程和旅程持续时间组成的备选包被用作产品差异化的手段，从而涵盖不同的细分市场。

许多学者关注邮轮产品的价格问题，特别是邮轮旅游和运输特征的不同组合如何影响顾客的市场选择，同时构成邮轮行程规划制定和实施的基础。就消费者而言，学术界普遍认为，购买邮轮旅行的决定受到动机和情感因素的影响，如放松、社交和探索（Hung & Petrick，2011）。除了这些因素外，产品属性的质量和所提供的服务所获得的满意度似乎是客户在所提供的邮轮套餐中选择产品的决定性参数（Chua Lee，Goh Han，2015）。就邮轮公司而言，提升产品吸引力的策略是基于乘客满意和成本/利润最大化这两大支柱。因此，邮轮公司在很大程度上考虑了客户对邮轮产品各种属性的偏好，以便开发具有竞争力的产品，同时调整产品的旅游和运输特性，以提高其盈利能力。对产品差异化的追求，作为覆盖不同细分市场的先决条件，导致了邮轮的四个基本类别的出现。最低等级是现代邮轮，其基本服务价格相当低廉，可以被视为最受欢迎的邮轮类型。从某种意义上说，第二类产品被视为高级产品，因为它们为客户提供更复杂的服务。第三类是所谓的豪华邮轮，其中最优质的个性化服务与极具吸引力的行程相结合，旨在为乘客提供豪华邮轮体验。最后，第四类是针对利基市场的邮轮，通过提供专业的邮轮套餐，如远程邮轮或主题邮轮（Pallis，2015）。

无论在什么级别，客户满意度和利润最大化之间取得平衡，都需要仔细考虑邮轮公司的行程安排、船舶分配以及相应的定价政策。邮轮旅游业的寡头垄断性质，其中主要航线公司直接或通过全球范围内的子公司运营，使得这一时间安排成为一项极其复杂的任务，因为每个季节都应该组合庞大的邮轮和潜在航线，并为每个特定的地理区域相应地定价。

为了确定一个季节和地理区域的行程和相应的船舶，邮轮公司应制定定价政策，以提高其提供产品的吸引力，从而涵盖尽可能多的可用泊位。正如Sun等人（2011）指出，为了覆盖不同的细分市场，邮轮公司的定价策略应根据其潜在客户的支付意愿（WTP）进行调整。为此，对于邮轮公司而言，了解客户对邮轮产品的不同属性的需求至关重要，因为它们的定价政策具有竞争力，同时能够反映出提供的产品价值。这是因为，对于邮轮产品和其他旅游产品，客户积极评价的属性往往会使价格上涨，而对属性的负面评价会将价格转向相反的方向。

在此背景下，邮轮产品的属性在供求平衡的设置中起着关键作用，这意味着邮轮产品的最终价格是由其属性的数量和类型决定的。因此，通过建立产品价格与其需求驱动的旅游和运输属性之间的关系模型，可以估计每个属性对价格的贡献，这对于邮轮行业来说是一个关键问题，因为它影响到所有的参与者。更准确地说，通过理解属性对邮轮产品价格的重要性，邮轮公司可以在有利可图的情况下，通过调整船舶部署和行程安排，制定更有效的价格政策。此外，通过认识到推动需求（以及由此带来的利润空间）上升的因素，邮轮公司能够更有效地设计船舶订单和翻新。此外，顾客会意识到不同产品属性的变化所导致的价格变化，从而获得关键信息，这些信息可以支持他们在性价比和个人标准实现方面选择最佳邮轮套餐的决策。最后，港口和地方当局能够评估他们的竞争地位，了解将他们的港口纳入邮轮行程将对客户的支付意愿（WTP）的影响，以及邮轮公司的成本。

（二）▶ 案例分析

人们普遍认为旅游产品的价格受到内部和外部因素的影响，例如酒店房间的价格可能会受到酒店星级类别的影响，也可能是周围环境。也就是说，不仅酒店的特征定义了酒店价格，而且还有酒店所在目的地的特征。

但邮轮旅游产品价格不同于酒店产品价格，其构成具有复杂性。更确切地说，邮轮目的地可以被视为多维和动的。就其多个方面而言，人们普遍认为船舶和停靠港都可以被视为目的地，这是因为多样的船上设施使邮轮不仅可以作为浮动酒店，还可以作为海上目的地。此外，每个邮轮旅行都根据行程调整而不是单个的目的地，彰显了邮轮市场中目的地的动态性。因此，买家在购买邮轮产品的决策过程中选择行程而不仅仅是单个目的地，这意味着不仅所途径的港口，而且航行时间和港口停留时间在邮轮产品价格的形成中起着关键作用。对于邮轮公司而言，除了旅游吸引力之外，每个港口还扮演着重要的角色，作为其行程形成的交通节点。港口特征，例如它们之间的距离、可达性、关税政策以及针对特定邮轮公司的任何可能的优惠政策都会影响每次旅行的成本。这些属性可以被视为邮轮产品的运输维度，因为它们直接影响公司对每个港口调度频率的选择，将港口分配到行程中，并根据其速度和技术能力在每个行程中部署船舶。

本节对邮轮属性进行了重新分类，为了更好地理解邮轮价格结构体系，本节把它们分为旅游和运输两大属性，见表4-1。

表4-1 邮轮产品的旅游和运输属性

旅游属性	运输属性
船上设施和休闲活动，即泳池、赌场、餐饮、商店等	总航程和时间
客舱房型，（即内舱、阳台房、套房）	港口停留的总时间
船上服务（即船组人数、客房服务、餐厅服务、前台服务、登机便捷性）	母港可进入性，（即空运、陆海联运、离目标市场的距离）
停靠港，即目的地的类型、吸引力	
停靠港休闲活动（如岸上游览、就餐和购物）	
季节（即淡季或旺季、圣诞节、夏天）	
轻松预订（即在线平台、直销、旅行社）	

基于特征价格模型（HPM）基本原理，构建基于旅游和运输属性的邮轮产品价格模型，具体公式如下：

$$P(\mathrm{CP}_i) = P(\mathrm{TA}_{ik}, \mathrm{TRA}_{im}) = P(\mathrm{TA}_{ik}) + P(\mathrm{TPA}_{im}) \qquad (4-1)$$

式（4-1）中，P为某邮轮产品CP_i（$i=1, 2, 3, \cdots, N$）的价格，TA_{ik}（$k=1, 2, 3, \cdots, K$）和TRA_{im}（$m=1, 2, 3, \cdots, M$）分别表示旅游属性和运输属性。

（一）旅游属性

1. 船上康乐设施及康乐活动（OA）

船舶的设施强烈影响邮轮产品的吸引力，因此预计会影响其价格。为了进行这种分析，衡量船舶设施可用性的变量可以根据公司网站发布的数据，按每艘船的餐馆、酒吧、游泳池和按摩浴缸的总和来计算。

2. 舱位服务质量（SQ）

尽管定义邮轮产品服务质量的因素很多，但在预订邮轮之前，一个可靠的衡量预期服务质量的指标是所谓的船员容量。在本文中，服务质量的变量被估计为每趟旅程的每个舱位的乘员比例。

3. 旅行时间（TD）

此变量包含在估算中，以捕捉邮轮旅行持续时间对邮轮价格的任何可能影响。例如，以全球最受欢迎的7晚8天邮轮旅游套餐为例，在分析中输入每次航行总夜数的变量，以特征值7为中心，以便解释来自中心的波动（TD_i-TD_0，$TD_0=7$）作为与规律性的偏差。该变量的可用数据可以摘自邮轮公司出版的宣传册。

4. 季节性（Season dummy，Ds）

邮轮旅行的季节性是邮轮产品的基本组成部分，预计这也将反映在每次旅行的价格上。为了检验季节性对邮轮产品价格的影响，本文将一年分为四个不同的季节。第一季从1月到3月，第二季从4月到6月，第三季从7月到9月，第四季从10月到12月。以第三季作为参考基准（7月至8月期间），把三个哑变量（Ds1，Ds2，Ds4）一并输入到模型中，以测试旺季与其他季节相比邮轮价格的变化。

5. 行程的吸引力（IA）

虽然量化船舶的旅游属性是一个非常简单的过程，但这并不是停靠港的一般情况。这是因为一个行程的吸引力不能直接被测量，而是通过对其目的地的内容综合评估。为了综合衡量每个行程的吸引力，建立了一个可适用于所有目的地的数量通用指数。Niavis and Vaggelas（2016）基于邮轮目的地在旅游基础设施方面的能力，对其吸引力进行了研究。

此外，许多学者已经证明，不仅旅游基础设施的容量，而且服务质量也是影响旅游目的地吸引力的关键问题。因此，有效和精确的吸引力指标也应衡量服务质量的各个方面。在此基础上，停靠港吸引力指数定义为：

$$PCA_i = \frac{\text{第}i\text{个停靠港的酒店数量}}{\text{第}i\text{个停靠港的总人口}} \times \text{第}i\text{个停靠港的酒店平均排名} \times 100 \quad (4-2)$$

式（4-2）中，$i=1$，2，3，…，n，为正在测量的停靠港。

停靠港吸引力纳入了旅游功能指数（TFI）的概念，以衡量不同目的地的旅游基础设施的能力。它还考虑到不同目的地的服务质量的差异，因为这些差异由顾客的反馈反映出来。它的值是实数正数，范围为（0，+∞），表示适应能力的水平。因为定义用于估计指数的共同空间参考是至关重要的，所以用于量化酒店数量，其评级和总人口的数据是指停靠港的直接腹地（城市级别）。此外，如果无法获得市级酒店数量和评级的官方数据，此类信息可以从www.tripadvisor.com网站获取，以保持共同参考。在配置PCA指数之后，总行程吸引力（IA）由以下公式定义：

$$\text{Itinerary Attractiveness}\ (\text{IA}_p) = \sum_{i=1}^{N_p} \text{PCA}_i / N_p \qquad (4-3)$$

式（4-3）中，指数 $i = 1, 2, 3, \cdots, p$，为第 p 个行程中包含的停靠港数量。

（二）运输属性

1. 航速：英里/天（MpD）

根据初始规划，第一个运输属性，以近似停靠港总数的方式量化旅行强度，预计对于同样航期的航行，由距离较远的港口组成的航线将迫使船只达到较高的速度水平，从而提高其价格。航速变量（MpD）可根据邮轮公司的宣传册中提取的数据计算出，估计为每个航行日的行程总英里数的比值。

2. 行程紧密度（IC）

除了港口的吸引力被认为对邮轮产品价格的形成具有重要意义外，港口还包含运输特征，如作为航线中间体靠近其他港口，基础设施的充足性和接近的方便性。那些拥有足够接近和系泊基础设施的港口受到邮轮公司的青睐，因为他们更好地服务于目标（即通过避免长途行程来保持低燃料成本，并通过避免因港口缺乏适当服务而导致的任何延误来保持紧张的时间表）。这反映在以下事实：多个港口重复包含在多个行程中，而其他港口则以较少的方式调用。为了检验港口在作为运输节点的邮轮产品价格形成中的影响，必须采用一种整体方法来描述特定时期和特定区域市场内每个停靠港对邮轮公司整套行程的重要性。为此，通过网络分析以构建变量，该变量测量停靠港作为每个公司的行程表中的传输节点的角色。

模型中为获取网络信息而输入的变量为行程紧密度（IC），它是根据分析的特殊需要组合定制的。特别是集成变量的公式是基于成熟的网络科学测量的亲密中心（CC），它被定义为特定节点（i）目的地与所有可访问的网络节点之间的最短路径距离的逆总和，根据关系：

$$CC(i) = \begin{cases} \left(\dfrac{1}{n-1} \cdot \sum_{j=1, \ i \neq j}^{n} dij \right)^{-1} = \overline{d}_i^{-1}, & if ij \in paths(G) \\ 0, & if i 和 j 不连接，则 ij \notin paths(G) \end{cases} \quad (4-4)$$

式（4-4）中，n为网络节点数（停靠点），i，j为网络节点，paths（G）的设置是网络中所有可用的路径。实际上，CC值越高，表示节点（POCs）与（cruise）网络中所有其他目的地的平均距离（就接近程度而言）越近，其中的距离是通过网络路径计算的，而不是欧氏距离。基于CC变量，IC变量被用来解释邮轮路线p（$p=1, \cdots, N$）的紧密度中心度值CC（$i|p$）的平均值，其中$i=1, \cdots, n$（在网络中的n个节点中，其中不包括在路线p中的节点的CC被认为是零，即CC（$i \notin p|p$）。该复合度量的数学公式如下所示：

$$IC(p) = \frac{1}{N} \sum_{i=1}^{n} CC(i|p) \mid 不包含 CC(i \notin p|p) = 0 \quad (4-5)$$

通过在IC公式中包括非参与停靠港（CC（$i \notin p$）=0），该变量另外包含了规模信息（即每条航线规模）。IC值越高，表示在邻近程度上，邮轮路线包含的目的地更接近网络中的其他港口。

总之，许多研究结果表明，旅游属性对邮轮产品价格形成的影响似乎比运输属性对邮轮产品价格形成的影响更大。在旅游属性方面，船上设施是最重要的价格塑造因素，而在运输维度上，行程紧密性的属性导致了较大的价格变异性。此外，除了旅游和运输属性所造成的影响外，邮轮产品的价格也可能受到邮轮公司的个别定价策略的影响，例如折扣策略、预订方法、预订时间和母港连接性等附加属性。未来的研究可以更全面地分析邮轮旅游产品价格体系。

第三节　中国邮轮旅游市场

目前，中国已成为世界第一大出境旅游来源国和第四大入境旅游东道国，正在向旅游强国迈进，旅游业已成为国民经济的战略性支柱产业和与人民群众息息相关的幸福产业。在2016年夏季达沃斯论坛上，李克强总理首次提出旅游、文化、体育、健康、养老五大幸福产业的全新理念，旅游在五大幸福产业中排名第一。邮轮旅游作为一种高端的旅游业态，越来越成为人们追求幸福生活的重要方面，这符合旅游消费升级的大趋势（Wang et al.，2017）。

当前，中国正处于全面建设小康社会、进入中国特色社会主义新时代的关键时期。中国邮轮市场改变了世界邮轮旅游格局，成为向世界传播中国文化、生活方式、促进旅游外交的重要方面。为了提高邮轮旅游的经济效益，邮轮产业链向四面八方延伸，邮轮产业的经济社会效益不断提升。在我国邮轮市场的发展中，邮轮行业的政策体系不断完善，为邮轮行业的发展提供了良好的商业环境。近十几年，我国邮轮市场发展迅速，现阶段我国游客对邮轮旅游的认识不断提高。然而，邮轮港口空置率较高，盈利能力较低，分销渠道窄而长，直销模式发展缓慢，远洋邮轮航线等问题依然存在。邮轮产业在海上航线和多点联营航线上仍然存在政策瓶颈和集中度低的问题。尽管2018年邮轮市场规模有所缩小，但中国邮轮市场仍然充满活力和巨大的发展潜力，这主要得益于中国经济的健康发展、人民消费水平的提高、旅游业的繁荣发展等因素。未来，中国邮轮市场将保持高质量的发展方向，并有望成为世界上最大的邮轮客源市场，拥有世界三大邮轮母港，国际影响力、竞争力、品牌实力均达到世界一流水平。

经过十几年的发展，中国邮轮市场已经取得了长足的发展，成为亚太地区最大的邮轮市场。亚太市场包含三个主要区域：南太平洋地区包括澳大利亚、新西兰和印度尼西亚；东南部地区包括马来西亚、菲律宾、新加坡；印度和远东地区包括中国、日本、韩国和朝鲜，中国是亚太地区邮轮市场最活跃的，正在成为全球邮轮市场的新中心。

一 ▶ 中国是亚洲最具活力的邮轮旅游市场

　　亚洲是全球邮轮旅游市场中增长最快的新兴市场。亚洲邮轮市场的规模在2018年达到460万人，与2017年的424万人相比增加了8.4%（如图4-11）。亚洲市场的增长速度超过了全球邮轮市场，其中中国邮轮市场的规模已达到240万人，占亚洲邮轮市场的56.6%。这与亚洲良好的经济基础直接相关。2018年，宽松的货币政策、稳定的全球需求以及中国投资和信贷增长对经济活动的拉动，为本地区经济持续稳定增长提供支撑。北亚是亚洲最重要的邮轮市场，具有良好的经济效益。根据国际邮轮协会（CLIA）公布的数据，它分为直接贡献、间接贡献和诱导贡献。2016年，邮轮旅游为北亚地区创造了72.1亿美元的商品和服务总产值（Ye &Sun，2007）。2016年，北亚邮轮市场的直接经济贡献包括直接支出32.3亿美元，增值服务支出15.1亿美元，全职/兼职工作23 697个，员工总薪酬7.54亿美元。

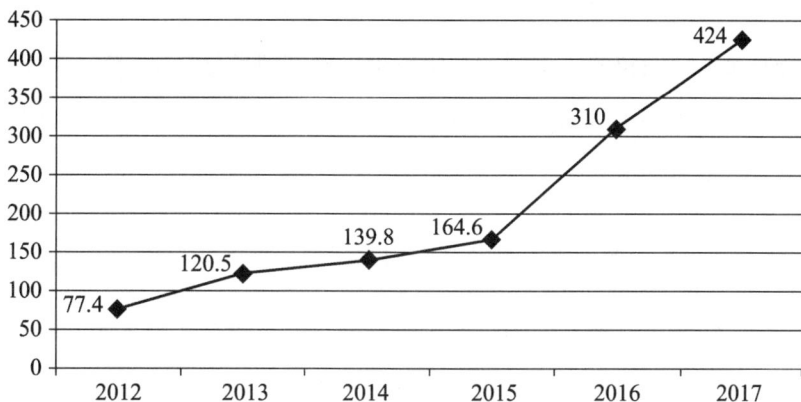

图4-11　亚洲邮轮市场游客数量变化（万人）

资料来源：国际邮轮协会。

二 ▶ 中国邮轮旅游市场具有良好的发展潜力

　　2017年中国邮轮港口全年接待邮轮5 807艘，进出境游客1 813.54万人。

国内港口吞吐量保持增长态势，从2006年的18艘增长到2017年的1 098艘，增长了60倍。上海邮轮旅游市场规模的不断扩大，特别是在吴淞口国际邮轮码头的建设，为上海成为亚太和世界上第一大和第四大邮轮母港提供了一个坚实的基础。2014年，吴淞口国际邮轮码头超越新加坡，成为亚洲最大的国内邮轮母港。2016年成为仅次于浦东机场的上海第二大出入境检验口岸。2017年上海邮轮港口共接收邮轮512艘，占国内邮轮总数的43.3%，其中母港邮轮481艘，占国内邮轮总数的43.8%。

旅游业的发展为邮轮旅游的发展奠定了良好的基础。2017年上半年，中国出境旅游人数达到6 203万人次，2018年上半年达到7 131万人次，同比增长15%。据国家移民管理局近日发布的信息显示，2018年上半年，内地居民私人居留许可数量再创新高。国家公安机关出入境管理部门共签发私人护照1 641.6万本，同比增长21%。日本仍然是最受欢迎的短途旅游目的地国家，也是2018年上半年中国邮轮旅游最重要的旅游目的地。

三 ▶ 中国邮轮旅游市场特点

根据途牛网发布的《中国在线邮轮出境旅游消费分析报告2017》和同程旅游发布的《2019年暑期邮轮旅游消费趋势报告》的数据总结，中国邮轮旅游市场的主要特点如下：

（一）二、三线城市邮轮旅游客源的崛起

二、三线城市已经是中国出境游市场增长的主要来源，未来几年还将继续如此。这些游客与来自一线城市的游客相比是相对缺乏经验的，他们不仅更有可能首先选择中国的邮轮前往亚洲附近的目的地，还可以享受舒适的邮轮所有的旅行安排，例如餐饮、娱乐等服务。预计2017～2030年，中国2/3的国内消费增长将来自二、三线城市，他们也可能成为邮轮行业增长的主要贡献者。

（二）京沪是中国邮轮旅游最大客源地

如图4-12所示，上海、北京、南京、天津、杭州、深圳、重庆、广州、西安、成都是邮轮旅游十大客源地。具体来说，上海、北京、南京位列日本、东南亚邮轮等短线邮轮客源地前三甲，而北京、上海、长沙则成为中东、欧洲、美洲、极地等长线方向邮轮游客源地前三甲。整体而言，上海、北京两地消费者不仅是休闲度假游的绝对拥趸，也对邮轮游热情极高。从途牛用户星级分布看，途牛网1-7星用户中，4星及以上用户更爱出境长线邮轮产品，出游人次占比接近途牛邮轮出游用户总人次的50%。

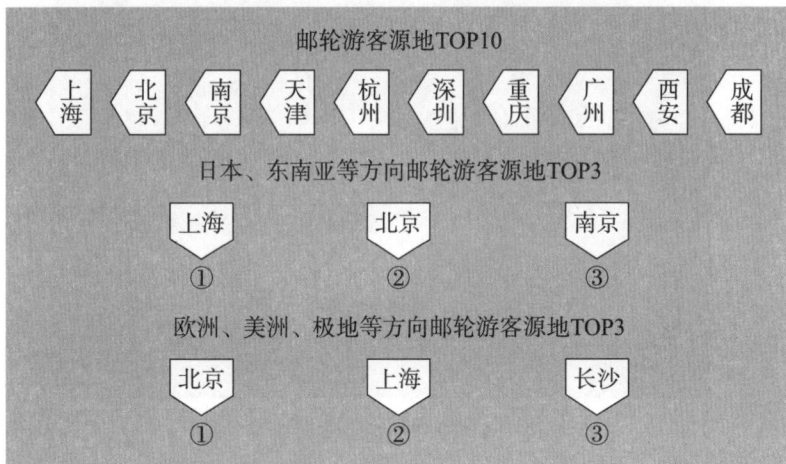

图4-12 中国邮轮旅游十大客源地

（三）中国邮轮旅游需求市场结构

1. 性别和年龄构成

由于没有舟车劳顿、环境舒适、集"吃住行游购娱"于一体，邮轮游更受有时间"看世界"的中老年游客青睐。途牛旅游网监测数据显示，年龄在30～59岁的中年游客占比达到49%，是邮轮游的主力

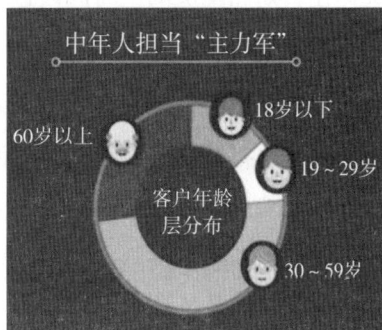

图4-13 中国邮轮旅游者年龄构成

军，其次为60岁以上的老年游客，占比达到27%；在这两大年龄段客户中，又分别以35～40岁和65岁以上的客户为邮轮游主要人群。

从性别角度而言，女性游客整体人次占比高达57.5%，明显高于男性。

2. 结伴方式与出游时间

根据邮轮订单客户分类情况，可以发现，家庭亲子客户是邮轮旅游的主要消费群体，家庭游订单占比达到41%。这是由于随着亲子游市场的崛起，越来越多的家庭游客开始把邮轮作为全家休闲度假的新选择。中老年团队游也是邮轮旅游重要的消费群体，订单占比达到20%。

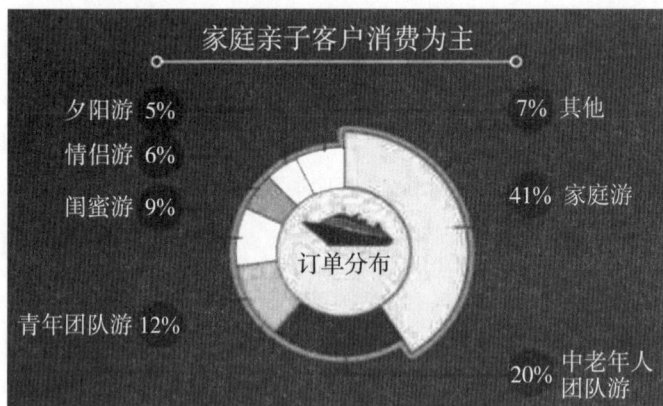

图4-14　中国邮轮旅游者结伴方式

由于考虑到孩子在暑期及国庆拥有较长的假期，因此，家庭游客户大多选择在暑期和国庆两个时间段进行邮轮旅游，暑假尤其集中在8月出游。

与家庭游客户出游时间较为集中不同，时间更充裕的夕阳游、中老年团队游客户在出游时间上主动避开了暑假高峰期；青年团队游客户、夫妻游客户更多地选择在国庆出游；闺蜜游全年出游时间比较均衡、随性。

由于家庭游客户更青睐海景房、阳台房，希望给孩子带来更舒适的旅程，因此，在邮轮产品选择上，家庭游客户人均单价要高于其他类型游客。

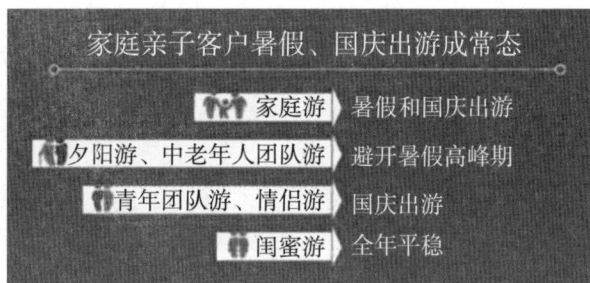

图4-15　中国邮轮旅游者结伴方式

3. 出游提前预订时间

途牛旅游网监测数据显示，2016年，34%的客户提前16～30天预订邮轮产品；受益于签证利好，24%的客户"淡定"地选择了提前8～15天预订邮轮产品；此外，也有11%选择短线邮轮产品的客户在邮轮出发前一周内预订并"说走就走"。还有19%的客户提前31～60天预订，以便准备充足。选择远洋航线邮轮产品的客户，按照距离远近以及签证办理时长，更倾向于提前61～90天以及90天以上预订，分别占比8%和4%。

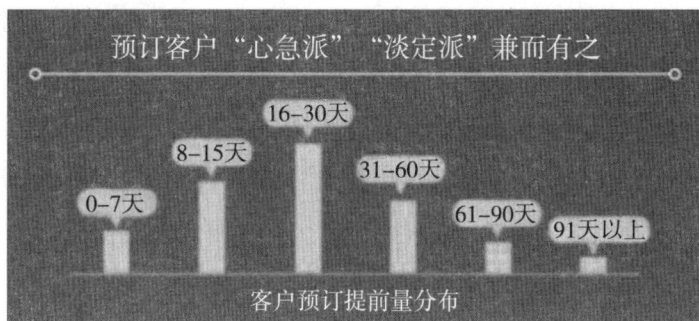

图4-16　中国邮轮旅游者出游提前预订时间

4. 航期选择结构

在邮轮航期方面，59%的客户选择了4晚5天航期的邮轮线路，22%的客户购买了5晚6天航期的邮轮线路。通过客户选择的邮轮产品航期结构可以看出，当前我国邮轮旅游消费仍以近海短程的日本线路为主。

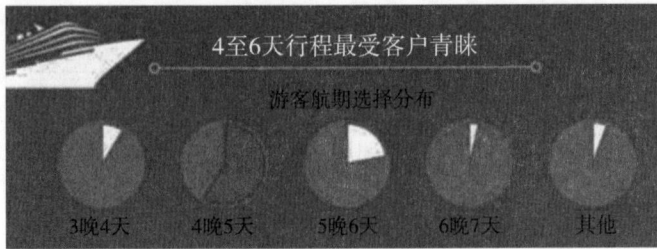

图4-17　中国邮轮旅游者航期选择结构

在邮轮行程安排方面，超过八成的客户出游天数在4～6天，其中42.9%的客户青睐5晚6天航期的邮轮线路，4晚5天航期的邮轮线路预订人数紧随其后。由客户产品预订数据分析，当前邮轮旅游消费仍以近海短程线路为主。家庭游、夫妻游、青年团队游更多地选择日本、东南亚方向邮轮，而中老年团队游、夕阳游则有更为充裕的时间等选择中东、欧洲、美洲邮轮；此外，部分中老年游客对国内三峡邮轮同样充满兴趣。在单价超过2万元的远洋航线中，目前出游人年龄主要在45～70岁，年龄结构在近年来有年轻化趋势，过去一年通过途牛预订远洋航线的40岁以下客户人次占比超过20%，有越来越多的年轻客户开始选择体验更丰富、岸上行程更多元化的长线邮轮休闲度假。

5.消费项目结构

游客最关注邮轮旅游过程中的哪些核心要素？较多游客已逐渐摆脱"邮轮游是指通过邮轮将游客送达某个景点"的狭隘观念，而是更关注邮轮上的活动、表演及美食，愿意"玩在邮轮"。众多邮轮公司也开始在吃的方面更加强调中国特色，从而满足中国游客的餐饮需求。

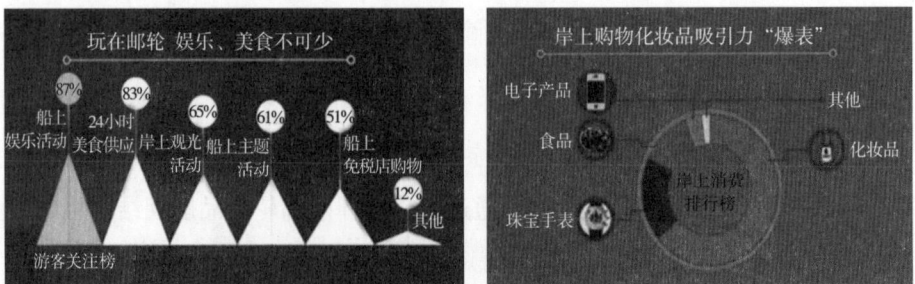

图4-18　中国邮轮旅游者消费项目结构

至于岸上购物，中国邮轮旅客消费金额占比最大的是化妆品，占比高达64%；其次是珠宝手表，占比13%。

6. 复购率

跟团游客户复购最爱邮轮产品下单时间随购买次数增加而缩减。途牛旅游网监测数据显示，对于有过邮轮购买经验的客户而言，整体复购率超过60%（见图4-19），表明邮轮产品具有较强的用户黏性。

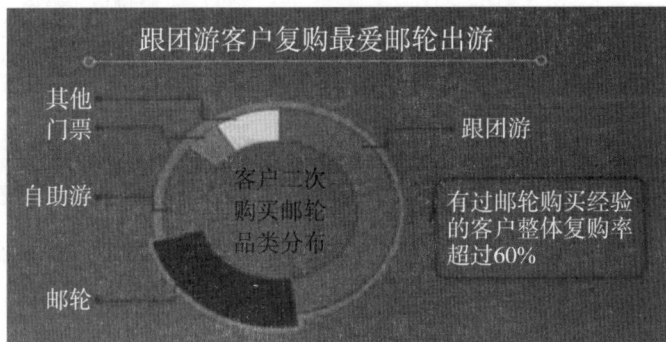

图4-19 中国邮轮旅游者复购率

此外，随着用户购买次数的增加，下单时间的间隔会明显缩减。其中，由跟团转化为邮轮的用户下单时间间隔在一年上下，本身消费过邮轮的用户下单时间间隔在半年左右。

7. 订单签约方式

在签约形式上，邮轮订单签约主要以在线签约为主，随着OTA门市网络的不断布局，门市签约占比逐渐增加。中老年人群体更倾向于电话下单、门市签约。目前，途牛、携程等全自营门市服务网络能够与线上服务结合在一起，为客户提供线上加线下的高质量旅游服务。

8. 品牌选择结构

在邮轮品牌选择上，皇家加勒比"海洋量子"号、歌诗达"赛琳娜"号、皇家加勒比"海洋赞礼"号、"诺唯真喜悦"号、歌诗达"幸运"号、皇家加勒比"海洋水手"号、星梦"世界梦"号、"盛世公主"号、歌诗达"大西洋"号、天海"新世纪"号分别位列人气排行榜前十名。其中，在位居榜首的"海洋量子"号上，更多"海上初体验"的娱乐革新被引入其中，例如跳伞体验将让游客体验惊险刺激的空中之旅，而海上最大的室内运动及娱乐综合性场馆则配备了碰碰车和旱冰场等设施，还有迄今为止最大且最先进的邮轮客房等，这些都让"海洋量子"号热度持续居高不下。

除以上特点外，中国邮轮旅游市场中河轮游产品异军突起。与常规邮轮游相比，河轮游侧重于目的地港口的密集到访，游客可以体验"一天一港"（有时一天两港）甚至"一周四国"奇妙旅程的河轮游，日益成为国内游客体验目的地"慢生活"的新选择。河轮游出游过程更私密，

邮轮游人气品牌TOP10
皇家加勒比"海洋量子"号
歌诗达"赛琳娜"号
皇家加勒比"海洋赞礼"号
"诺唯真喜悦"号
歌诗达"幸运"号
皇家加勒比"海洋水手"号
星梦"世界梦"号
"盛世公主"号
歌诗达"大西洋"号
天海"新世纪"号

图4-20　中国邮轮旅游者品牌选择结构

岸上行程便捷灵活，游客上岸后即可抵达城市或小镇的中心，步行游览景点，无须再舟车劳顿前往目的地。目前，全球河轮游主要分布在欧洲多瑙河和莱茵河、俄罗斯伏尔加河、美国密西西比河、埃及尼罗河、泰国湄南河等地。过去一年，途牛加大了河轮游市场的布局。2018年，在途牛重点推广的欧洲高端河轮游线路中，维京邮轮和星途邮轮产品受到较多用户欢迎，航线主要为莱茵河之旅（西欧四国）和多瑙河之旅（东欧五国）。

在航线和行程选择上，除了日本、东南亚以及国内的三峡等常规方向外，国内西沙群岛以及境外的地中海、阿拉斯加、加勒比、多瑙河、莱茵河、极地等高端线路也将被越来越多游客关注。一方面，中国出境游市场发展迅速，刺激了人们出境游的欲望和热情；另一方面，随着国内游客对邮轮游的认知进一步加深，更长的航线、更多样的目的地可以给游客带来截然不同的出游体验。

此外，通过"邮轮+交通接驳""邮轮+当地玩乐""邮轮+酒店"等多维

度产品布局升级，节约游客出游成本，为非港口城市的游客提供出行便利，解决客户"最后一公里"的问题，也是今后邮轮产品中必不可少的一项服务升级。

思考题

1. 世界邮轮旅游市场需求结构及其发展趋势？

2. 简述世界邮轮旅游市场价格体系的构成。

3. 简述HPM分析方法，谈一谈如何运用该方法捕捉各种因素对邮轮价格的影响？

4. 结合中国邮轮旅游市场的特点，谈一谈中外邮轮旅游需求市场结构的异同。

5. 如何正确理解邮轮行业的定价机制及其发展趋势？

第五章

邮轮产业部门

　　邮轮旅游是社会生产力发展到一定阶段的产物，是随着社会经济发展而发展的一种综合性社会经济活动，是不同文化背景交融下的一项体验活动。邮轮旅游业已经发展起来，并成为国际市场上增长速度最快、发展潜力最大的一项高端旅游项目。在邮轮旅游业发展的基础上，邮轮产业通过邮轮旅游业发展的联动性，开始逐渐形成和发展起来。作为旅游业和接待业的完美结合，邮轮产业已经成为现代旅游业中发展最为活跃的产业之一。邮轮产业不是一个单一的产业门类，而是由多种产业组成的产业群，具有多样性和复合性，是在发展的过程中自然而然形成的一个相互依托的产业系统。

第一节　邮轮产业链条

一▶ 邮轮产业概述

（一）邮轮产业概念

　　邮轮旅游在发展的过程中，各大邮轮公司不断进行产品创新，参与市场竞争，正是在这个过程中，邮轮产业逐渐形成起来。邮轮产业已经成为现代旅游业中发展最迅速、经济效益最显著的产业之一。邮轮产业通过其产业的延长作用，拉动上下游相关产业，形成相互依托、共同发展的经济现象，被称为"漂浮在海上的黄金产业"。过去几十年，各大邮轮公司经营的数百艘船只往返于世界上最美丽的航线，搭载游客进行海上度假旅行，带动了邮轮旅游市场的繁荣。邮轮产业以其强大的消费拉动能力和旅游相关产业的巨大带动力，现已成为世界旅游的重要领域。全球邮轮产业主要集中在北美和欧洲。欧洲凭借其先进的设计理念、领先的造船技术，在邮轮制造领域独占鳌头。世界前几大主要游艇建造国家垄断着世界邮轮设计、制造市场80%以上。近年来，国际邮轮市场开始向亚太地区倾斜。随着各级政府对邮轮产业的支持，中国邮轮旅游业发展势头强劲。

总的来说，邮轮产业是介于交通运输业、旅行业和观光与休闲业之间的一种新型产业（见图5-1）。产业链长、带动性强、影响力大、覆盖面广、国际化程度高，乘数效应达1∶14，属万亿级产业。以邮轮运营为龙头、以邮轮研制为核心、以供应链建设为保障，涵盖高端装备、金融保险、交通运输、港口运营、旅游观光、休闲服务、商业贸易以及产城融合等众多产业领域，是先进制造业与现代服务业深度融合的生态体系，具有产业链、供应链、服务链、价值链、创新链高度融合的明显特征。

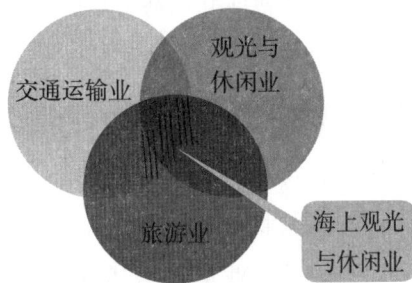

图5-1　邮轮产业的属性

首先是运输业，通过邮轮把乘客从一地带到另一地，以及现代邮轮旅游出现的"飞机+邮轮"组合模式这一旅行方式，使得邮轮乘客飞往某一港口登上邮轮或离开邮轮再飞往某一地，此时邮轮都承担一部分的运输功能。其次是观光休闲业，邮轮乘客可在邮轮上观看海景、休闲娱乐，邮轮本身承担的角色为"流动的旅游目的地"。最后为旅行业，在一次邮轮航线上，邮轮停靠多个观光景区附近的港口，为乘客提供观光游览服务。

（二）邮轮产业的特点

1. 全球性

尽管当前的经济正朝着全球一体化的方向发展，但真正具有跨区域特点的产业并不多。而邮轮产业从一开始就定格为跨区域的全球性产业，邮轮航线的生命力在于其跨国和跨洋性，如环球邮轮可以达到世界上任何的大型码头，邮轮上的船员和游客往往来自于全球十几个国家和地区，说不同的语言，使用不同的货币。对于邮轮产业而言，国界的概念并无实质性的意义，因为邮轮在停靠码头外的绝大部分时间都是在公海航行，各国的法律只对邮轮有暂时意义，没有长效性的约束。因此很难说邮轮产业为某国所专有，实际上，如果说企图使邮轮产业为一国所独有，也不会有任何生命力。邮轮产业是一个全球化的网络型产业，以连接七大洲整个海洋为运营舞台，以遍布世界各地的码头作为依托，构建起庞大的邮轮网络。邮轮游客输出地、邮轮游客旅游消费地和中转地，以上每个部分都有各自的网络，同时又能有机地相连，组成一个互动的系统。其连接主要通过各大邮轮公司、邮轮代理、各级政府及港口企业等。邮轮停靠的港口构成了邮轮产业中重要的网络节点，邮轮经济成为网络化节点经济。

2. 集聚性

邮轮的产业形态于20世纪60年代后期形成于北美，根据经济地理学的相关理论，邮轮运营通常倾向于选择在市场容量较大的地区开展生产经营活动，以美国为首的北美地区，人均收入高，消费较为超前，因而成为世界上最大的邮轮市场，游客数量一直占市场份额的80%左右。为邮轮以及邮轮乘客服务的相关产业一般聚集在港口附近以及周边地区，以便能够快捷方便地为邮轮及游客服务，较为发达的城市因此而形成了繁华的商业中心区；同时邮轮母港的分布也不均衡，美国是拥有邮轮母港最多的国家，佛罗里达州是美国的邮轮中心，发送邮轮游客数量占美国的50%以上，美国最大的邮轮母港迈阿密、卡纳维拉尔港、埃弗格雷斯港都在佛罗里达州。邮轮产业发展的聚集性还表现为邮轮航线的地理集中性，加勒比海地区和地中海地区是最为密集的邮轮旅游活动区。

3. 垄断性

从经营来看，邮轮产业具有显著的规模经济特征。邮轮注册吨位越大，载客量越多，单个舱位成本越低，达到收益平衡点所需收取的邮轮价格也越低，产品的价格竞争力也就更强，这就使得每年新投入运营的邮轮体量越来越大。邮轮船队规模越大，分摊到每艘邮轮上的固定成本越低，邮轮运营商就可以让利于消费者以获得竞争优势或增加公司的利润。船队规模大的邮轮公司可以凭借其规模优势与分销商建立全球性或区域性的营销网络，从而提高邮轮舱位的出租率，这样就很容易形成对市场的垄断。这种市场垄断结构，使得邮轮运营也具有较高的进入壁垒，包括由品牌效应造成的进入壁垒，利用已有的分销系统形成的进入壁垒，对邮轮码头的控制而实施的进入壁垒等。

4. 文化性

总体来说，邮轮产业起源于贵族休闲文化，故其所有相关的服务都体现出奢华的特点。许多邮轮都采取了极尽可能的华丽装饰。例如，有些邮轮接待大厅的装饰基本上和"泰坦尼克"号如出一辙。金碧辉煌的奢华不但能够体现出邮轮消费的价值，同时也能提升邮轮本身的品位，吸引更多的游客置身其中去体验邮轮生活。各国文化在邮轮上竞相辉映，显示出邮轮产业文化的相对开放性。邮轮上的装饰体现出的风格以及各种风格间的差异，也增加了邮轮之旅的神秘色彩。一些欧美邮轮除了展示出皇室风范以外，还注重构造现代时尚的建筑格调。邮轮上经常安排的歌剧演出、各种用餐礼仪及相关活动表明邮轮本身也是高雅艺术的殿堂。

5. 地域限制性

邮轮经济仅在拥有可停靠邮轮码头的港口城市才有可能形成，与邮轮本身的产品特性有关。尽管部分邮轮旅游者也会在进行短程岸上旅行时到达非港口城市，并产生比其他入境游更高的经济影响，但总体而言远不及在停靠港城市产生的经济影响。而目前我们国家允许本国人和外国人均可方便通行的港口为国家一类口岸，这就增加了邮轮旅游业的地域局限性。邮轮旅游航线中的停靠点，本身也是旅游目的地之一，故一般不愿意选择能进行岸上短程旅游但无法自由通行的二类口岸作为停靠港。

6. 配套设施要求高

由于邮轮旅游为高端旅游产品，邮轮旅游者多追求高品质甚至奢华的休闲活动和旅游服务，因而，高端旅游、餐饮、购物等商业配套设施是发展并提升港口城市邮轮旅游业竞争力不可缺少的部分。此外，邮轮旅游的软件要求也比较高，这与同一艘邮轮可能由不同国籍的旅游者构成有关，这就要求该港口城市要有一群邮轮旅游专业接待人员提供服务。

7. 综合性

邮轮旅游的相关产业除了旅游景点、旅行社、旅游饭店、旅游交通、旅游餐饮、旅游购物等六大行业之外，与之息息相关的还有船舶维修和保养、淡水供给、燃料供给、食物原材料供给、酒水供给、废物处理等行业，涉及面比其他旅游行业更广。此外，海关联检部门（边防、海关、卫检、商检和动植物检）出台符合国际管理的出入关程序和口岸管理条例，邮轮旅游业才能良好运作。因此，邮轮产业具有综合性。

8. 季节性

毫无疑问，明媚的阳光、舒适的气温、优美的自然风光和丰富的船上服务等是邮轮旅游业存在和发展的基础，缺一不可。邮轮公司开发的邮轮航线是随着季节、旅游淡旺季等对运力进行调配的一种经营方式，可以说，与其他形式相比，邮轮旅游受季节性的影响显著，对气候和资源的依赖性很强。比如北美北部和北欧地区，冬季由于气候寒冷，邮轮旅游活动和邮轮公司运力投放将明显减少。国际邮轮旅游中虽然也有终年航行在世界各地的环球邮轮和远洋邮轮，但其所占比例很小，大多数邮轮都是巡游于特定海域的区域性邮轮。目前，世界上主要的邮轮航线区域有加勒比海域、地中海、东南亚海域、南太平洋海域、北欧海域、阿拉斯加、美国东西海域等。由于气流、洋流等原因，这些区域仅在特定季节才适合开展邮轮旅游，因此，邮轮船队为获得较高的出租率，都会采取季节性调配策略，定期改变其始发港和邮轮航线，这样大多数邮轮公司才能够使其邮轮舱位出租率达到85%以上甚至100%。

二 ▶ 邮轮产业的发展历程

从历史的进程上看，邮轮产业的发展，大致经历了四个主要阶段，即过渡萌芽阶段、初步成长阶段、快速成长阶段和蓬勃发展阶段。每一阶段的发展取决于航线、目标市场以及经营区域的具体情况。

（一）邮轮产业发展历程

1. 过渡萌芽阶段

20世纪60年代末至20世纪70年代初，是邮轮产业发展的起步阶段。尽管邮轮早在19世纪初就已经出现，但邮轮旅游作为一项产业却是在20世纪60年代以后才逐步兴起并发展起来的。喷气式飞机的出现，使邮轮作为一种交通工具成为历史。20世纪60年代初期往返美欧大陆之间的跨大西洋客运班轮每年的客运量超过100万，70年代初便急剧下降到每年25万左右。由于每年往返于美欧客运班轮的客运量急剧下降，原来的客运班轮经营商迫于经营的压力，不得不寻找新的经营方式，由客轮服务的供应商的角色向邮轮提供设施和服务转变。客观上，邮轮客运量的下降催生了海上客运向海上旅游的转型。这一时期可以说是邮轮经营的痛苦转型期，班轮公司正在由服务提供商的角色向提供邮轮设施及服务转变。但客运班轮本身并不一定适合开展新型的邮轮旅游休闲服务，其过渡还面临着很多的障碍，如没有空调、不舒适的三等舱以及甲板上下缺乏公共空间等。这一阶段人们对邮轮知之甚少，甚至出现了由于文化的差异对邮轮产生误解。

2. 初步成长阶段

20世纪70年代至80年代是真正意义上的邮轮旅游诞生阶段，邮轮旅游产品所包含的内容也具备了今天的雏形。1966年秋天，经营总部设在美国迈阿密的挪威加勒比邮轮公司的首艘完全以休闲旅游为服务功能的"向日"号邮轮正式投入运营，标志着现代邮轮产业的诞生。NCL公司创始人克罗斯特（Kloster）的成功经营理念很快被邮轮业界接受，许多经营者陆续进入邮轮市场。在这一阶段，挪威邮轮、皇家加勒比邮轮、嘉年华以及半岛东方邮轮等公司相继组建各自的邮轮船队，开始涉足邮轮旅游。邮轮旅游已不再仅仅具有航运概念，而发展成为休闲产业的一个有机组成部分。这一阶段的邮轮目标市场大都以本国游客为主，出行航线也多是以本国观光地为基本港和挂靠港，人们对邮轮的认识还只是局限于其华丽的外观、奢侈的内部设施以及高昂的旅游费用。

3. 快速成长阶段

20世纪80年代至90年代中期，是邮轮产业发展的快速成长阶段。随着人们对现代邮轮认识的逐渐提升，邮轮市场出现了日益丰富的旅游产品，市场得以拓展，行业发展进入成长阶段。邮轮市场开始高度细分，提供的产品与服务也不断丰富，人们对于邮轮旅游的需求逐渐增加。嘉年华公司主要以引进二手改装船的方式进入了加勒比海市场的角逐，一方面采用强劲的"乐在阳光下"（fun in the sun）广告攻势，另一方面结合具有强大竞争力的价格策略，成功开辟了青年消费市场。这一时期，也是目前世界上规模最大的三家邮轮公司，即嘉年华邮轮、皇家加勒比邮轮以及诺唯真邮轮，在邮轮旅游行业奠定基础的重要时期。三大邮轮巨头均在欧美主流消费市场建立了各自的邮轮网络。北美及欧洲一些地区的邮轮产业在这一时期逐渐发展并走向繁荣。

4. 蓬勃发展阶段

20世纪90年代中晚期至进入21世纪以后，是邮轮产业的蓬勃发展阶段。世界主要邮轮公司都是以欧美市场为基础发展壮大起来的。随着世界邮轮产业的发展以及人们对于邮轮认识的逐渐深入，由昔日只有上流社会享受的特定旅游时尚产品演变为中产阶级的大众休闲旅游活动。最早进入邮轮发展繁荣成熟期的区域是北美及欧洲一些地区。这一时期，邮轮市场呈现较为繁荣的局面，邮轮停靠的目的港不断增多，航线安排灵活多样，游客消费价格逐年下降，行业集中程度高，行业经营的规模经济明显，从而撬开了邮轮旅游向大众化和年轻化方向发展的通道，越来越多中等收入的游客成为邮轮产品的消费者。新的邮轮不断被投入运营，新的邮轮母港和挂靠港不断建立，新的旅游目的地和旅游航线不断开辟，邮轮产业总体上实现了持续增长。邮轮市场形成了系统而稳定的市场结构，整个邮轮市场进入成熟期。这一时期，全球性邮轮公司不断投入新船，邮轮服务种类繁多，市场分割加剧，竞争趋于激烈。1993年，一向处于全球邮轮市场边缘的亚太区域也有了变化——马来西亚丽星邮轮集团成立。最初，丽星邮轮仅在新加坡和马来西亚提供邮轮旅游服务，不久之后的业务便拓展到了整个亚太地区。2000年之后丽星邮轮收购NCL和东方（Orient）邮轮品牌，正式进入欧美市场。目前，丽星集团在全球邮轮市场占有10%左右的市场份额，成为世界主要邮轮集团之一。

5. 未来发展趋势

随着世界经济形势的持续好转，尤其是亚太地区经济的崛起，全球邮轮旅游需求将全面进入持续增长状态，世界邮轮业将进入更为繁荣的时期，总的来看，未来的发展趋势主要有以下五个方面。

（1）北美市场仍然是世界邮轮产业中心

自邮轮旅游产生以来，北美地区的市场份额一直保持在平均80%以上，可以说占据绝对的市场优势。随着北美市场的饱和以及欧洲、亚太邮轮市场的崛起，北美地区市场份额有所下降。但北美市场仍然是世界邮轮产业的中心，这一现状将在一定时期内继续保持。经济的持续增长和社会的持续稳定，将吸引越来越多的消费者加入到邮轮旅游中来，还将使得北美地区的邮轮产业继续保持世界领导者的地位。因此，我们认为北美市场仍然是世界邮轮产业中心。

（2）市场垄断格局继续

根据调查，随着市场的发展，三大邮轮集团掌控全球市场的程度将有增无减。邮轮市场具有高度竞争的特点，组建邮轮公司的前期投资巨大，运营成本相对高，进入壁垒阻碍了外部企业贸然进入市场，如若不然极有可能面临进退维谷的境地。因此，邮轮市场的进入门槛非常高，邮轮公司一旦进入，竞争将异常激烈。但随着消费者需求的增长，小型邮轮公司可以开辟新的市场，其利润空间将更为灵活，仍拥有良好的成长前景。

（3）亚太地区成为新锐市场

亚太地区将成为邮轮产业的新锐市场。随着人们对邮轮旅游新颖性和多样性需求的增长，以及欧美市场的日渐饱和与过度竞争，越来越多的邮轮公司开始将目光投向具有丰富人文景观的亚太地区。亚太地区的繁荣稳定以及人们可支配收入的不断增加，使得亚太地区渐渐成为邮轮市场的重要客源地，此外，新加坡、韩国、中国等国家和地区对邮轮产业的支持和投入，成为推动亚洲邮轮产业发展的重要力量。因此，未来亚太地区对国际邮轮市场具有相当大的诱惑力，将吸引国际邮轮公司来开辟这一新锐市场，并考虑将邮轮母港设置在亚太地区。

（4）邮轮旅客年轻化趋势明显

近年来，世界邮轮乘客的平均年龄为45～49岁，40～49岁的邮轮乘客占乘客总量的36%，是世界邮轮客源市场的重要组成部分。在今后相当长的一个时期，这个客源市场将持续增长，仍保持市场主力军的地位。由于豪华邮轮和新型邮轮的出现，以及慢生活旅游方式的兴起，邮轮公司推出丰富多彩的娱乐活动与方便快捷的服务措施，不断推出年轻化定制旅游产品，吸引了越来越多的年轻人加入到邮轮旅游的行列中来。邮轮消费者的年龄层次逐渐降低，呈现低龄化趋势，邮轮旅游不再是老年人的专利。特别是主题化的巡游，比如蜜月游、亲子游、探险游及会议游等需求逐渐增长，世界邮轮客源市场的年轻化趋势明显。

（5）邮轮大型化和邮轮产品多样化

消费价格的不断下降、接待设施的不断改善、邮轮船舶总数的不断增加、船舶规格的不断丰富、邮轮航线的不断开辟、运载能力的不断提高、服务方式的不断创新、娱乐体验的不断新奇，将促进邮轮消费的日益大众化和多样化。在旅游目的地方面，环加勒比海地区、阿拉斯加地区等将继续保持世界邮轮首选目的地的地位。到访亚洲的邮轮将越来越多，亚太地区将诞生越来越多的邮轮母港和停靠港，将成为邮轮经济的新增长点。

三▶ 邮轮产业的发展历程

邮轮产业的经营具有明显的经济规模效应。作为一个与上、下游产业密切相关的产业，邮轮产业的发展能够自然形成一条相互依托的产业链，包括很多门类。邮轮产业作为一种边缘产业，本身就涵盖了运输业、旅游业和休闲娱乐等三大产业。据不完全统计，与邮轮产业相关的部门多达150个。由此我们将邮轮产业链定义为以邮轮为主要载体，以船上休闲、岸上观光、游玩等为具体内容，围绕大型船舶制造业、交通运输业、港口后勤服务产业、旅游业、餐饮业、商业和银行保险业等行业形成的产业链条。邮轮产业链纵向上可划分为上游的邮轮制造业、中游的邮轮营运业和下游的港口、金融、旅游商贸服务业等链环，邮轮产业的发展将推动与之相关的产业形成一条承上启下的产业链（见表5-1）。邮轮上下游产业链形成的纽带关系以及各环节的价值增值活动推动产业整体向前发展。从产业链来看，邮轮公司、邮轮港口和邮轮消费者是其核心组成部分。邮轮产业的发展同时带动邮轮制造、船舶维修保养等产业发展。

表5-1　邮轮产业链的构成

构成	主要组成部分
产业链上游	邮轮的设计与建造
产业链中游	邮轮经营及有关产业
产业链下游	邮轮码头及其配套服务业

（一）产业链上游

邮轮产业链上游指的是邮轮的设计与建造。邮轮建造市场与世界经济走势高度相关，经济好时全年邮轮订单可达15艘以上。邮轮制造业属于高端船舶制造领域，目前基本被欧洲垄断。国外邮轮制造企业经过一系列的兼并收购之后，船厂的规模变得越来越大，集中化程度也越来越高。缺乏设计与建造经验的造船国很难断定其研发和建造的难度。在邮轮的设计和建造这一环节中，邮轮设计的核心是要把握并体现西方的贵族文化，建造的重点是豪华、舒适和安全。随着时代和科技的发展，现代邮轮对专业性、安全性、豪华性的要求非常高，对低碳环保要求明显，其造价也远远高于一艘普通的客运船舶。而且船型也有更加大型化的趋势。目前市场上主流的邮轮公司，基本上已经不再建造10万吨以下的邮轮，15万吨以上的邮轮逐步成为大众型邮轮公司的重点目标。该阶段相关产业主要有邮轮的设计研发、物料采购相关产业、生产建造产业、设备装配产业和装饰装修产业等。上游产业技术性强，资金投入高，在上中下游三个环节中产业链宽度最小，最易垄断。欧洲凭借其先进的设计理念和造船技术成为全球邮轮制造业的绝对垄断者，其他国家及地区很难在短时间内进入邮轮设计与制造行业。邮轮设计制造是技术与资金密集型产业，需要大量的配套产品和技术服务。

（二）产业链中游

产业链中游一般指的是邮轮的经营及有关产业。邮轮公司本身是资本密集型企业，而且采用国际化经营，是经济全球化的体现。邮轮公司需要丰富的营运经验和高层次的管理水平，以更好地引领和带动产业发展。旅游支持产业由邮轮运营相关企业承担，主要是指在全球经营的大型国际邮轮公司及其在港口和港口城市的业务经营，从事邮轮航线设计、邮轮管理、市场推广、海上客运等业务。管理营运邮轮公司一方面需要一个庞大的资金链，具有较大的金融风险，另一方面需要丰富的营运经验和高层次的管理水平。因此，邮轮公司如世界三大邮轮集团，即嘉年华集团、皇家加勒比集团、诺唯真邮轮集团控制了世界邮轮产业近80%的市场运力份额。

（三）产业链下游

产业链下游指的是邮轮码头及其配套服务业，包括邮轮专用码头、港区配套设施以及其他相关基础设施。邮轮本身就具有集聚性的特点，优质的邮轮母港能吸引更多的邮轮集聚本港，而多艘邮轮的集聚又大大促进了该地区邮轮经济的迅速发展，带动和促进相关产业发展。涉及的产业主要包括港口建设与服务、船舶维修、邮轮供给、岸上观光、住宿商贸、餐饮娱乐等，对其所在区域消费资金流、物流和信息流拉动作用巨大；相关企业以不同形式、渠道和层次将产品销售到消费者手中，该环节包含的产业范围最广，产业链宽度最宽。

邮轮的设计制造是邮轮产业的基础环节，邮轮码头的建设和服务是邮轮产业整体价值的体现，邮轮公司是连接上下游产业的纽带，在生产因素的推动下，产业链各环节形成紧密相连的有机循环体。上游环节的生产状况影响中游环节的经营档次和水平。技术、资金和市场需求推动上游环节发展，是产业链的初始供给。上、中游环节的生产最终是为了满足市场需求，在一定程度上它们能够引导市场需求，但同时也必须根据市场需求寻求发展路径。下游环节能够反映市场的需求，消费者的需求状况、满意度等，直接影响它的发展，并从整体上决定着产业链的价值。另外，市场需求在直接影响下游环节生产时，也逐级将需求传导至中、上游环节，规范并制约着各环节的进一步发展。因此，三大环节之间实质上是基于需求与供给的双向传导。

邮轮产业链与其他制造业产业链相同，经济效益或经济价值最高的不在邮轮运营所在的中游环节，上游的邮轮设计和下游的旅游消费环节才是邮轮经济的最大效益所在。这也是当前我国各邮轮港口都争相发展邮轮产业链和吸引上下游企业在邮轮港入驻的主要原因。目前，国内大多为邮轮始发港，运送邮轮旅客前往其他挂靠港休闲观光，因此发展的主要是码头服务、船舶维修和船舶供给等下游产业，而船舶设计、建造则受限于技术和人才，短期内难以全面提升；同样挂靠港下游环节的岸上观光、住宿商贸、餐饮娱乐等也相对欠缺。

（四）▶ 邮轮产业链分类

从国际经验来看，邮轮旅游的发展能够自然形成一条相互依托的产业链。与其他行业不同，邮轮旅游业不是一个单一的产业，而是由多种产业组成的产业群，具有多样性和复合性。因此根据行业性质的不同，可以将邮轮产业涉及的主要行业分为以下几类：

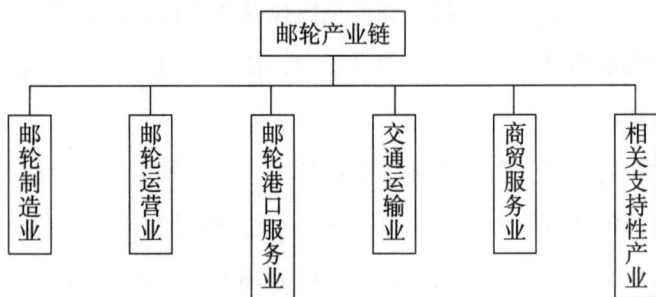

图5-2　邮轮产业链分类

（一）邮轮制造业

邮轮制造业属于船舶工业的分支领域。造船技术是邮轮产业的基础，从某种意义上代表了每个阶段人类生产力的水平，而邮轮的建造和维修又刺激了现代造船工业的发展。在全球造船业不景气的情况下，邮轮公司的船队规模却日益庞大。近年来，下水的豪华邮轮数量有增无减，新船的投放呈现较高的增长趋势。现代邮轮在服务项目与舒适感觉方面的要求非常高，与普通的客运船舶在设计理念、技术、材料、工艺以及设施设备等方面存在很大的差异，其专业性、舒适性、安全性和豪华性特征尤为突出。其造价也远远高于一般的客运船舶。未来根据市场的需要，拥有一应俱全设备的超大型豪华邮轮，将是邮轮设计和建造的发展趋势，这在资金、技术和设计方面都有很高的要求。豪华邮轮一直是造船界顶尖级的高附加值类船舶，欧洲各国专业制造商凭借对艺术的独特理解、设计的繁杂、技术的先进以及装饰的奢华一直独占鳌头。法国、意大利、德国、芬兰是世界邮轮的主要制造国家，邮轮制造订单量占全球订单的95%以上，拥有近乎绝对的垄断地位。近年来，韩国造船业在政府强大的支持下，通过并购欧洲的大型造船厂，已经开始承揽邮轮制造的订单。

在种类繁多的工业产品中，船舶是一种比较特殊的产品，庞大的船体由数千万个零件组成。以上海外高桥船厂2019年开始建造的首艘国产大型豪华邮轮为例，这艘13.5万吨的邮轮的零部件数量大约2 500万个，光是所使用的电缆长度就超过5 000千米，接近北京到莫斯科的直线距离。一艘现代船舶就是一座复杂的水上工程建筑物，这样的庞然大物是陆地上的金属结构物所无法比拟的。高科技现代船舶具有比飞机还要高的技术含量，达到了淋漓尽致、精益求精的程度。船上安装的机械电气设备和各种装置种类繁多、性能先进，卫星导航系统、环保系统、海水淡化系统等代表着当今世界科技的前沿技术。建造豪华邮轮这一海上的庞然大物，无异于进行一场航海技术革命，将直接推动航海科技的发展。在世界民用造船领域，大型豪华邮轮被誉为"造船业皇冠上的明珠"。世界知名造船企业如表5-2所示。

表5-2　世界知名造船企业表

邮轮制造商	建造的代表性邮轮
意大利芬坎特里造船厂	"阿姆斯特丹"号、"嘉年华魔幻"号
德国迈尔造船厂	"精致剪影"号
STX欧洲芬兰图尔库船厂	"迪士尼梦幻"号、"海洋绿洲"号
法国圣纳泽尔阿尔斯通造船厂	"海洋魅力"号、"玛丽皇后Ⅱ"号
日本三菱重工	"钻石公主"号、"蓝宝石公主"号

（二）邮轮运营业

邮轮到港的城市随着邮轮旅游的发展成为国际消费群体的集散地。邮轮服务涉及的各项产业，如餐饮、酒店、港口、旅游等，都面临比较大的市场机遇。一般来说，一艘邮轮载有相当于6架大型宽体客机的游客，且他们的主要目标是旅游消费，这对于提升一个城市的消费量和消费水平有着巨大的作用。在交通运输性质的客运班轮向休闲度假性质的海洋邮轮转型的过程中，现代意义上的邮轮公司诞生。邮轮公司是现代邮轮运营与管理的主体。这些公司建造度假邮轮、组建巡航船队、销售邮轮客票、提供旅游服务，成功撬动了大规模邮轮旅游消费市场，推动了现代邮轮旅游市场的繁荣。在行业发展的竞争态势下，现代邮轮公司的运营多采取集团化的模式进行。在邮轮公司业务经营与产品销售的过程中，邮轮旅游代理扮演了至关重要的角色。作为邮轮公司和邮轮游客之间的桥梁。邮轮旅游代理扩大了邮轮旅游产品的分销范围，促进了邮轮公司与邮轮游客之间的沟通，在邮轮公司业务运营中不容忽视。

（三）邮轮港口服务业

不是所有的港口都适合做邮轮母港，邮轮港口应具备邮轮全部或部分需要的港口码头设施及相关的服务功能，构建能力充分、功能健全、服务优质、安全便捷的邮轮港口服务体系。最基本的设施与服务包括停靠、上下客、补给、废品处理回收、物流系统等。同时，船舶代理是国际邮轮停靠港口时必不可少的中介机构，其接受外轮委托，作为船舶代表处理外轮在他国的各类事宜。邮轮港口服务业包括两个方面：一是邮轮抵达港口为游客、船员提供接待服务，二是为到岸船舶提供的引航、补给等服务。根据专家研究，"从经济总量来说，邮轮运营产业最小，邮轮建造产业其次，而邮轮码头所在地区的相关产业最大"。可见邮轮港口服务业是整个邮轮产业链条的核心部分，是整个邮轮产业中创造价值的关键所在，同时也是邮轮旅游产业的关键所在。

（四）交通运输业

港口城市便利的交通运输业是构成邮轮产业的重要行业之一。方便快捷，是邮轮游客的重要的旅游体验来源。在邮轮港所在城市或地区以外的邮轮乘客通常需要借助其他交通工具抵达、离开邮轮港，因此，邮轮产业的发展需要有发达的公路、铁路与航空构成高效的集疏运系统，才能为邮轮游客提供更好的基础配套服务。配套完善的物流运输使得邮轮旅游产业的发展增速较快。

（五）商贸服务业

餐饮、宾馆、娱乐和购物等配套服务是邮轮到岗后乘客和服务人员很重要的消费内容，也是吸引邮轮及其乘客的重要因素。商贸服务业主要包括邮轮停靠港所在城市的商业零售业、旅馆业、餐饮业、娱乐业和观光业等。商贸服务业是港口发展邮轮经济的直接经济来源，也是为邮轮及其乘客和船员提供各类岸上服务和补给服务的主要依托。邮轮产业对港口城市（观光景点和旅行社）提供的旅游服务具有很高的要求。观光游玩是游客到港的主要活动内容，这就要求：一方面，港口附近必须要有较为集中的世界著名的旅游景点和文化资源；另一方面，邮轮旅游产品必须由专业的旅行代理商对旅游产品进行精心挑选，然后打包进入游客的旅游选择菜单。

（六）相关支持性产业

一些其他专门性服务的行业，比如金融保险行业，能够给邮轮公司及邮轮乘客提供足够的保障，大大提高了人们对邮轮旅游安全性的信赖程度。除此之外，教育行业也会因为邮轮旅游人才的需要而逐渐发展壮大，为邮轮产业提供更多符合其需求的专业人才。邮政电信以及办公行业、相关政府部门能够为邮轮游客的签证及出入关简化流程，使得邮轮旅游更加的方便化、快捷化。

第二节　邮轮产业的经济性

一▶　邮轮产业经济概念

随着邮轮旅游的不断发展，市场规模不断扩大，邮轮产业的经济效应十分显著，促进了其所在国家及城市提高创汇能力、增加就业机会、扩大市场消费、展示国际形象。其强大的拉动能力和吸附能力已经成为拉动城市经济的新动力，并刺激周边地区经济的迅速增长。一些滨海国际大都市在经济发展中相继渗入了"邮轮经济"元素。例如亚洲最早发展邮轮产业的新加坡，现有两个主要港口，新加坡邮轮中心和新加坡滨海湾邮轮中心，新加坡邮轮中心拥有两个泊位，泊位水深12米，可停泊世界上最大的邮轮——载客5 400人的"海洋绿洲"号超大型邮轮。新加坡滨海湾邮轮中心泊位数为8个，一次可以停泊多达4艘大型船只，可同时接待6 800名旅客。2018年，新加坡两个邮轮码头出入境旅客人数共达187万人次，接待邮轮374艘次，邮轮产业成了当地旅游业的支柱。历经几十年的发展，邮轮经济良好的效益引起了旅游业和其他行业的关注。邮轮经济不但使邮轮企业得到了较高的收益，也使得邮轮港口得到了快速的发展，同时也带动了相关产业的发展，拉动了船舶设计制造业、港口业、旅游业、餐饮服务业、运输业、金融法律服务业等各行各业的发展，形成了多产业共同发展的经济现象。快速发展的邮轮产业经济开始成为全球经济学家的研究热点。

所谓邮轮产业经济，是指以邮轮产业为核心，依托邮轮并通过其产业的延长作用，拉动各自上游的相关产业，形成相互依托、共同发展的经济现象。也可表述成与邮轮经营有关的经济价值链效应。邮轮产业经济的含义有狭义和广义之分。狭义的邮轮产业经济主要体现在邮轮抵达之前、抵达、停靠、离开（特别是邮轮港口接待）的经济效益，包括邮轮码头所在地区相关产业的效益。具体体现在邮轮抵达与起航服务、安全检查、引航停泊服务、舷梯服务、登船服务、行李处理、物资补充、废物处理和旅游服务等方面。从邮轮经济活动时间顺序来区分，可以分为四个阶段来进行。首先是邮轮抵达之前邮轮公司在当地办事机构的日常运作、销售、服务，邮轮乘客到港时的住宿、就餐、购物、交通运输和观光等；然后是邮轮抵达阶段当地港口公司的引航，乘客上岸时的关检和港口服务；邮轮停靠阶段的主要活动指的是邮轮乘客和船员上岸时的就餐、景点门票、交通与购物，邮轮泊位，邮轮补给、废物处理、邮轮的维护等；最后，邮轮离开阶段的主要活动是邮轮出港时的引航等。我国目前正处在发展和深化狭义邮轮经济的阶段，即以邮轮港口和邮轮目的地为依托的邮轮接待经济。广义上的邮轮产业经济，是以海上巡游的豪华邮轮为明显识别特征，依托邮轮母港及其所在城市的各类旅游资源，以邮轮巡游为核心产品并向上下游领域延伸而构成的跨区域、跨行业、多领域、多渠道的一种经济现象。除了包括船舶建造及其维护、码头服务、中介代理、邮轮运营、餐饮住宿、综合交通、景点观光、金融保险、文化娱乐等一系列直接相关的产业外，还包括法律制度、劳动就业、政治文化形态、环境保护等对社会和人们生活品质能够产生直接和间接影响的多种无形经济要素。

邮轮旅游对邮轮港口城市及其相关产业的拉动效应极为明显。目前，越来越多的具有优良港口和优质旅游资源的国际大都市都相继渗入了"邮轮经济"的元素，并很大程度上依赖这个产业，特别是一些处在热点航线上的不发达节点城市对邮轮旅游的依赖性更强。

从世界各相关城市包括各港口的统计发现，邮轮产业构成的经济价值链已经成为其社会经济的基础。通过分析邮轮产业经济价值链，可以看出邮轮给港口城市和地区带来的经济效益是不言而喻的。就经济总量与就业来说，邮轮运营产业最小，邮轮建造产业其次，而邮轮码头所在区域的相关产业最大。研究结果表明，邮轮旅游的发展水平和程度影响经济增长，而经济增长也会影响邮轮经济发展的水平和程度，两者之间存在着双向的因果关系。

从邮轮产业的全球价值链来看，邮轮制造环节和邮轮经营环节具有最高的附加值。

随着人们可支配收入的不断增加和消费观念的转变，邮轮旅游必将发展成为中国重要的旅游业态。中国邮轮产业起步晚、总量小，产业链狭窄，目前仍处在港口接待的初级阶段。如何有效嵌入邮轮产业全球价值链并向高附加值的战略环节攀升，最终实现产业优化和升级，是发展邮轮经济的首要问题。中国在相当长的时期里仍然缺乏邮轮设计和建造、邮轮在港运作、票务代理、航线开发、市场培育、渠道协作和人员培训等方面的经验。通过提高设计和建造技术步入邮轮船舶制造业，组建和发展本土化的邮轮船队，可能成为中国邮轮产业打通全产业链的机会。我们必须充分认识世界邮轮产业高度竞争的特点，统筹兼顾，循序渐进，合理配置资源，首先以"点轴"结合和区域合作的方式大力发展邮轮港口接待业，加大邮轮旅游市场的培育力度，努力开拓本土客源市场，并在此基础上学习国外邮轮产业主体的经营策略和人才策略，积累经验，努力拓展高附加值的战略环节，打造宽幅产业链，最终以区域集群的方式嵌入全球价值链，积极参与邮轮产业的国际分工，努力扩大我国邮轮产业经济成果，发挥中国在全球邮轮经济中的作用。同时，邮轮经济的发展，在一定程度上使人们关注海洋，普及海洋知识、海洋意识。就消费者而言，邮轮旅游业的发展，可以丰富其旅游消费的形式，改变其日常消费结构，更好地满足人们日益增长的物质、文化生活的需要，使人们获得更好的生活体验。邮轮旅游的独特经历仍然是一种休闲时尚、最具魅力的经历，未来世界邮轮产业的经济发展仍然比较乐观。

（二）▶ 邮轮产业经济效益

邮轮本身既是一种交通方式，又是旅行的目的地，具有较强的资源整合能力。邮轮经济具有需求稳定、产值高、行业带动能力强的特点。邮轮产业依托母港、停靠港及港口所在城市资源，向上下游领域延伸，形成了覆盖船舶制造、港口服务、后勤保障、交通运输、游览观光、餐饮购物和银行保险等行业在内的跨区域、跨行业、多领域、多渠道的产业链。由于邮轮产业能以1：14的高比例带动多产业经济协同发展，因此也被誉为"漂浮在海上的黄金产业"。对于港口城市来讲，邮轮产业往往被认为是一个不可忽视的经济增长极，具有较高的带动性和成长性，较易于形成产业集聚。邮轮母港是核心增长点，港口城市则成为极化区域，与邮轮产业相关的行业或企业在一定程度上形成资本和技术的聚集，而要素的聚集又促使乘数效应的产生，并由此促成规模经济，利用传导效应促进整个极化区域的经济增长。这种传导机制，不仅作用于聚集的邮轮产业本身，而且引发整个产业链条的革新和调整。游客作为邮轮产业发展的、最主要的外部动力，通过游客流量、强度以及作用方式和途径，对邮轮产业结构的形成和演化产生重要影响。

邮轮产业的经济效益主要体现在其对区域经济的带动作用，特别是邮轮母港对区域经济的带动更为直接和广泛。邮轮旅游产业的经济效益不是无缘无故产生出来的，而是通过一定的传导机制最终表现出来。因而经济效应是指一个经济单位的经济活动对其他经济单位产生的有利影响，即该项经济活动的收益不仅限于自身还惠及其他经济单位的经济活动。邮轮产业经济是由一串产业链构成的，它创造的经济效应，能够让人直接看到的、最简单的形式表现在邮轮旅游创造的效益。邮轮产业是世界上最具潜力的产业之一，对其他产业的拉动和影响显著。邮轮产业的运行能够推动其上游和下游产业链的发展。邮轮经济效应的形成源于产业关联带来的价值增值在产业链环间以及经济区域内的流动。邮轮旅游经济效应传导机制的基本要素包括政府部门、邮轮旅游市场、邮轮经营者和邮轮旅客。从邮轮产业的特性来看，邮轮产业在邮轮建造及其相关产业、邮轮经营及相关产业、邮轮码头区域的相关产业和邮轮消费以及服务相关产业的经济效益也十分显著。邮轮对当地经济的贡献可以分为以下两个部分。

（一）直接经济效益

邮轮公司及乘客在港口城市和周边地区购买产品和接受服务所带来的消

费，构成了邮轮旅游业的直接经济贡献。在这类贡献中，邮轮产业的产值将直接进入当地经济的总值，在数值上等于接受邮轮消费的其他产业的收益。邮轮旅游产业的直接经济贡献是邮轮旅游产业对当地经济所产生的初始或者第一轮影响。邮轮产业对政府财政收入的直接经济贡献，包括各种税金、许可费、关税以及游客直接支付的其他税款（包括机场建设费、国际游客通过费等）。邮轮产业对社会经济的贡献分为两个部分：一部分是游客及船员的消费，包括饮食、区域内交通、观光游览、购物、娱乐等；另一部分是船舶本身的消费，如日常经营费用、邮轮建造维修费用、码头泊位使用费、进出港引航费用、船上消费品采购费用、油料添加费用、淡水添加费用等。调查数据显示，无论是邮轮本身还是船上人员的消费量都是惊人的。

（二）间接经济效益

邮轮产业的间接经济贡献是指邮轮产业通过其相关产业对当地经济的贡献，即对该地区产生第二轮消费之后的经济影响。它具体表现在两个方面：一是为邮轮公司及其乘客提供产品和服务的企业在开展经营活动时还要接受其他供应商和第三产业的服务；二是相关产业还要雇佣一定数量的员工，从而带来更多的就业岗位以及更多的消费。这种间接经济贡献效应不断向下或向上传递，通过相关产业之间的关联一环一环地不断传递下去。因此可以说，几乎一个经济领域里的每一个行业都会不同程度地受到邮轮、游客最初消费的影响。

邮轮产业经济效应具有以下三个方面的特点。

1. 全球性

邮轮航线的全球性决定了邮轮经济效应的全球性。邮轮旅游涉及的区域范围是国际旅游的范围，并非局限于某一个国家或地区。因而，邮轮旅游的经济效应是具有国际影响的经济效应。

2. 高层次性

邮轮旅游通常是与较高收入相联系的一种旅游方式。高收入弹性对产业的发展起着很大的作用，而邮轮旅游恰好满足这一点的要求。随着经济的增长，人们的收入水平整体的提高，邮轮的经济效应越发明显。相较于其他休闲度假型旅游产品，邮轮旅游对游客闲暇时间和可支配收入的要求都会更高。

3. 高关联性

邮轮产业经济对其他产业的关联带动作用强，经济效应的影响范围广。经济效应通过传导机制，不断向相关产业扩散延伸。一般来说，邮轮产业对于自身经济产业链的上下游经济带动比例高达1∶10至1∶14，即每1美元造价的邮轮能为上下游关联产业带来10～14美元的经济收益。

三▶　邮轮产业对经济的具体影响

邮轮旅游消费直接投向是餐饮、住宿、交通、游玩、购物、娱乐等方向，间接影响的有金融、保险、医疗、通信、农业、环保、教育等部门。按照影响的作用可以分为正面影响和可能的负面影响两个方面。

（一）正面影响

1. 增加经济收入，刺激消费

邮轮的抵达和离去，带来数以万计的邮轮乘客在邮轮母港城市的消费。外来游客数量的增加可以扩大市场需求，刺激当地经济的发展。邮轮旅游产业的高速发展必然会为当地居民带来更高的收入。邮轮旅游者一般在停靠港的消费都是比较高的，收入高的地区会通过旅游把钱流向收入低的地区，从而带动目的地经济的发展。邮轮上服务人员在停靠港的消费也是带动当地经济发展的一个重要因素。对于一个国家来说，本国居民国内旅游活动的开展则可以将国内部分财富从旅游客源地区转移到旅游接待地区，从而客观上起着将国内财富在有关地区进行再分配的作用。

2. 扩大就业机会

邮轮旅游业属于劳动密集型产业，并且就业岗位层次众多，许多工作

并没有很高的技术要求，因此从事相关产业的限制条件少、可进入性高；另外，很多大型邮轮公司会在邮轮母港设置规模较大的代表处，招聘一定比例的船务人员，为港口城市直接提供了一定的就业岗位。邮轮在母港需要添加补给、油料、淡水与处置废品、接受港口服务、邮轮的维护与修理等等，由此产生的配套服务的需要，拉动了对人力资源的需求，这都能给该地区带来新的产业、新的商机。一个人参加邮轮旅游，至少会带动9个就业岗位；接待一个邮轮游客的收益，相当于接待2个境外游客的经济收益。邮轮旅游业的发展将改变港口城市及地区的人力资源结构，提高当地就业率。

3. 赚取外汇，增加政府的收入

邮轮产业作为一项国际化的产业，其中的邮轮企业是国际企业，邮轮乘客是国际旅客，他们在本地的消费和支出，都给港口城市带来了可观的外汇收入，进而能够扩大政府的税源，增加政府的收入。其税收来源有：来自旅游者的税收，如签证费、海关税、机场税、消费税等；来自邮轮企业、旅游企业的增值税以及各种执照费等；来自邮轮从业人员的个人所得税等。

4. 提升港口服务与管理水平

邮轮对港口服务的要求很高，邮轮的抵达与离开，能促进港口码头的服务与管理。在邮轮产业发展的过程中，邮轮母港已经成为城市形象和经济的标杆，代表着该地区的形象。为了更好地服务邮轮产业，港口城市需要培养邮轮旅游市场营销及管理人才，提高行业人才的水平及综合素质。另外，国际邮轮业通过专业知识的扩散与传播，促进邮轮产业的完善和发展，这一切都能从整体上提高港口城市的航运服务与管理水平。

（二）可能的负面影响

1. 占用资源巨大

邮轮码头的建设投资动辄十几亿甚至上百亿元，资金投入巨大。邮轮码头岸线长度均为千米左右，占用了大量的岸线资源。资源的占用是其突出的问题，并且各个邮轮港口的建设特别是邮轮母港并没有太大的差异性。国际上邮轮母港的建设，并非密集分布，否则重复建设必将导致资产资源的闲置、低效率同质竞争及市场环境的逐渐恶化。

2. 邮轮旅游经济的不确定性

邮轮常年在海上航行，时常要面对海啸、火灾、碰撞不属于自然灾害等自然灾害所导致的海上风险，并且由于远离陆地，发生风险时救援难度相对较大。邮轮上的封闭空间不利于传染疾病的控制，一旦发生，容易产生交叉感染。邮轮上医疗设施配备有限，发生紧急情况往往后果严重。如1912年，当时世界上最大的邮轮，著名的"泰坦尼克"号由于一些原因与冰山发生碰撞，沉入海底，由于救援设施不足等各种原因，伤亡人数较多，成了邮轮旅游界的轰动性事件，震惊了全世界，导致当时的邮轮产业受到了严重的影响，邮轮经济在当时大幅度下滑。如此多的不可控因素，可能会给邮轮产业的发展带来致命的打击。而且港口城市的治安问题、政治环境的不稳定性，也会对邮轮经济造成很大的影响。

3. 邮轮旅游的经济收益往往被高估

邮轮旅游业作为海上运输业、旅游业和观光休闲业的综合体，产业链相对较长，整个产业链的高收益区间位于中上游，而中上游又是明显的寡头垄断市场。丰厚的经济收益和客观的辐射带动效应很难带动市场上大多数中小型企业以及正准备进入市场的企业，特别是对于处于断链状态的中国来讲，收益有限。很多邮轮码头都处在负经济运行中，邮轮所带来的经济收益被盲目高估。

（四）▶ 制约邮轮产业经济的因素

在特定的区域发展邮轮产业经济，通常会受到以下因素的制约。

（一）区域内经济发展水平

统计数据表明，发达国家人均GDP达到8 000～10 000美元时，邮轮旅游消费开始逐渐起步，在人均20 000美元时，邮轮旅游消费将达到高峰，然后增速减缓，但因基数较大，总量仍会保持上升的状态。当地经济发展的好坏，将直接影响邮轮旅游市场规模的发展。这是影响区域内游客数量的主要因素。

（二）区域内旅游资源的质量和数量分布

首先，港口城市内旅游资源相对于区域内其他城市旅游资源，对游客具有更强的吸引力。因为国际邮轮的定期航班多为夜间航行、白天靠泊，每站靠泊的时间为一到两天（有时更短），所以可利用的旅游资源的最佳分布应在半天的车程以内。其次，方便快捷、可达性高、具有特色的旅游资源和当地独特文化的景区景点，通常是影响游客选择邮轮航线的另一主要因素。

（三）区域内人群出游方式

国际邮轮的消费人群不仅要有钱，而且要有足够的空闲时间。区域性国际邮轮的班期一般为7～15天，跨洋航线有时甚至在一个月左右，相比于其他形式的旅游而言，不同人群显然会受到休假长短不同的约束而导致选择邮轮旅游的可能性降低。另外，在选择邮轮始发地时，还要考虑大多数游客对交通方式（如飞机、铁路、公路）的选择习惯。

（四）其他因素

首先和平安定、和谐的环境是邮轮消费的基础。近年来，国家内部的政治稳定、区域内国家间关系以及宗教等因素对邮轮市场产生了越来越大的影响，尤其是海盗猖獗、恐怖主义盛行、局部区域战乱不断，给邮轮产业带来了严重的影响。其次，出发地海关、检验检疫等政府部门的工作效率、网络信息系统、各种服务质量和水平等软环境，以及靠泊设施、后勤供应、船舶维修能力等硬环境的影响。这些软、硬环境的影响，对邮轮产业经济的发展起到不容忽视的作用。

五 ▶ 邮轮产业经济特征

（一）全球化的网络节点经济

邮轮旅游是国际旅游中最具全球化特征的一个分支行业。邮轮制造方面，主要的邮轮制造商集中在挪威、芬兰、意大利、德国等国家；邮轮业的运营状况方面，邮轮企业（特别是邮轮集团总部）主要分布于美国、英国、希腊、马来西亚、挪威等国家，邮轮运营管理人才主要来自意大利、希腊、挪威、英国等国家；邮轮上的船员主要来自南欧和东南亚；邮轮业资本金主要来源于美国、德国、英国和日本；海运注册多选择在巴拿马、利比里亚、百慕大、塞浦路斯和巴哈马。因此可以说邮轮产业是全球化的网络产业，以连接七大洲的整个海洋作为运营舞台，以遍布世界各地的码头为依托构建起强大的航游网络。邮轮经济是围绕着邮轮码头而发展起来的经济，邮轮码头构成网络发展的节点，邮轮经济就成为网络的节点经济。从邮轮运营的视角来看，要想发展邮轮产业经济，就要通过邮轮码头的建设，吸引国际邮轮到达而成为邮轮产业节点。当然，邮轮经济规模的大小取决于网络节点的重要性，或者说取决于邮轮码头在邮轮航游网络中的地位和角色。邮轮码头根据其重要性可以分为母港码头（homeport）、停靠港码头（port of call）与小码头（jetty）。研究表明，邮轮母港的经济收益是停靠港的好几倍，当一个港口城市被定义为停靠邮轮的母港时，该区域就会形成较大的经济效应。港口城市发展邮轮经济最重要的方式就是建立标准的邮轮码头以吸引邮轮靠泊，并争取成为大型邮轮公司的邮轮母港。

（二）集聚经济特征

邮轮经济的集聚性表现在两个方面：一是为邮轮及邮轮乘客服务的各类机构要集聚在邮轮码头附近，以便及时快捷地为邮轮以及邮轮乘客提供优质服务，因此邮轮母港所在地一般会以邮轮码头为中心形成邮轮产业聚集区，既为邮轮补给、维护、修理等相关产业开辟了一个客观的新市场，又带动了服务游客的餐饮、住宿、旅游、购物等各方面的经济发展，成为当地的新经济增长点。产业聚集区的形成可降低产业发展的交易成本，构建区域竞争优势，并进一步形成产业集群、促进产业升级，吸引更多的邮轮进驻本港，成为多艘邮轮的优质母港。二是优质邮轮港能吸引更多的邮轮集聚本港，而多艘邮轮的集聚又大大促进了本地的邮轮经济，使其具备规模经济从而有能力提供更为高效的邮轮设施和服务，进一步提升其产业竞争力和在全球邮轮网络中的地位。这就要求邮轮母港不仅仅是一个码头，而是一个邮轮城概念，如美国的迈阿密、英国的伦敦、新加坡和中国香港，这要求致力于发展邮轮经济的城市必须为邮轮码头预留足够的发展空间，并在发展初期给予各方面的支持。美国的迈阿密作为全球最大的邮轮集聚地，目前共有12个码头，是18艘邮轮的母港。尽管目前的迈阿密邮轮母港已经十分拥挤，但是仍然还有大量的邮轮向此集聚，这一切又极大地促进了迈阿密的邮轮经济。

（三）显著的规模经济特征

邮轮产业具有显著的规模经济特征，这体现在两个方面：单艘邮轮的规模经济和船队邮轮的规模经济。前者表现为邮轮注册吨位（GRT）越大，载客量越多，单个舱位成本越低，达到收益平衡点所需收取的邮轮价格也就越低，产品价格的竞争力也就越强。这就使得每年新投入运营的邮轮船体规模越来越大，如皇家加勒比邮轮所属的"创世纪工程"号邮轮造价7亿英镑，22万总注册吨，可承载5 400位游客。后者表现为邮轮船队规模越大，分摊到每艘邮轮上的固定成本和变动成本就越低，邮轮运营商就可以让利于消费者以获得竞争优势，或增加公司的利润。具体讲，规模较大的船队既可以降低前期的研发、设计、建造和培训单位成本，又可以在运营期更有效地分担巨大的销售、行政广告和采购成本。同时，大的邮轮船队可以凭借其规模优势，与旅游代理商或旅游分销商建立全球或区域性的营销网络，以提高邮轮舱位出租率。

（四）寡头垄断的市场结构

由于邮轮造价昂贵、技术水平要求高、资产专用性强、运营成本高，因此国际上经营邮轮业务的公司比较少。从全球各大邮轮公司的游客运载量和市场定位来看，排名前四位的邮轮运营企业分别是嘉年华集团、皇家加勒比集团、诺唯真邮轮集团、地中海邮轮，这四家邮轮公司占据了全球八成以上的市场份额，呈现出明显的寡头垄断市场特征。这种较强的寡头垄断结构使得邮轮运营业具有较高的进入壁垒，具体表现为在位企业的品牌效应造成的贸易壁垒、与旅游经销商进行产品合作所造成的进入壁垒、利用已有的分销系统形成的贸易壁垒、通过提高舱位供给量所形成的进入壁垒等。由于邮轮运营中船票和船上产品销售具有不同的价格弹性，因此，邮轮公司大多采取类似两步收费制的定价策略，即不断降低船票价格的同时，对游客的船上消费项目进行较高的加成定价。

（五）内河邮轮经济与滨水城市经济发展联系紧密

沿海城市发展邮轮经济的同时，内河邮轮经济也在不断发展。内河邮轮经济跟远洋邮轮经济有很大的不同，它与滨水城市经济发展联系更加紧密。远航的邮轮，除了停靠港的吸引因素之外，更多的是依靠邮轮上的设施和服务以及海洋风光。而在风光有限的情况下，滨海城市的发展情况就成了内河邮轮产品的吸引因素之一。目前，全球内河邮轮旅游产业主要有四大市场，包括欧洲的莱茵河、多瑙河，埃及的尼罗河，美国的密西西比河和中国的长江。内河邮轮经济将带动沿江、沿河城市的景区、酒店、娱乐城、商业区等多个领域发展。内河邮轮业必须把船上与岸上的资源有机结合，让游客"可上可下"，都能享受到休闲旅游带来的幸福感。

（六）全球化经济中的本土经济

邮轮与码头是互补品。但邮轮中的经济与码头上的经济却截然不同，前者是全球经济，后者是本土经济。因邮轮到达而引发的邮轮港口经济也就成了全球经济中本土经济的具体化。这一经济特征要求发展邮轮经济必须依照国际惯例，提供游客上下邮轮时快捷、便利和舒适的通道。

思考题

1. 简述邮轮产业经济的概念。

2. 如何认识邮轮对地方经济产生的经济效益？

3. 简述邮轮产业对经济产生的正面影响。

4. 影响邮轮产业经济的因素有哪些？

5. 简述邮轮产业的特点。

6. 如何认识邮轮产业链的构成？简述其分类。

第六章

邮轮产业布局的影响因素分析

第一节　邮轮产业布局的影响因素

邮轮产业布局受到多方面因素影响，很大程度上取决于邮轮生产要素、经营要素、服务要素和设施要素，全球邮轮产业主要集中在北美地区和欧洲，尤其欧洲凭借其领先的设计理念、先进的造船技术，在邮轮制造领域独占鳌头。世界邮轮设计、制造市场80%以上被世界前几大主要邮轮建造国家垄断；而消费市场则比较分散，其中，亚洲邮轮消费市场近几年增长最快。

从区位理论、区域比较优势理论、区域产业组织理论、区域经济发展模式理论、产业转移理论等相关理论出发，结合邮轮产业特点和邮轮经济发展特征，邮轮产业布局主要受到区域的自然因素、社会经济因素、体制因素、科技因素和路径依赖五个方面的影响。

一▶　自然因素

根据区位理论和区域比较优势理论，影响邮轮产业布局的区位自然因素主要包括自然条件、资源禀赋等先天因素，资源禀赋就是指某个地区适宜发展邮轮产业的自然资源丰度及组合优势。自然条件和资源禀赋是邮轮产业生产的前提条件，就如第五章所讲，自然旅游资源是否丰富、文化旅游资源是否具有特色、景点的地理位置是否密集、景区的空间分布距离是否合理、与周边城市及周边国家联系是否紧密等都是制约一个港口城市能否成为邮轮母港的重要因素，也是邮轮产业布局的重要依据。例如，邮轮码头的港区接近城市中心、水深和航道条件良好、岸线较长有利于邮轮产业发展，因为吸引乘客的不是港口本身，而是具有吸引力和知名度的旅游资源，乘客的邮轮旅游经历不仅来自在邮轮上的度假体验，还来自沿途旅游的体验。邮轮停靠港的旅游资源，包括当地的特色文化，这都是邮轮乘客选择一个航线时考虑的重要因素。虽然自然条件和资源禀赋等先天因素对邮轮产业布局的影响随着科学技术的进步被弱化，但是布局邮轮产业必定优先考虑自然条件和资源禀赋对邮轮产业发展有优势的地方。

二▶ 社会经济因素

根据现代区位理论、区域比较优势理论和产业增长理论，影响邮轮产业布局的社会经济因素主要包括经济位势、人力资源禀赋、基础设施条件、市场因子和政治军事等因素。其中，经济位势是一种综合性质的社会经济因素，主要指由于集聚、辐射、增长能量强大的核心经济区，与其邻近地区、城市，或在这些地区、城市之间，必然存在一定的能量落差，因此可能呈现此消彼长的博弈关系，也可能呈现协调互动的互补关系，这些都对区域产业布局有重要影响。就邮轮产业来说，经济位势主要体现在港口集聚、辐射、增长能量强大的核心经济区的能力，这就要求邮轮码头的港区接近城市中心，全年停靠泊邮轮数量和客流量较大，客源市场大，乘客上岸住宿、购物、游览方便。基础设施是指为生产、生活提供公共服务的物质工程设施，是用于保证地区社会经济活动正常进行的公共服务系统，包括交通、邮电、供水供电、商业服务、科研与技术服务、园林绿化、环境保护、文化教育、卫生事业等公共生活服务设施等。邮轮产业基础设施需要要求港口必须为靠泊的轮船提供补给；良好的邮轮维修基地；码头附近拥有高标准的大型购物、餐饮与酒店设施，为上岸的旅客提供餐饮、娱乐、特色品采购、医疗等服务；在邮轮码头构成的交通枢纽中，各个子系统相互配套组合，实现邮轮与城市的无缝衔接。此外，人力资源禀赋、市场因子、政治军事因素要求邮轮产业聚集地拥有高水平的邮轮专业人才、充足的邮轮旅游客源、国际化的邮轮经济政策等条件。

三　体制因素

资源禀赋是区域邮轮产业集聚发展的基本条件，但是资源配置效率的高低以及各种资源怎样结合在一起转化为现实的经济增长，取决于区域的资源配置能力。资源配置能力主要由经济体制、政府的经济管理能力、邮轮相关企业的组织水平和产业结构等决定。随着我国经济体制乃至政治体制的改革趋向深入，体制创新已经成为邮轮产业竞争力的关键增长要素。

四　科技因素

科技是产业布局形成与变动的推动力，先进的设计理念、领先的造船技术对于邮轮产业的布局和发展至关重要。在人类社会发展的历史长河中，科技革命导致产业革命，从而决定着产业布局。在一定时期内，地区技术资源禀赋的差异影响地区的产业布局。全球邮轮产业布局主要集中在北美和欧洲，就是因为其拥有先进的设计理念、领先的造船技术，因此形成在邮轮制造领域独占鳌头的态势。

五　路径依赖

历史继承性是产业布局的基本特征，历史上形成的产业基础始终是新的产业布局的出发点，产生路径依赖现象。路径依赖类似于物理学中的"惯性"，在产业布局中，这种"惯性"最初来源于工业区位论中所论述的集聚因子。正是这种路径依赖性的存在，使得一个地区一旦符合规律地选择了某个产业，无论以后它所具有的区位因素是否更具有比较优势，发展该种产业是否更有效率，都很难从这种最初的选择中摆脱出来。古地中海时代，人类因移民、战争、探险、商务等需要乘船航游于大海，后来英国、加拿大、美国等国家相继出现邮轮形式的航行，这为世界邮轮港口、航线的布局奠定了基础。

邮轮产业是一项系统工程，涉及的产业链复杂而精细，需要有可依赖的、成熟的、稳定的经济和社会环境，政府政策的支持，发达的工业制造技术，丰富的国际化经营管理经验，专业的国际航运高端人才，高水平的旅游经营能力，高效的供应链系统等作支撑。五类因素交互作用，决定了邮轮产业布局。其中，区域自然因素和社会经济因素构成影响区域产业布局的区位因素，是邮轮产业布局形成与变动的原始决定因素，邮轮产业的最初布局必然要考虑这些区位因素，尤其是关键的区位因素。体制因素是影响邮轮产业布局形成与变动的外在因素，通过经济手段或行政手段，巩固或打破邮轮产业发展的路径依赖，以达到调整邮轮产业布局的目的。各因素之间也是相互影响的，如资源禀赋及配置格局的变化，必然要求交通条件和交通格局的适应性调整，并共同引致邮轮产业布局的战略性调整；交通条件的改善，尤其是交通方式或工具的革命式改进，对某一地区或城市的经济位势会产生较大影响；另外，随着科技进步、社会发展和经济全球化进程加快，影响邮轮产业布局和发展重点的各个因素，将不断被赋予新的内涵。

第二节　邮轮制造产业布局

一▶ 世界邮轮制造产业布局

邮轮产业链涵盖范围较广，具备产业链长和经济带动强的特性。其中，邮轮制造业是国际邮轮产业经济贡献的重要组成部分，也是行业垄断性极高的产业。随着邮轮产业的发展，各大邮轮企业纷纷增加运力，邮轮船舶总数不断增加；运载能力不断提高，每年都有新的邮轮投放市场，给邮轮制造业带来了丰厚的经济回报。

前面第三章已经对邮轮制造企业、邮轮制造集团进行了详细介绍，目前芬兰、意大利、法国、德国建造了世界上80%的豪华邮轮，主要承担方是欧洲的四大船厂——芬兰STX船厂、法国STX船厂、德国迈尔船厂、意大利芬坎蒂尼船厂。据此，欧洲集中了世界邮轮制造产业，是大型邮轮制造中心，意大利芬坎蒂尼集团、德国迈尔集团两家制造商合计占据了全球中大型邮轮90%以上的市场份额，每年产能为7~8艘，而每年邮轮需求量为15艘，需求约为供给的2倍，供需严重不平衡。

近年来，世界造船重心逐渐从欧洲转移至亚洲。亚洲的造船厂在邮轮制造上显出锋芒，中日韩等造船强国逐渐冲击邮轮市场，形成了韩、日、中三国鼎立的基本格局。中国船厂建造工作主要集中于标准化船舶，比如集装箱船、油轮、散货船等，在豪华邮轮等高附加值、专门技术性船舶制造方面的市场份额极小。芬坎蒂尼公司高层多年前就表示可以探讨同中国船厂合作，就市场开拓进行合资合作，分享豪华邮轮建造经验。2018年8月，芬坎蒂尼与中船集团签署全面战略合作备忘录，且中船集团和芬坎蒂尼集团合资组建的制造公司接收到2艘Vista级大型邮轮订单。

（二）▶ 中国邮轮制造产业

中国邮轮产业主要为外资企业主导。尽管中国是世界第一造船大国，但造船业务主要集中在中、低端船型，在巨型豪华邮轮领域毫无话语权。中国邮轮市场规模不断增大，但也是"肥水流入外人田"，使得中国邮轮经济贡献率一直处于较低水平。

2018年，中国开始发展本土邮轮船队，并取得不错的进展。中船集团与嘉年华集团成立邮轮船东公司，前者为中国首艘大型邮轮建造者，后者为全球最大的邮轮运营商，两者从在中国市场运行多年的"大西洋"号入手，保证了较高的市场运营成功率。未来，随着中国各大集团布局邮轮全产业链，中国在邮轮产业中有望塑造出属于自己的民族邮轮品牌。

（一）中国船舶工业集团有限公司

中国船舶工业集团有限公司于1999年7月1日成立，是在原中国船舶工业总公司所属部门基础上组建的中央直属特大型国有企业，是国家授权投资机构，由中央直接管理。2019年10月25日，经报国务院批准，中国船舶工业集团有限公司与中国船舶重工集团有限公司实施联合重组。

2018年11月6日，中国船舶工业集团有限公司与美国嘉年华集团、意大利芬坎蒂尼集团在中国首届国际进口博览会上，正式签订了2+4艘Vista级13.55万吨大型邮轮建造合同，并举行了邮轮建造项目的启动仪式。这是我国首次签订的真正意义上的大型邮轮建造合同，标志着中国船舶工业正式开启了大型邮轮建造新时代。

根据合同，正式生效订单中的2艘邮轮将由中船集团旗下中船邮轮科技发展有限公司和上海外高桥造船有限公司联合设计建造，建成后将主要服务于中国市场。

中船邮轮科技发展有限公司于2016年05月30日成立，公司经营范围包括：邮轮设计及相关技术领域内的技术开发、技术咨询、技术服务、技术转让，船舶设备的研发、销售，计算机软硬件的开发、制作、销售及技术服务，从事货物及技术的进出口业务，国际海运辅助业务，国际船舶运输，船舶维修、销售，供应链管理等。

上海外高桥造船有限公司成立于1999年，地处长江之滨，是中国船舶工业集团公司旗下的上市公司——中国船舶工业股份有限公司的全资子公司。上海外高桥造船有限公司规划占地面积500万平方米，岸线总长度超过4千米，共有4个船舶舾装码头，2座干船坞，配有1台800吨、3台600吨龙门起重机，拥有7个冲砂车间和9个涂装车间，年造船能力700万载重吨以上，造船总量和经济效益连续多年稳居国内造船企业首位，被誉为"中国第一船厂"。

中船集团联合嘉年华组建的邮轮运营公司——中船嘉年华邮轮有限公司

将作为船东运营这2艘邮轮，该合同后续还将陆续生效4艘大型邮轮订单，以满足中国消费者日益增长的需求。根据中国船舶工业集团的公告，第一艘实船计划2023年9月30日交付，第二艘实船初步计划2024年12月交付。中船嘉年华邮轮有限公司还将从嘉年华集团旗下的歌诗达邮轮公司引进2艘现有邮轮，首艘引进的歌诗达"大西洋"号于2020年1月11日正式交付运营。到2029年，中船嘉年华邮轮有限公司旗下计划拥有8~10艘大型邮轮，将成为中国最大的国际化运营的中资邮轮船东公司。

大型邮轮被誉为造船工业"皇冠上最耀眼的明珠"，是我国目前唯一尚未攻克的高技术船舶产品。大型邮轮在设计理念、建造工艺、运营管理等方面与传统的三大主流船型相比存在天壤之别。大型邮轮技术含量高，设计和建造难度极大，直接体现了一个国家的综合科技水平和综合工业能力。另外，大型邮轮与普通货船采用的系统和设备均有所不同，其是现代工业与文化艺术的结晶，融合了高端制造业和高端服务业，是高度集成化、系统化、信息化的"海上移动度假村"。

中船集团此次所建邮轮，入英国劳氏船级社和中国船级社双船级。在充分利用船上空间进行功能布置的同时，充分考虑载客运营的实际需求，突破了大型邮轮总布置设计的关键技术，满足IMO、LR、CCS、USCG、USPH等各项技术法规要求，具有技术先进、性能优良、节能环保、高度智能等特点，代表着中国造船的最高水平。

大力发展国产大型邮轮，是我国船舶工业转型升级，快速提升船舶工业技术和管理水平，推动船舶工业高质量发展，实现工业强国和制造业强国的重要途径；能够加快开启中国船舶工业大型邮轮建造新时代。

（二）招商局邮轮制造有限公司

招商局邮轮制造有限公司于2018年9月18日成立。公司经营范围包括：船舶与海洋工程装备（含模块）的设计、制造及维修；豪华邮轮及深水（3 000米以上）海洋工程装备的设计，邮轮科技领域内的技术开发、技术咨询、技术服务、技术转让；邮轮供应链管理，机电设备安装工程，电子产品研发，钢结构制造；建筑材料（危险化学品除外）、装饰材料（危险化学品除外）、船用机械设备、家居用品、家用电器、日用百货批发零售；旅游资源开发，园区物业管理，船舶自动化设备研发、制造、销售，信息系统集成服务等。

2019年5月22日，招商局邮轮制造有限公司（简称"招商邮轮"）与上海世天邮轮产业发展有限公司（简称"世天邮轮"）签订了1+1+2艘37 000总吨豪华邮轮建造合同。合同正式生效的这艘豪华邮轮是由世天邮轮与招商邮轮合作自主设计、自主建造，并将由世天邮轮安排运营的中国首艘豪华邮轮。

三 ▶ 全球邮轮建造及订单

全球2019～2027年计划共有142艘邮轮建造运营，总价值约为772亿美元，平均吨位为86 822吨，平均载客量为2 105位，总客位达290 590个。

纵观2019～2027年全球邮轮建造订单，从邮轮订单数量维度看，地中海邮轮与维京海轮新船订单数量最多，达到14单，每年平均近2艘新船投入运营；从邮轮总吨位数维度看，皇家加勒比邮轮的"绿洲级"邮轮总吨位数仍位居第一，高达22.762 5万吨，大众型邮轮也纷纷追求单体规模经济，邮轮总吨位数不断增加；从邮轮船厂维度看，建造豪华邮轮的造船市场呈现寡头垄断态势，欧洲三家邮轮船厂（意大利芬坎蒂尼34.5%，德国迈尔16.2%，法国大西洋9.8%）占据全球60.5%的市场份额。

第三节　世界邮轮港口、服务业布局

就如第一章所言，根据自然条件、技术要求和服务功能的差异，国际上往往将邮轮港口划分为三种类型：邮轮母港、挂靠港和简易码头（又称"一般停靠港"）。邮轮母港是国际旅游者的集散地、邮轮产业链的组织者、规模经济的新引擎和区域经济的增长极，邮轮港口分布的不均衡突出表现在邮轮母港的分布不均衡。全球邮轮母港大部分都分布在美国，少部分在加拿大、欧洲和东南亚等地区。因此，世界邮轮港口主要分布在北美、欧洲、亚洲和大洋洲四大地区，已形成基于地理区域分布特征的、较为稳定的全球布局版图。其中，北美和欧洲是邮轮港口聚集度最高的区域。

邮轮产业链涵盖范围较广，具备产业链长和经济带动强的特性，不仅涉及高垄断、高附加值的研发设计建造，邮轮日常运营管理，邮轮公司运营管理，供应链管理等环节，而且还涉及附加值低但涵盖范围广泛的服务业部门。从广义上来看，邮轮服务产业包括所有支撑邮轮旅游利益的相关服务产业。本书将邮轮服务产业限定为邮轮港口和码头提供的接待服务产业。基于此，世界邮轮服务业布局和世界邮轮港口布局是相一致的。

一 ▶ 北美地区

北美地区是目前世界上邮轮港口最为集中的区域，按照地理区域可分为东北地区、东南地区、西北地区和西南地区。

（一）东北地区

北美东北地区北起加拿大的纽芬兰省，南抵美国弗吉尼亚州的诺福克港，处在美国和加拿大的东部海岸，邮轮乘客可以尽情领略历史悠久、独具风格的城市风光。该地区常见的登船港口有魁北克、蒙特利尔、波士顿、纽约、费城、巴尔的摩、查尔斯顿和诺福克等，具体见表6-1。

表6-1 北美东北地区主要邮轮港口概况

港口	主要情况
巴尔的摩	巴尔的摩港口处于帕塔普斯哥河岸，是美国东海岸最繁忙的港口之一。巴尔的摩邮轮码头距市中心仅4千米，设于高速公路I-95右边180米处

续表

港口	主要情况
波士顿	波士顿邮轮码头建于波士顿南部滨水地区，为北美地区最受欢迎的码头之一，2002邮轮停泊次数93艘次，接待游客量200 000人次。该码头有通往各大邮轮目的地的航线，且被多数邮轮评为航线上最值得停靠的邮轮码头
布鲁克林	纽约布鲁克林邮轮码头位于红钩地区，于2006年开始接待邮轮旅游，总面积有17 700平方米的2层接待中心，可接待游客4 000人，布鲁克林地区附近旅游景点丰富，如纽约水族馆、布鲁克林植物园，或稍远一点的中央公园
新泽西自由岬港	新泽西自由岬港邮轮码头位于新泽西的14号码头，距曼哈顿11千米，曾为军事码头，如今是皇家加勒比邮轮公司、Aamara邮轮公司、精英邮轮公司的专属邮轮码头，平均每天有五六艘邮轮靠泊
曼哈顿	20世纪30年代起就作为客运码头的曼哈顿邮轮码头，如今是美国第四大邮轮码头，2004年接待邮轮游客845 778人次。曼哈顿邮轮码头是欧洲跨大西洋旅行的主要邮轮母港，嘉年华邮轮、挪威邮轮、公主邮轮等著名邮轮公司均在此设立母港。邮轮码头分别设在88、90、92号泊位。因毗邻曼哈顿中心街区，港口周围酒店、餐馆、娱乐设施、购物场所丰富
蒙特利尔	位于圣劳伦斯河边的蒙特利尔邮轮码头，一向以干净和安全著称，以北美游客为服务对象。邮轮码头周围辅助设施完善，餐馆、服饰店、购物商场、历史建筑、剧场等等应有尽有。老港区的码头是专门的客运码头，每年接待成千上万的旅游者
诺福克	诺福克邮轮港位于重建的市中心的半月邮轮中心，是皇家加勒比邮轮、嘉年华邮轮和荷美邮轮公司的母港，离诺福克国际机场仅有20分钟车程。近些年，该港已经成为前往百慕大、巴哈马和加勒比地区的门户，是发展最为迅速的美国邮轮港之一。从邮轮港出发，只要步行就可以去码头附近的商业购物中心、餐馆以及艺术品商店
魁北克	位于圣罗伦斯河旁的魁北克港，有两个专用邮轮泊位，长度共为530米，进出魁北克邮轮港的乘客目前接近10万人次。乘客乘邮轮沿着美丽的河流可领略冰河峡湾的壮丽风景，每年5月初到11月中旬，是当地观赏鲸鱼的最佳时机

（二）东南地区

北美东南区北起美国南卡罗来纳州，南抵加勒比海诸国，是世界邮轮旅游的心脏地带。佛罗里达的港口城市带中，邮轮母港高度集聚，它囊括了北美东南部三大重要的母港迈阿密、劳德代尔堡和卡纳维拉尔邮轮港，具体如表6-2所示。

表6-2　北美东南地区主要邮轮港口概况

港口	主要情况
查尔斯顿	查尔斯顿邮轮码头依托于美国历史上以商业著称的查尔斯顿市，而今该市又以邮轮业而繁荣起来。乘客从港口步行即可到达市内各著名景区，地理位置优越
劳德代尔堡	劳德代尔堡码头的地理位置条件良好，距市中心和机场仅十几分钟车程，为世界上第二大繁忙的邮轮港口。该港有430多千米的沿岸线，12个邮轮泊位为各大邮轮服务，每年接待300万邮轮游客。如1号泊位，码头面积达434平方米，主要为New SeaEscape邮轮使用
杰克逊维尔	位于佛罗里达州的杰克逊维尔邮轮码头依托于风景美丽的杰克逊维尔，邮轮泊位长390米，水深11.6米，后配置一个近6 000平方米的现代客运中心。邮轮码头设施齐全。美丽的沙滩、秀丽的自然风光、世界级的高尔夫球场、顶级的台球设施等为其增添色彩，另外，还定期举办节事庆典
迈阿密	享有"世界邮轮之都"美称的迈阿密拥有邮轮码头12个，泊位岸线长度达2千米，有近20艘邮轮以其作为母港，港口的邮轮年靠泊周转量位居世界第一，拥有完备的码头配套设施，邮轮码头离机场仅15分钟车程，附近有大型购物中心、宾馆、餐饮区，进关边检程序便捷。20世纪90年代起，迈阿密便与邮轮公司合作开始建设新码头，如今邮轮码头众多且符合人流、物流个性化的需求
莫比尔	美国新兴的邮轮母港莫比尔码头地处市区，拥有一个两层的6 100平方米的客运中心及完善的旅客设施，码头处于交通结点，具有良好的通达性。周边配套设施亦较完善，有大量的旅馆、餐馆及景点。嘉年华邮轮的一条全年性航线即是以此为母港

港口	主要情况
新奥尔良	以新奥尔良港为挂靠港的邮轮航线，可以使不同的游览风情集于一体。新奥尔良码头周边的景点丰富多彩，如密西西比河、法国风情地、世界一流餐馆。2004年有超过1 100万邮轮游客抵达，新奥尔良港共有2个邮轮码头，3个邮轮泊位，其计划再建设一个新的邮轮码头
卡纳维拉尔	卡纳维拉尔邮轮码头是热带地区的门户，亦是奥兰多旅游风景区的必经之地。码头交通便利，无论是距离奥兰多国际机场还是距离主题公园、地区酒店都在50分钟车程范围内。另外港口的引航条件也是世界一流
圣胡安	圣胡安位于加勒比海大安的列斯群岛东部，是美国自治领地波多黎各的首府和最大城市。该港是加勒比海地区最繁忙的邮轮码头之一，也是西半球第二大邮轮码头，如今每年16家公司的700多艘次邮轮到港，拥有140万人次邮轮乘客的接待量
坦帕	多年以前，坦帕便开始建设邮轮港口，现在坦帕有3个紧紧相连的邮轮泊位。码头附近酒店、餐馆等设施齐全，并且码头与周边风景区相距甚近。如佛罗里达水族馆即设在坦帕邮轮码头2号与3号泊位之间，另外，附近还有Busch公园、艺术博物馆、IMAX剧院等娱乐设施

（三）西北地区

北美西北地区主要邮轮港口如表6-3所示。

表6-3　北美西北地区主要邮轮港口概况

港口	主要情况
安克雷奇	位于Kenai半岛Resurrection海峡的安克雷奇港，每年接待至少90艘次的邮轮停靠。安克雷奇港是阿拉斯加最著名的邮轮港口之一，苏厄德半岛距其200千米，是风景如画的旅游胜地，被称作"Kenai海峡国家公园的大门"
火奴鲁鲁	夏威夷群岛的瓦胡岛上的火奴鲁鲁邮轮码头，是夏威夷地区最著名的邮轮码头，邮轮码头附近有Waikiki、珍珠港以及Punchbow火山等旅游胜地。港口内有座塔楼市场，经营夏威夷土特产，如今已是标志性建筑之一

港口	主要情况
旧金山	旧金山港是著名旅游目的地城市中世界级的邮轮港口，每年约有20艘邮轮停靠其超过45次，并带来80 000人次的游客量。邮轮码头附近配套设施齐全，博物馆、剧场、歌剧院、商场、风景区等应有尽有。此外，旧金山邮轮城内聚集了约30家顶级餐馆打造餐饮基地
西雅图	北美大陆桥桥头堡之一的西雅图港有两个邮轮码头：贝尔大街邮轮码头、30号邮轮码头。贝尔大街邮轮码头有5 200平方米的双层停靠码头，南北长488米，东西长122米；30号邮轮码头长610米，有2个邮轮泊位。挪威邮轮、加勒比邮轮、精英邮轮以贝尔大街邮轮码头为始发码头；荷美邮轮、公主邮轮以30号邮轮码头为始发码头。两码头的交通都十分便捷。2007年访问西雅图港共有邮轮190艘次，邮轮游客781 143人次
温哥华	温哥华范库弗峰邮轮港口是世界著名的邮轮港口之一，是范库弗峰至阿拉斯加航线的邮轮母港，每年接待邮轮300艘次，接待游客100万人次。范库弗峰邮轮港口也是提供阿拉斯加之旅邮轮航线最多的港口之一，其有2个邮轮码头，距机场仅有30分钟车程

（四）西南地区（South West）

北美西南地区北起加州的旧金山，南抵巴拿马运河，区域内主要包含了美国西海岸的圣地亚哥、洛杉矶以及檀香山等邮轮港口，具体如表6-4所示。

表6-4　北美西南地区主要邮轮港口概况

港口	主要情况
格尔韦斯顿	格尔韦斯顿港位于德克萨斯州格尔韦斯顿海峡的峡口处，距海30分钟船程。格尔韦斯顿邮轮码头为嘉年华两艘邮轮的常年性母港。此外，其他的邮轮公司也皆有航线中途挂靠此港
长滩	长滩港是全美第二繁忙港口，曾经是美国太平洋舰队的母港，今是嘉年华邮轮公司的邮轮母港，其中一些邮轮抵达和离开都在此；而其他的一些邮轮则停靠在世界邮轮中心洛杉矶的圣佩德罗湾

港口	主要情况
洛杉矶	洛杉矶邮轮中心坐落于圣佩德罗湾，距市中心约2千米，为世界上最繁忙、最大的沿海港口之一。邮轮码头有70千米的海岸线，3个泊位，翻新计划将会使其有能力接待超过3 000客位的邮轮船只。洛杉矶港附近娱乐设施丰富，有水族馆、海洋博物馆，另外还有迪士尼乐园、好莱坞、植物农场等
圣地亚哥	圣地亚哥邮轮码头位于市中心，附近景点颇多。每年接待超过140艘次的邮轮，荷美邮轮、精英邮轮以此为邮轮母港，另外公主邮轮、挪威邮轮、水晶邮轮等也将此作为挂靠港。邮轮加勒比航线、墨西哥航线、夏威夷航线、塔希提航线都以圣地亚哥邮轮码头为结点

(二) ▶ 欧洲地区

欧洲在邮轮旅游发展史上扮演着举足轻重的角色，现今仍然是全球较为发达的邮轮旅游目的地之一。其著名港口包括巴塞罗那、阿姆斯特丹、鹿特丹、雅典、斯德哥尔摩、奥斯陆、多佛、不来梅、基尔、伊斯坦布尔、里斯本、尼斯等，主要港口介绍如表6-5所示。

表6-5 欧洲地区主要邮轮港口概况

港口	主要情况
阿姆斯特丹	阿姆斯特丹港是荷兰的第二大海港，是最受乘客欢迎的邮轮港口之一，平均每季接待100 000的海洋邮轮乘客和60 000内河游船乘客。邮轮码头位于汉德尔斯卡德港区，邮轮码头海域面积6 900平方米，陆域面积35 000平方米，岸线长600米，深10.5米，可以同时进行3艘邮轮的进出港服务，可允许330米长邮轮的自由调转，游客接待室提供着完备的餐饮、快速通关等服务
雅典	雅典西南8千米，临萨罗尼克湾的希腊东南部港口比雷埃夫斯港是雅典的外港。比雷埃夫斯港是地中海地区重要的邮轮旅游港口，邮轮码头有1 685米长的码头岸线，12个泊位可同时接待邮轮，曾经同时停靠过11艘邮轮，其中就有当时世界上最大的邮轮——长340米的"玛丽女王2"号。共有7个邮轮专用码头，邮轮可停泊48小时，码头上有外币兑换、修船、免税商店等服务

续表

港口	主要情况
巴塞罗那	巴塞罗那港是地中海的主要邮轮港，设有7个专门邮轮码头，可同时停靠多艘邮轮，距离机场25分钟车程，其宾馆、餐饮、交通的便利性在地中海各城市中处于领先地位，年接待一两百万邮轮游客。巴塞罗那是世界邮轮游客和邮轮公司最为青睐的目的港口之一，根据皇家国际邮轮杂志（Lloyd's Cruise International）的统计资料，巴塞罗那是欧洲及地中海最受欢迎的邮轮目的地港口。其中邮轮码头B有6 500平方米的面积，长为700米的泊位可停泊14万吨、载客量为3 600的邮轮；邮轮码头D南北邮轮码头有824米长的停泊岸线，其中南码头可以同时停泊2艘邮轮，最长的有253米
哥本哈根	哥本哈根港为北欧具有领先地位的邮轮港口，因拥有世界先进的邮轮港口和高效的运转水平而深受各大邮轮的欢迎，并在英国伦敦举办的世界旅游市场展览会上被授予"世界旅游奖"。2006年，有300艘邮轮载着400 000位游客抵达哥本哈根港。Langelinie码头和自由港码头，水深9～10米，宽150米，白天、夜晚均适合航行，距机场15km，距市中心仅5分钟的车程，码头的交通亦十分便捷
多佛	多佛是英国东南部港口城市，是英国通往欧洲他国的门户，多佛邮轮港是英国第二大繁忙和欧洲第八大繁忙的邮轮港口，每年接待170 000人次邮轮游客。邮轮中心建筑设施完善，游客服务完备；距市中心仅1.5千米，邮轮中心交通便捷
伊斯坦布尔	伊斯坦布尔横跨欧洲和亚洲，历史悠久。伊斯坦布尔邮轮码头是希腊诸岛和土耳其邮轮航线的重要母港，码头靠近文化悠久的老城区，周围遍布大型酒店、餐馆，交通亦非常便利
里斯本	葡萄牙首都里斯本是著名旅游胜地，里斯本邮轮码头靠近市中心，距老城区仅6千米，周边服务设施完备，酒店、餐馆方便进出，与机场相距不远，交通方便
尼斯	典型地中海港口城市尼斯邮轮访问量逐年增加，尼斯码头交通便利，距机场10分钟车程，附近多有时装店、博物馆、餐饮名店。港口由3个码头组成，可同时接待5艘邮轮

续表

港口	主要情况
奥斯陆	奥斯陆港是欧洲的老牌港口之一,是挪威最大的货运及客运港口。邮轮码头的设施先进,游客接待量年年攀升,2008年约接待游客210 000人次,邮轮150艘次;大型邮轮通常集中于旅游旺季4~10月前来挂靠。2006年一项调查显示,邮轮游客对奥斯陆邮轮码头的满意度非常高
罗马	世界著名旅游胜地罗马,旅游景点丰富,购物场所多,有世界顶级的奢侈品牌。而罗马的邮轮码头并不在罗马城市中,而是在Civitavecchia,距离罗马约60~90分钟车程
鹿特丹	荷兰鹿特丹港是世界上最大的港口,有"欧洲门户"之称。邮轮码头距市中心2千米,码头岸线长698米,码头周围水深12米,有顶级的邮轮港口服务,同一时间可接待游客最多3 000人,邮轮码头附近的辅助设施有旅游信息中心、外汇兑换、公共电话、餐厅/酒吧等服务
斯德哥尔摩	斯德哥尔摩是欧洲波罗的海最受欢迎的邮轮旅游目的地,每年有约260艘邮轮、280 000名国际游客到访此地,港口有专门停靠邮轮的码头,亦有专门为小游艇所设的码头;165~167号泊位就是专设的邮轮泊位,长414米,水深8~9米。另外还有些泊位供小型游船使用
威尼斯	意大利威尼斯被称为欧洲的入口,风光旖旎、充满艺术特色是其特征。威尼斯邮轮中心港共有3个专业的邮轮码头,第3个邮轮码头2002年开始运营,拥有9 000平方米的现代建筑特征的客运中心为游客提供全方位的服务。另外,邮轮中心可同时接待9艘大小不等的邮轮

其中,作为欧洲地区重要的邮轮港口分布地的大不列颠地区,主要邮轮港口概况如下表6-6。

表6-6 大不列颠地区主要邮轮港口概况

港口	主要情况
南安普顿	南安普顿港是英格兰南部港市,是英国最繁忙的邮轮港口,被誉为"英国的邮轮中心",有伊丽莎白女王2号邮轮码头、城市邮轮码头和五月花邮轮码头等三座邮轮码头共4个邮轮泊位,每年接待邮轮超过240艘次,并成为英国公主邮轮、加勒比海邮轮的母港,另外如水晶邮轮、歌诗达邮轮、银海邮轮等世界著名邮轮常年挂靠此港

续表

港口	主要情况
都柏林	爱尔兰都柏林港位于市中心，处于交通要道口，拥有7个邮轮泊位，可停靠最长邮轮300米，每年接待130万的邮轮游客
科克	英国爱尔兰的科克邮轮港位于风景如画的科克岛上，是北欧著名的邮轮港口，拥有3个邮轮泊位，可停靠最长邮轮320米，港口服务水平良好
爱丁堡	苏格兰爱丁堡邮轮码头位于具有浓厚文化氛围的爱丁堡，拥有邮轮泊位3个

（三）▶ 中美洲和南美洲地区

中美洲是指墨西哥以南、哥伦比亚以北的美洲大陆中部地区，东临加勒比海，西濒太平洋，也是连接南美洲和北美洲的狭长陆地，包括危地马拉、伯利兹、萨尔瓦多、洪都拉斯、尼加拉瓜、哥斯达黎加和巴拿马7个国家。全球航线布局最密的加勒比海地区便是位于该地区。

（四）▶ 亚洲地区

亚洲地区凭借着独特的人文景观和优美的自然风光，越来越受到世界各邮轮公司的青睐。目前，区域内已拥有上海、香港、新加坡三大邮轮枢纽港，此外，天津、广州、厦门、三亚、横滨、福冈、釜山等港口也已成为邮轮停靠的重要港口。

表6-7　亚洲地区主要邮轮港口概况

港口	主要情况
新加坡	新加坡港是1991年耗资5 000万新币兴建的邮轮码头，1994年开始着力发展邮轮业，1998年政府又投资2 300万新币重建该码头，使其向海岸线延伸。2001年，该港口被世界邮轮组织誉为"全球最有效率的邮轮码头经营者"。新加坡邮轮中心分为新加坡国际邮轮码头及地方客运码头。国际邮轮码头有2个邮轮泊位，达到12米的天然水深，长度分别为310米、270米的两个泊位

续表

港口	主要情况
巴生港	马来西亚最大港口巴生港，1995年启用，距吉隆坡45分钟的车程，1997年获得"梦想世界邮轮之旅"（Dream World Cruise Destination）杂志评选的"世界最佳港口设备"奖。巴生邮轮码头有3个邮轮泊位，总长660米，水深12米，可接待总长达300米、吨位5万吨的邮轮，经营丽星邮轮公司航线居多
香港	香港邮轮码头位于维多利亚湾侧的海运大厦，港宽1.6~9.6千米，面积5 200公顷，邮轮泊位长达380米，可同时停靠2艘大型邮轮或4艘小型邮轮，2001年香港邮轮乘客抵返量达240万人次
上海	上海已建成3个7~8万吨级国际大型邮轮泊位，拥有880米长的客运码头。2007年出入上海口岸的国际豪华邮轮达92艘次，随船出入境人数高达13.5万人次。位于黄浦江边的上海港国际客运中心，由国际客运码头、客运综合楼、上海国际港务集团办公楼及宾馆、商业、办公建筑等配套设施组成

五 ▶ 大洋洲地区

大洋洲地区主要包括澳大利亚和新西兰两个国家，优良的邮轮港口包括墨尔本、悉尼、布里斯班和奥克兰等，主要邮轮港口概况见表6-8。

表6-8 大洋洲地区主要邮轮港口概况

港口	主要情况
奥克兰	2007年奥克兰邮轮港接待了73艘次的邮轮，并接待了112 000人次的游客。2007年2月，"玛丽女王"号通过奥克兰邮轮港到达新西兰
布里斯班	位于澳大利亚重要度假休闲胜地布里斯班河口处的布里斯班港是澳大利亚近来发展迅速的港口，交通便利，距机场仅30分钟车程。布里斯班共有7 700米的海岸线，27个泊位，其中1个为邮轮专门泊位
墨尔本	墨尔本港是澳大利亚最大的港口，距市中心15分钟车程，有4个邮轮泊位，最长的达223米，深10.9米。邮轮码头每年接待海外游客61 000人次，此外还为邮轮提供着保养、维护等全方位的服务

续表

港口	主要情况
悉尼	悉尼港是重要的邮轮旅游目的地，并且是澳大利亚唯一有两个邮轮码头的港口，即达令港区的8号码头和圆形码头的国际邮轮游客码头，都位于悉尼市中心，并接近主要旅游区。每年的11月和次年4月的邮轮旅游旺季，悉尼邮轮港接待30多艘国际邮轮，其中公主邮轮将其作为邮轮母港

第四节　世界邮轮旅游航线布局

目前，世界邮轮航线分布比较集中，凭借良好的区位优势和自然环境，北美和欧洲成为世界上邮轮航线分布最集中的区域，其中加勒比海地区和地中海地区分别是全球航线布局最密和船舶投放最多的地区。全球邮轮航线主要包括阿拉斯加航线、澳洲航线、地中海航线、加勒比海航线、日韩航线、东南亚航线、中东航线、南极航线、北极航线、夏威夷航线、大溪地（塔西提岛）航线等。

邮轮航线和邮轮母港的选址密切相关，邮轮航线的选取很大程度上取决于途径地区旅游资源的丰裕程度、成为邮轮旅游热点的潜力以及岸上观光的可开发性。

全球第一大邮轮集团嘉年华邮轮集团的航线分布广泛，遍及巴哈马、加勒比海、墨西哥度假区、巴拿马运河、阿拉斯加、夏威夷、百慕大及加拿大等地。迄今为止，嘉年华邮轮集团有着全球最为庞大的豪华邮轮船队，全年在欧洲、加勒比海、地中海、墨西哥和巴哈马航行运营，它还有阿拉斯加、夏威夷、巴拿马运河和加拿大海域航线等季节性航线。全球第二大邮轮公司皇家加勒比邮轮有限公司旗下，皇家加勒比国际邮轮的海外航线共约300条，主要分为新加坡航线（东南亚航线）、欧洲航线、加勒比海地区航线、阿拉斯加航线、澳大利亚航线（大洋洲航线）、古巴及巴哈马航线，覆盖约

450个目的地，并设有一系列观光项目。

一 ▶ 加勒比海地区邮轮航线

加勒比海地区主要包括四条邮轮旅游航线：东加勒比海航线、西加勒比海航线、南加勒比海航线和巴哈马航线。加勒比海地区冬季停泊的船多于夏季，但大部分旅游线路是全年运营。

（一）东加勒比海航线

东加勒比海航线是邮轮客们最常选择的一条线，该航线通常为7天以上，也是整个加勒比海邮轮航线中最经典的一条。航线一般从美国佛罗里达州的罗德岱堡起航，经过巴哈马群岛、圣马丁、圣汤马斯等几个大的岛屿目的地。岛上的风光以巴哈马风貌为主，中世纪时期这里曾经海盗横行，因此留下了许多传奇故事和历史遗迹。在如今和平的岁月里，这里剩下的就只有浪漫、度假、放松身心等标签，凭借碧海蓝天、纯净的海水和洁白的沙滩成了潜水爱好者的天堂。

最佳出行时间：每年的11月份至次年的4月份。

东加勒比海的邮轮航线停靠的主要港口有安提瓜、巴巴多斯、多米尼加、马提尼克、圣基茨、圣马丁和圣托马斯等。

（二）西加勒比航线

与东加勒比和南加勒比海风景优美的岛屿、海滩景色相比，西加勒比海展现给人们更多的是文化层面的东西，航线一般会经过美国、墨西哥、海地、大开曼、牙买加等地。除了包含加勒比海海岛、沙滩美景之外，还有大开曼群岛的南美原始人文风情和墨西哥著名的玛雅文明遗址等，航线中的看点丝毫不输给东加勒比海航线。

最佳出行时间：每年的11月份至次年的4月份。

航线停靠的港口有科兹美、大开曼群岛、大特克、普拉亚德尔卡曼、欧丘里欧以及罗阿坦岛等。

（三）南加勒比海航线

南加勒比海的人比西加勒比海要少得多，该航线通常起始或折返于圣胡安或阿鲁巴岛，有时候还包括南美大陆的部分岛屿。南加勒比海上的一些岛屿几乎没有什么人为的修饰成分，更多地保留了其原始的风貌。从地貌上来看，南加勒比海的地势复杂多样，因此造就了一些可以浮潜的绝美海滩，地势险峻的火山与瀑布，让前往的游客能领略到另一种加勒比海的风情。

最佳出行时间：每年的11月份至次年的4月份。

航线停靠点有部分和东加勒比海地区相同，在此基础上还增加像波多黎各、圣克鲁瓦、圣卢西亚、拉瓜伊拉、托托拉岛等。

（四）巴哈马航线

与其他加勒比海线相比，巴哈马航线最大的优势是时间较短、价格低，乘客可以拥有一个有阳光和沙滩的古铜色假期。"巴哈马"的意思是浅滩，这里的海水非常清澈，热带鱼群触手可及，这片群岛有号称世界上最清澈的海域，能见度可达水下60.96米。巴哈马群岛中哈伯岛的粉色沙滩非常令人心动，被美国《新闻周刊》评为"世界上最性感的沙滩"。

（二）▶ 北美地区邮轮航线

北美洲区域包括阿拉斯加地区、北美东北部地区、密西西比河及其支流地区和墨西哥太平洋海岸等地区，主要邮轮航线有阿拉斯加航线，美国、墨西哥太平洋航线以及东北部地区航线。

（一）阿拉斯加航线

阿拉斯加地区是全球著名的邮轮旅游胜地，高纬度地区甚至极地周边的绝美风光，蓝鲸、极地灰熊等珍稀动物，令人大饱眼福，是一般陆路旅行无法获得的神奇体验。该区域线路分别为"内湾航线"和"冰河湾航线",集中在5～10月份。搭乘每年8月即将进入秋季的最后一个航次邮轮,更有机会欣赏到极光奇景。不过,阿拉斯加航线需要随时考虑天气异常因素。

阿拉斯加水上航线:从温哥华出发,经过6天航行,沿途停靠科奇坎、朱诺、史凯威等特色港口,海上游览阿拉斯加冰河湾和学院冰河峡湾,终点到达邮轮专属港口惠提尔,通过公路前往阿拉斯加唯一有国际机场的城市安克拉治,再游览麦金利山、丹奈利国家公园。

(二)美国、墨西哥太平洋海岸航线

该航线多以洛杉矶或圣地亚哥为出发港,沿太平洋海岸南下,可经巴拿马运河到加勒比海地区。加州温暖的阳光、美丽的太平洋海岸风光、湛蓝的海水、洁白的沙滩和沿岸的峡谷沙漠,都是难得的体验。加州特有的多种族文化和墨西哥拉丁风情,更是让整个航行充满了风格迥异的文化情趣。穿越巴拿马运河的航程是中美洲航线中最重要的一段,整个运河行程大约需要8小时,全长82千米,游客可以亲临体验人类历史上最伟大的水利工程奇迹之一。巴拿马沿岸浓郁的中美洲风情和热带丛林,也成为特有的风景线。

(三)北美东北部地区航线

该地区旅游季节从晚春至初秋,10月的枫叶之旅最受欢迎。航线主要往返于纽约和蒙特利尔之间。美国东海岸以纽约为中心的邮轮航线也是不可多得的文化观光线路,众多美国政治文化中心城市,为该航线邮轮旅程带来无尽的时尚乐趣。

三 ▶ 欧洲地区邮轮航线

欧洲航线主要集中在地中海航线、北欧航线、波罗的海航线。这里是文艺复兴伊始之地,数不尽的艺术和科学天才在人类历史上留下浓浓的痕迹,历史名胜诸多,吸引着全世界狂热的游客。广袤如俄罗斯,袖珍如梵蒂冈,

都有隐藏在各自背后讲不完的故事。从北非的热情奔放，到北欧的自然洒脱，抑或是东欧的率性直爽，不同的民族性格都直接反应在民族特色美食中。

（一）地中海航线

地中海作为陆间海，航行地区比较平静，常见航线分为"西地中海区域"和"东地中海区域"。地中海、爱琴海、波罗的海、比斯开海、黑海、巴伦支海、挪威海等大多国家都有自己的海岸线，乘坐邮轮几乎可以游遍所有欧洲国家，即便是欧洲和亚洲之间也仅以地中海相隔，乘坐邮轮一晚即可到达美丽的北非，这也是地中海航线成为世界上最受欢迎航线之一的原因。

1. 西地中海航线

西地中海航线行程涵盖许多欧洲大城市和大港口，佛罗伦萨、罗马、那不勒斯、巴塞罗那、马赛、突尼斯、热那亚、威尼斯等欧洲著名旅游城市都是西地中海航线上串起的精致旅程。沿着庞贝的古文明，一直走到现代艺术和西西里风情，再加上北非独特的风光，都让游客流连忘返。

2. 东地中海航线

有着"古文明之旅"之称的东地中海航线，经过埃及、希腊、土耳其、意大利等国，沿途可以欣赏亚历山大的辉煌、古埃及的文明与爱琴海上的千百座迷人岛屿。

（二）北欧、波罗的海航线

北欧航线最大的特点是沿途的峡湾景观，沿着奥斯陆一路北上，会经过世界上最长的松恩峡湾、优美险峻的盖伦格峡湾，沿途奇美的山峰、绝壁、湖泊、瀑布和冰原，航行基本串起了所有北欧知名的大城市和港口。

典型的航程：从汉堡或者哥本哈根出发，行至瑞典的斯德哥尔摩，结束于俄罗斯的圣彼得堡；另一条偏南航线途径立陶宛、拉脱维亚和爱沙尼亚三个国家。由于纬度和气候的关系，每年北欧和波罗的海适合航行的时间只有5～9月。

四 ► 亚洲地区航线 ┈┈┈┈┈┈┈

亚洲地区主要邮轮旅游线路：在印尼、马来西亚、菲律宾和新加坡众多岛屿之间往来穿梭；以东南亚的泰国、越南和新加坡为主要节点，还包括印度部分港口、斯里兰卡以及马尔代夫；港口经过中国大陆、中国香港和中国台湾的主要港口；往返日本和韩国之间。

（一）东南亚航线

东南亚旅游兴起于20世纪90年代，凭借签证方便、国土面积小而密集、风情万种，以迅雷不及掩耳之势征服了中国游客，最风靡的线路便是"新马泰"。东南亚因种族和人群复杂，乘客可以在此同时尝到多种风味美食，可谓"吃货"的天堂。东南亚位于赤道附近气温在20℃～38℃之间，全年气候如夏，终年适合出游。豪华邮轮凭借自身的交通属性，更是迅速开拓了除"新马泰"以外的旅游线路，途经越南、菲律宾、印度尼西亚等国家。丽星邮轮、皇家加勒比邮轮、歌诗达邮轮均设有以新加坡、中国香港为母港的多条特色航线。

（二）日韩航线

乘客乘坐邮轮，前往远离大城市喧嚣、民风朴实、空气清新风景宜人的日韩南部城市：福冈、长崎、鹿儿岛、冲绳、宫崎、别府、细岛、釜山、首尔、丽水、济州等地，能立体地了解真实的日韩。日韩航线常规行程会到济州、首尔、仁川、福冈、长崎等城市，如果假期充足甚至可以抵达日本北海道、小樽、函馆、札幌等城市，乘客欣赏日韩全景的同时可品尝两国美食。每年最适合出游日韩航线的时间是3～11月，尤其每年春季3～4月的樱花季，会有特别的赏樱航次。

母港城市：上海、天津、香港、釜山、厦门、青岛、横滨、神户、舟山、大连、广州、东京、大阪、福冈、名古屋。

游览热门：冲绳、福冈、济州岛、首尔、釜山、长崎。

(五) ▶ 南美洲航线

南美洲位于西半球南部，东濒大西洋，西临太平洋，北滨加勒比海，南隔德雷克海峡与南极洲相望。这片神奇而充满独特魅力的领地，涵盖了激情与狂野、热情与奔放，自然与探奇。这里有热力的桑巴舞曲、激情的狂欢节、流油的巴西烤肉、富饶的热带雨林、让人赞叹的自然美景，惊险刺激的运动冒险。

在南美洲航线上，乘客你可以在智利这片土地体验让人赞叹的自然美景，惊险刺激的运动冒险，独一无二的复活节岛；可以在阿根廷欣赏到建筑特色，感受探戈风情；还可以到达世界的尽头南美小城乌斯怀亚，一个别致、美丽的小城；依山面海而建，街边全是在童话里才会出现的、那种属于白雪公主的可爱小木屋；还可以看到巴西"狂欢节之都"里约热内卢的有世界新七大奇迹之一的基督像。

(六) ▶ 中东非航线

超现实和有浓厚宗教色彩，美丽、富饶、神秘的中东从来都是世界顶级富豪过冬的首选。遍街的豪车和林立的摩天大厦，摄人心魄的大清真寺，穿着"迪希达希"长袍的阿拉伯商贾和用黑色长袍包裹严实的伊斯兰美女已然成了中东旅游的标志。地中海邮轮、皇家加勒比、歌诗达邮轮等邮轮公司纷纷入驻中东地区，在每年的12月至次年3月开设航线，乘客享受"随性畅游"的同时一赏中东美景。

广袤的非洲大陆有着极长的海岸线，南端有著名的南非和开普敦，那里有着曼德拉的传奇故事。东非的大裂谷和动物王国构成了东非的两大奇观，从最大的陆地生物——非洲象，到世界级萌物——狐猴，都会让到此的游客惊叹大自然的神奇。非洲地区主要线路有：突尼斯和摩洛哥等北非国家，主要在5～10月之间运营；非洲西海岸地区，一般于每年11月至次年3月运营；

往返于埃及的阿斯旺和卢克索之间的尼罗河航线,该线路有专供邮轮租用的游船,全年开放。目前,中东非航线多与地中海航线相结合。

母港城市:迪拜、开普敦、伊斯坦布尔、阿布扎比、新加坡。

游览热门:迪拜、阿布扎比、开普敦、鲸湾、马斯喀特。

七 ▶ 两极及跨洲邮轮航线

两极航线包括南极航线和北极航线。远离人类文明的南极大陆和北冰洋以最原始的姿态屹立在水蓝星球的两极,几乎是所有人旅行的终极目的地。极地航线让人震撼的不仅仅是极地地区的圣洁,还有在极地严酷生存环境下生活的企鹅、北极熊、海豹、鲸等动物,处处风景皆可入画。各国的科考站设立于南极大陆上和北极附近的群岛上,仿佛是茫茫"冰雪大漠"中的绿洲。由于温室效应的影响,两极冰盖正以每年递增的速度消融,其中北冰洋预计在2050年前开始出现夏季完全无冰的景象,旅行的同时请珍爱地球。

跨洲邮轮航线主要线路有:从欧洲横跨大西洋航线,从地中海途径苏伊士运河至非洲东海岸航线,从阿拉斯加沿美国西海岸顺流而下至墨西哥、巴拿马运河或加勒比海地区,从阿拉斯加横跨太平洋至夏威夷、亚洲或南太平洋地区。跨洲邮轮航线中,最具代表性的便是环球航线,全程航行时间长,且多数航线可以按航程提供多个地理区段,供乘客分段购买。

思考题

1. 邮轮产业布局的影响因素是什么?简述其影响过程。

2. 分析世界邮轮制造产业布局,简述影响其分布的因素是哪些。

3. 分析世界邮轮服务产业布局,简述影响其分布的因素是哪些。

4. 分析世界邮轮港口布局,简述影响其分布的因素是哪些。

5. 世界邮轮制造产业布局、服务产业布局、港口布局有什么异同?

6. 世界邮轮制造产业布局、服务产业布局、港口布局的影响因素有哪些关系?

第七章

邮轮产业结构

　　邮轮产业结构指的是邮轮产业间的技术经济联系与联系方式。邮轮产业组织指的是邮轮产业内企业间的市场关系和组织形态。邮轮产业具有产业链条长、上下游关联度高、辐射带动作用大的特点。在不同的市场环境下，受不同外力的冲击和不同环境的影响，邮轮产业内的各产业所表现的技术经济联系与联系方式有所不同，本章将运用SCP分析模型，对邮轮产业结构进行剖析。

　　SCP（Structure-Conduct-Performance，结构-行为-绩效）模型建立于20世纪30年代，是由美国哈佛大学产业经济学权威贝恩（Bain）、谢勒（Scherer）等人建立的。该模型提供了一个既能深入具体环节，又有系统逻辑体系的市场结构（Structure）—市场行为（Conduct）—市场绩效（Performance）的产业分析框架。SCP框架的基本含义是，市场结构决定企业在市场中的行为，而企业行为又决定市场运行在各个方面的经济绩效。

　　从产业组织理论和时间研究的进展趋势看，越来越注重市场结构、市场行为、市场绩效之间的双向关系和动态变化。也就是说，在邮轮产业中，市场结构决定市场行为，市场行为决定市场绩效，市场绩效反过来影响市场结构和市场行为。如图7-1所示。

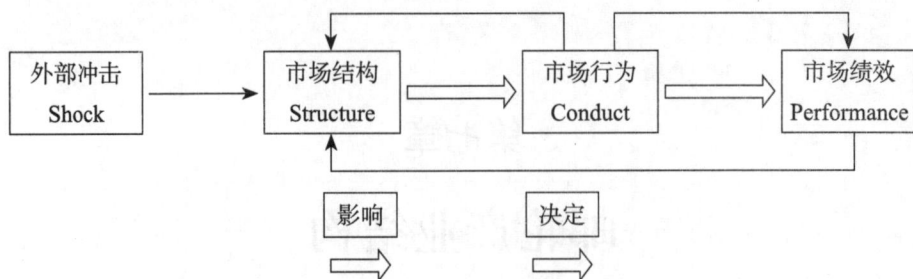

图7-1　SCP范式模型

第一节　市场结构分析（S分析）

所谓结构，一般是指构成某一系统的各要素之间的内在联系方式及其特征。在产业组织理论中，产业市场结构是指企业市场关系的特征和形式。从本质上来说，市场结构反映的是市场竞争和垄断关系。在《不完全竞争经济学》一书中，罗宾逊夫人将市场结构分为四种基本类型：完全竞争、完全垄断、寡头垄断和垄断竞争。

决定市场结构的因素有很多，主要包括三个因素：市场集中度、产品差异化、进入与退出壁垒。四种不同类市场结构在以上三项因素中的特点表现呈现明显的差异化。如表7-1所示。

表7-1　基本市场结构分类和表现

	完全竞争	完全垄断	寡头垄断	垄断竞争
市场集中度	很低	绝对集中度100%	高	较低
产品差异化	很低	无替代品	基本同质或差别较大	有差别
进入和退出壁垒	不存在	非常高	较高	较低

上述因素是相互影响的，其中一项因素的改变会导致其他因素的变化，从而改变整个市场结构的特征。

一 ▶ 市场集中度

（一）含义

市场集中度是表示卖方或者买方在邮轮产业和市场中具有的相对的规模结构的指标，反映的是邮轮产业和市场的集中程度，可以有效考察邮轮市场中的垄断力量。市场是由买卖双方共同组成的，市场集中度可以分为卖方集中度和买方集中度。产业组织理论中研究的主要是卖方集中度。

（二）衡量指标

行业集中度指的是邮轮行业内规模最大的前几位企业的有关数值X（如运力、市场份额、销售额等）占整个市场或行业的份额，是最常用的绝对集中度的衡量指标。其计算公式为：

$$CR_n = \sum_{i=1}^{n} Xi \bigg/ \sum_{i=1}^{N} Xi \qquad (7-1)$$

式（7-1）中，CR_n 表示邮轮产业中规模最大的前 n 位企业的行业集中度；Xi 表示第位企业的运力、市场份额和销售额等的数值；n 表示邮轮产业内的选取的计算邮轮公司数量；N 表示邮轮产业内的邮轮公司总数。通常取 $n=4$ 或者 $n=8$。

根据统计数据，选取排名前4位（$n=4$）的邮轮公司的相关运力（总床位数）、市场份额（游客人数）和营收三项数值，运用行业集中度的计算公式进行分析，发现全球排名前4位的嘉年华集团、皇家加勒比邮轮集团、诺唯真邮轮集团和地中海邮轮集团的运力份额（邮轮公司床位数/全球邮轮总床位数）达到了78.64%，市场份额（邮轮公司游客人数/全球邮轮游客总人数）达到了87.1%，营收份额（邮轮公司营收/全球邮轮产业总营收）达到了79%，这四家邮轮公司生产和销售的邮轮床位在全球整体总生产量和总销量中占据了很高的比例，全球邮轮市场基本被四家大企业所控制，表现出产业集中度

很高的特点，符合寡头垄断的市场结构特点。排名第一位的嘉年华集团拥有
9个子公司，其运力份额、市场份额和营收份额均在40%左右，甚至市场份额
将近50%，呈现了一家独大占据市场半壁江山的局面，在规模经济中占有绝
对优势。如表7-2所示。

表7-2　2018年全球邮轮公司运力份额、市场份额和营收份额

邮轮公司	邮轮品牌	床位数（万）	运力份额	市场份额	营收份额
嘉年华集团	爱达邮轮	3.0	5.31%	4.60%	4.60%
	嘉年华邮轮	7.0	12.28%	22%	8.90%
	歌诗达邮轮	3.5	6.13%	6%	4.80%
	冠达邮轮	0.7	1.18%	0.70%	1.80%
	荷美邮轮	2.6	4.57%	3.20%	5.60%
	P&O邮轮	1.7	3.04%	2.40%	2.20%
	P&O澳大利亚	0.8	1.36%	1.90%	1.20%
	公主邮轮	4.5	7.94%	6.40%	9.10%
	世邦邮轮	0.2	0.35%	0.20%	1.20%
嘉年华集团总计		24	42.16%	47.40%	39.40%
皇家加勒比邮轮集团	精钻邮轮	0.2	0.37%	0.30%	0.90%
	精致邮轮	2.5	4.45%	3.50%	5.30%
	皇家加勒比国际	8	14.18%	19.20%	14.00%
皇家加勒比总计		11	19.01%	23.00%	20.20%
诺唯真邮轮集团	诺唯真邮轮	4.7	8.25%	8.70%	8.40%
	大洋邮轮	0.5	0.92%	0.50%	2.30%
	丽晶七海	0.3	0.46%	0.30%	1.90%
诺唯真总计		5.5	9.63%	9.50%	12.60%
地中海邮轮集团	地中海邮轮	4.5	7.85%	7.20%	6.80%
其他邮轮公司		12	21.36%	12.90%	21%

续表

邮轮公司	邮轮品牌	床位数（万）	运力份额	市场份额	营收份额
总计		56.9	100.00%	100.00%	100.00%
C4值			78.64%	87.10%	79.00%

数据来源：Cruise Market Watch，Royal Caribbean Cruises，Ltd.，Carnival Corporation and plc，NCL Corporation Ltd.，Thomson/First Call，Cruise Lines International Association，The Florida-Caribbean Cruise Association（FCCA），DVB Bank and Cruise Pulse™。

注：床位数按照四舍五入精确到万，数据更新至2019年初。

二▶ 产品差异化

（一）含义

产品的差异化，是指企业在其提供给顾客的产品上，通过各种方法造成足以引发顾客偏好的特殊性，使顾客能够把它同其他竞争性企业提供的同类产品有效地区别开来，从而达到使企业在市场竞争中占据有利地位的目的。

根据这个定义，邮轮公司所提供给游客的产品是邮轮本身和其包含的各项硬件设施和软件服务。产品的差异化作为一种有效的非价格竞争手段，可以使游客感知邮轮公司产品独特的差异性，从而提升游客对本邮轮公司产品的偏好和黏性，对于邮轮公司的经营定位具有重要的意义。

（二）邮轮公司产品差异化决策

所有邮轮公司提供的产品都是基于邮轮在海上航行度假这一同质化的形式，邮轮公司进行产品差异化的方法很多。从游客感知角度进行分析，最常见的策略归纳起来主要包括以下六种。

1. 邮轮硬件的差异化

邮轮硬件的差异化包括船型空间大小的差异化、娱乐设施的差异化等。邮轮的"吨位"是游客选择邮轮的标准之一。邮轮的"吨位"一般指的是

"GRT"（Gross Register Tonnage，总注册吨位），是用来划分船只空间大小的一个重要依据，也是计算港口费、系缆费、码头停泊费的依据。现代邮轮的大小根据吨位可以分为小型邮轮（2万吨以下）、中型邮轮（2万～5万吨）、大型邮轮（5万～7万吨）和巨型邮轮（7万吨以上）。受财力、经营策略等因素的影响，邮轮公司在打造船队时往往会出现吨位单一、产品线较短和吨位覆盖全面、产品线较长的区别。另外，部分邮轮公司在船上大型硬件设施中力求突破，并作为其在市场上有别于其他邮轮公司产品的重要突出特点。比如皇家加勒比邮轮近几年下水的新船"海洋绿洲"号、"海洋量子"号、"海洋赞礼"号和"海洋光谱"号等，分别通过硬件上建造工艺的突破，建造了海上中央公园、北极星（吉尼斯认证最高海上观景平台）、模拟空中跳伞、南极球海上蹦床等高科技含量的娱乐硬件设施，并在市场推广中将其作为其与竞争公司的重要区别。

2. 邮轮软件的差异化

邮轮软件的差异化包括游客的旅游体验六要素吃住行游购娱的差异化、特色服务差异化等。部分邮轮公司采取不改变硬件设施，在吃住行游购娱的旅游六大要素中重点突出个性化的特色。比如以"海上意大利"作为品牌特色的歌诗达邮轮，在船上的装潢、娱乐、饮食、表演等各方面融入意大利人文历史，其船队所有船只均紧密围绕"海上意大利"这一主题打造度假产品，并以统一的产品主题形象在市场上进行推广。

3. 邮轮航线的差异化

邮轮公司打造邮轮航线差异化的主要手段包括特定的航行区域以及靠泊垄断性质的度假岛屿等。部分邮轮公司在航线设计中，通过对某一航线或航行区域稀有资源的垄断，实现对该区域特定航线产品的垄断经营，实现产品的差异化竞争。比如海达路德邮轮专注于极地探险邮轮航线的开发和经营；公主邮轮利用垄断阿拉斯加地区稀有的岸上木屋酒店，打造独有的岸上加邮轮游产品；皇家加勒比邮轮公司通过购买加勒比海地区私人海岛，打造特色的海岛加邮轮度假体验；云顶集团通过对中国广州南沙邮轮母港的优先靠泊特权，打造广州母港起止的特色东南亚航线；歌诗达邮轮通过与海南省政府的合作及中国交通部的特批，计划打造广州连接三亚的挂靠母港航线等。

4. 邮轮品牌的差异化

大部分邮轮公司的做法是赋予自身品牌邮轮船队以品牌特色，邮轮的各项产品差异化特征均围绕该品牌特色进行打造，以突显各自在市场中的辨识度，同时也会增加自身游客群体的黏性。比如嘉年华邮轮的品牌"The Fun Ship"（快乐邮轮）和鲸鱼尾巴的烟囱造型；歌诗达邮轮的品牌"Italy At Sea"（海上意大利）和明黄色烟囱搭配大写字母"C"的品牌形象具有极高的辨识度并且深入人心；精钻邮轮为更好地反映其"不再着重突出邮轮，而是包含了邮轮和陆地等更多的服务"的品牌战略，于2019年更新了自己的LOGO设计。

5. 销售价格差异化

价格差异化是邮轮公司非常普遍且易操作的一种差异化手段。邮轮公司通过对自己的产品制定不同的销售价格，来吸引市场上不同消费层次的游客，实现市场差异化竞争。全球邮轮行业的四大巨头中，三家集团化运营的邮轮公司均设有不同的品牌，并将不同品牌的产品人为定位于高中低端不同的消费市场，最直观的体现就是销售价格，通过销售价格提示游客不同邮轮品牌产品差异化的存在。比如嘉年华集团的冠达邮轮和世邦邮轮、皇家加勒比邮轮集团的精钻邮轮、诺唯真邮轮集团的丽晶七海邮轮等，销售价格高，将产品定位于高档邮轮度假产品，这些品牌的高售价传递给游客的直观信息是该品牌产品优于其他产品。与此同时，部分邮轮品牌采取市场跟随者的竞争策略，通过较低的销售价格传递给游客的直观信息是该品牌产品性价比较高。通过实施差异化的销售价格，邮轮公司有效地将不同邮轮品牌产品与其他竞争产品区别开来，针对不同市场进行精准化营销。

6. 营销方式差异化

邮轮公司营销方式的差异化可以分为两个方面，分别是销售渠道差异化和促销手段差异化。

在当前邮轮产业结构下，邮轮公司作为产业链的上游企业，是稀缺资源的拥有者，对市场营销规则的制定拥有决策权或话语权，在与下游营销企业的谈判中占据优势地位，邮轮公司通常会根据自身条件和客观现实综合选择最适合自身的营销渠道和促销手段。

邮轮公司常用的销售渠道主要包括以下几个方面：通过中间商（主要为旅行社）以"包船"的形式销售产品，通过中间商以"切舱"的形式销售产品，通过网站、400呼叫中心等直营渠道直接把产品销售给游客，通过中间商打造邮轮特色门店进行销售等。

邮轮公司常用的促销手段主要有：通过对中间商批发价格的阶梯定价实现对市场价格的控制，降低游客终端市场零售价格促销产品，对媒体、商务会奖团队等制定封闭渠道销售价格等。

特别需要注意的是，以上营销方式的差异化并不仅仅表现在不同的邮轮公司之间，同一邮轮公司，营销方式同样会呈现动态上的差异化，营销方式会随着空间和时间的转移进行调整和变化。针对不同的国家不同的邮轮市场，同一邮轮品牌的销售渠道和促销手段并不是一成不变的。

（三）产品差异化程度对市场结构的影响

邮轮公司通过产品差异化，细化目标市场，并实现稳定的客源群体和游客忠诚度，其提供的邮轮产品被替代的可能性也就降低，长此以往将破坏市场完全竞争的局面，使市场结构朝向垄断竞争的趋势发展，最终导致寡头垄断的市场结构。邮轮产品差异化程度从以下两个方面对市场结构产生直接影响。

1. 影响市场集中度

目前在全球市场中占据绝对领导地位的四家邮轮公司，通过扩大产品差异化程度，有效保持或者提高其市场占有率，从而保持邮轮市场的集中度水平。

2. 形成市场进入壁垒

现有的市场领导地位的邮轮公司所实施的产品差异化策略，使得游客对于其产品形成偏好和忠诚度并保持一定的黏性，这一现象对于意图进入市场的新兴邮轮公司构成了一定程度的进入壁垒；另外邮轮公司产品的销售对旅行社的依赖程度较高，因此在位邮轮公司具有强烈的意愿和多种手段去增强固有销售渠道旅行社的合作黏性，从而使销售渠道旅行社主观上不愿意或者客观上不允许与新兴邮轮公司产生合作。以上由产品差异化对游客市场和销售渠道旅行社的两方面影响，让试图进入市场的新兴邮轮公司需要付出更大的努力，才能通过自身的产品差异化行为去寻找新的目标市场或者争取原有游客转换消费品牌。

三 ▶ 进入和退出壁垒

对于邮轮产业的进入和退出壁垒的分析，主要是从新兴邮轮公司进入市场的角度考察市场内原有邮轮公司和准备进入市场的新兴邮轮公司之间的竞争关系，以及最终反映出来的市场结构的调整和变化。一般产业组织研究更加重视研究进入壁垒。

（一）进入壁垒

进入壁垒是指同潜在的进入邮轮市场的邮轮公司相比，市场中现有的邮轮公司所享有的优势。从另外一个角度来讲，进入壁垒也可以理解为新兴邮轮公司比市场中现有的邮轮公司多承担的成本。邮轮产业进入壁垒的主要构成因素包括以下几个方面。

1. 规模经济

根据规模经济的规律，在现有的邮轮市场中，占据了绝大多数市场份额的前四家邮轮公司拥有庞大的船队规模和舱位数量规模，可以轻易获取生产和销售的规模效益。与此同时，计划进入市场的新兴邮轮公司生产和销售成本一定高于目前市场中已经具有规模效益的邮轮公司，从而在竞争中处于劣势。当然，新兴邮轮公司也可能试图以最低经济规模进入市场，但是如此一来，将会引起邮轮市场的总供给量增加，从而导致邮轮产品的销售价格大幅下跌，甚至降至单位成本之下，结果很可能得不偿失。综上分析，当前邮轮产业中排名靠前的大型邮轮企业的规模经济构成了较高的进入壁垒。

2. 产品差异化

根据进入市场的时间不同，产品差异化壁垒也不尽相同。对于邮轮公司来说，提前进入市场的公司，经过长时间的产品差异化努力，已经拥有了相对稳定的产品知名度与渠道商信任感，此时只需要较少的广告投入便可维持其目标客群的忠诚度和市场渠道稳定性。而对于新进入市场的邮轮公司来说，则需要投入大量的资金和人力来寻找新的游客群体或者争取竞争市场的品牌忠诚顾客，通常选择的方式为制定更低的价格或者投入更多的促销活动，都是属于成本极高的方式。由此可见，当前邮轮产业中的产品差异化也成了较高的进入壁垒。

3. 运营设备获取壁垒

邮轮旅游和度假体验作为邮轮公司提供给游客的产品，邮轮在邮轮公司运营中的核心地位是毋庸置疑的。另外，在产品差异化当中，如果新兴邮轮公司可以掌握足够淘汰现有邮轮产品的新产品或者新技术，那么产品差异化所构成的进入壁垒将不复存在，由此可见，运营设备的获取就显得尤为重要。但是在邮轮行业中，邮轮公司获取运营设备的渠道只有两个：从邮轮造船厂预定新邮轮，或者从其他邮轮公司购买二手邮轮。当前全球可以生产制造邮轮的造船厂数量有限，年生产能力也非常有限，现有的邮轮公司一般会与造船厂签订长期持续采购合同，受生产能力的限制，造船厂没有能力并且也不会与新兴邮轮公司建立合作关系；同时，现有的邮轮公司为了维持自己市场份额的稳定，一般不会将运营情况良好的二手邮轮轻易出手。以上两方面很大程度上增加了进入壁垒。

4. 其他阻止进入策略

港口码头及相关设施的建设对于邮轮公司的运营来说至关重要。全球范围内的港口及其腹地市场，其游客承载量是一定的，过多的邮轮涌入港口，必然会引起混乱。大型的邮轮公司通过和港口签订排他性合同，或者与港口共同打造具有排他性的合作项目，为新的邮轮公司进入市场建立了较大的进入壁垒。同时，许多邮轮公司已经提前加入到诸多港口码头的前期建设以及开发运营之中，如嘉年华集团、皇家加勒比邮轮集团、诺唯真邮轮集团等，均在"世界邮轮之都"迈阿密筹建本公司专用码头和候船大厅。伴随着欧洲港口私有化以及港口改制的进程，由几个大型邮轮公司共同筹资建立、共同持股运营的港口也日渐增多。这种在邮轮行业中现有邮轮和港口企业通过相互协调，实施控制的阻止新兴企业进入的策略和行为，同样构成了较高的进入壁垒。

（二）退出壁垒

退出壁垒，就是指邮轮公司在退出邮轮市场过程中会遇到的阻碍。如果退出壁垒过高，同样也会削弱邮轮公司进入市场的动机。对于邮轮公司来说，退出壁垒的构成因素包括资产专用性和沉没成本壁垒以及解雇费用壁垒等。

1. 资产专用性和沉没成本

对于邮轮公司而言，投资的资产专用性很强，大部分的资金都用于购买邮轮和邮轮运营，邮轮有别于其他客轮，专用性强的属性使其难以用于其他用途。这些沉淀在邮轮和运营中的巨额投资，在邮轮公司退出市场的时候，出售价格和邮轮投资额扣除折旧后的剩余价值之间的沉没成本极高，由此导致的邮轮公司的退出壁垒较高。

2. 解雇费用

邮轮公司的运营、管理、销售和服务工作专业化程度很高，需要高素质、高质量的雇员团队支撑。这些高素质、高质量的雇员意味着邮轮公司需要承担的高额的薪资费用。一旦邮轮公司要想退出行业，必然会遇到解雇员工的局面，则需要面临较高额的退职金、解雇工资等。如果邮轮公司转产，为了保留原来的雇员继续留在企业工作，同样需要担负高额的培训费用。这些费用越高，邮轮公司要退出市场的障碍也就越大。

四 ▶ 小结 ----------------------------

经过本节分析，当前的邮轮产业具有较高的产业集中度，呈现一定的产品差异化特点，并且具有较高的进入和退出壁垒，整体邮轮产业市场结构具有寡头垄断的明显特征。

第二节　市场行为分析（C分析）

邮轮公司为实现其自身利润最大化和更高的市场占有率等目标，会采取适应市场要求的市场行为。该市场行为受邮轮产业寡头垄断市场特征的制约；同时，市场行为也作用于邮轮产业的市场结构，影响和改变着市场结构的状态特征。邮轮公司的市场行为一般分为两大类：市场竞争行为和市场协调行为。

一 ▶ 市场竞争行为 ----------------------------

邮轮公司在市场中的竞争行为可以分为三种具体的行为：定价行为、广告行为和兼并行为。

（一）定价行为

邮轮公司的整体销售收益主要包含两个方面：船票销售收益和船上游客消费收益。这两种收益在销售时间、地点和竞争程度上存在着不同。船票销售在游客行程开始前在岸上就需要完成，不同邮轮公司之间面临着激烈的竞争。船上游客消费收益是在游客行程开始后在船上完成的，不需要面对其他邮轮公司的竞争。而船票销售是船上收益产生的前提，所以邮轮公司多数采用弹性定价机制来最大限度的优先满足上客率。本部分所讨论的定价行为特指的是邮轮公司对于船票销售的定价行为。

　　价格竞争是邮轮市场竞争的重要手段，邮轮公司的定价行为是市场价格形成过程的第一步，此后分销商或邮轮公司直销部门会根据市场需求进行价格调整直至成交为止。与航空和酒店等其他基于提前预订和存量限制的行业类似，邮轮公司同样面临在有限的销售周期将有限存量的易逝性产品销售给不同类型的消费者从而实现利润最大化的问题。邮轮产品是旅游目的地和交通工具的复合体，兼具旅游产品和交通运输产品的双重特征，具有不可储存性、生产和消费的同步性、资金密集和劳动密集性、脆弱性等特征。这些特征决定了邮轮产品必须在航次出发之前达成交易，促使游客前来消费，否则价值消逝；其资金密集和劳动密集性决定了邮轮产品边际成本低，追求规模经济的特性；其脆弱性是因为邮轮产品满足的是延伸性需求，容易被其他产品替代消费。

　　鉴于邮轮产品的价值易逝性、存量固定性和高固定成本低边际成本的特性，邮轮行业具有收益管理行业特征。在有限的销售时间内，邮轮公司多采用动态收益管理手段制定最佳定价行为。邮轮公司寻求有限期内的销售，采用提前预订优惠价格（early-bird price）和最后清仓价格（last-minute price）来降低邮轮价值易逝带来的风险。同时，邮轮公司可以通过降低船舱空置率实现规模效益递增，会寻求更广泛的分销以提高市场份额。

　　在某些特定的饱和市场或者新兴市场，为把竞争对手挤出市场或者阻止进入市场，有实力的邮轮公司通常会采取掠夺性定价和限制性定价等策略，短期内出现微利或者亏损的状态，来提高市场的进入壁垒，有效击退或者阻止竞争对手。

（二）广告行为

　　广告行为是邮轮公司在市场上经常采用的一种定价行为之外的竞争方式，是向游客传递邮轮产品差异信息的重要手段。对于邮轮公司而言，广告最直接的作用就是信息的披露，其可以传达邮轮公司的产品价值，同时让受众建构初步的产品认知，最重要的是为邮轮公司创造良好的品牌形象。

邮轮公司为游客所提供的邮轮度假产品,具有不可存储和生产与消费同步的特征,属于产业组织学中的"后验品",游客必须在进行消费体验后才能确定产品的质量和特点,该特性决定了邮轮广告在产品信息传递中的重要性。邮轮公司通过广告手段,让游客深刻感受其产品的特色,从而与其他竞争产品区别开来。

不同邮轮公司通过广告传递塑造了不同的品牌形象,形成品牌差异化。广告本身带来的品牌差异化可以看作邮轮公司产品差异的一个组成部分。对于"后验品"特性的邮轮旅游度假产品而言,邮轮公司一个特点鲜明的广告语或者创意独到的广告形象可以使其产品在市场中脱颖而出,为游客所接受和理解。

同时,广告行为会增强进入壁垒。邮轮产业中占据绝大多数市场份额的寡头公司通过大量的广告投入影响游客的主观偏好,建立了寡头公司邮轮品牌的知名度和美誉度,这种投入已经转变成了无形资产,潜在的进入者必须在广告中投入更多,才能克服这些寡头公司所建立的商业信誉而形成的壁垒,这将使新兴邮轮公司在竞争中处于成本劣势。

综上所述,邮轮公司的广告行为是传递产品信息、树立品牌差异化竞争的重要手段,并且寡头的广告行为将导致产业市场集中度的提高。

(三)并购行为

并购包括兼并和收购两层含义、两种方式。国际上习惯将兼并和收购合在一起使用,在我国称为并购。兼并是指两家或者更多的独立企业,公司合并组成一家企业,通常由一家占优势的公司吸收一家或者多家公司;收购是指一个公司通过产权交易取得其他公司一定程度的控制权,收购方式有资产收购和股权收购两种。邮轮产业中的并购行为发生较为频繁,目前邮轮市场中前四的寡头集团(嘉年华集团、皇家加勒比邮轮集团、诺唯真邮轮集团、地中海邮轮集团)在发展壮大的过程中都发生过多次并购行为。

邮轮公司并购行为的产生动机多种多样,主要有以下两个方面。

一是巩固垄断优势，提高市场竞争力和市场支配力量。通过兼并，主兼邮轮企业削弱或者消灭了被兼企业来获取更多对主兼邮轮企业发展有利的资源，以得到更大的市场支配力量。

二是获得更高的市场份额，获得规模经济效益。邮轮公司通过兼并扩大船队规模，扩充床位库存，从而降低平均生产成本和销售成本，以获得更高的利润。

并购行为的类型主要包括以下两种类型。

1. 横向并购

横向并购也可称之为水平并购，是邮轮公司之间的兼并重组行为。可以为邮轮公司拓展市场份额，提升规模经济效益。占据全球80%市场份额的排名前四的邮轮公司当中，只有地中海邮轮是单品牌运营，另外三家多品牌运营的邮轮公司嘉年华集团、皇家加勒比邮轮集团和诺唯真邮轮集团在发展壮大的过程中都曾经发生过横向并购行为，如表7-3所示。

表7-3　邮轮公司横向并购行为（部分）

主并购对象	被并购对象	被并购对象创立时间	并购时间	并购方式
嘉年华	荷美邮轮	1873年	1989年	收购
嘉年华	世邦邮轮	1987年	1992年至20世纪末	先期购买部分股份，直至收购全部股份
嘉年华	歌诗达邮轮	1860年	1997~2000年	1997年，嘉年华集团（Carnival Corporation & Plc）和英国天旅（Airtours）公司分别收购了歌诗达邮轮公司50%的股份。2000年，嘉年华集团收购了天旅公司持有的歌诗达50%股份，完成兼并
嘉年华	冠达邮轮	1840年	1998~1999年	收购
嘉年华	公主邮轮	1965年	2001年	创立独立上市公司，嘉年华持股74%，公主邮轮持股26%

续表

主并购对象	被并购对象	被并购对象创立时间	并购时间	并购方式
嘉年华	P&O邮轮	1837年	2003～2004年	P&O邮轮于2000年被P&O集团合并，成为P&O公主邮轮附属公司，随后于2003年与嘉年华公司合并
皇家加勒比	精致邮轮	1989年	1997年	收购
诺唯真	大洋邮轮	2002年	2014年	以现金和股票购买了大洋邮轮和丽晶七海邮轮的母公司Prestige Cruise Holdings，总交易金额为30.25亿美元，包括债务承担
诺唯真	丽晶七海邮轮	1992年	2014年	

资料来源：邮轮公司官网、相关新闻报道。

诸多横向并购行为中，颇具影响力的一次横向并购行为是美国的嘉年华集团和皇家加勒比邮轮集团针对公主邮轮的"世纪抢婚"大战，这也是全球排名前两位的两家邮轮公司一次正面交锋，该收购行为直接奠定了当今邮轮市场的整体格局并一直影响至今。

在21世纪初期，嘉年华集团通过一系列并购行为登上了全球市场份额第一的宝座。同样来自美国的公主邮轮公司却于2001年11月出人意料地与皇家加勒比邮轮公司签署了合并协议，如果此举顺利进行，皇家加勒比邮轮集团将问鼎全球最大邮轮公司，并直接威胁到嘉年华集团的全球邮轮市场地位。在此情况下，嘉年华集团总裁阿里森及其合作伙伴连续几个月游说公主邮轮公司的股东，试图说服他们推迟对这项兼并的投票，使得表决计划最终告吹。随后，嘉年华集团提出了一个对公主邮轮更有诱惑力的方案，即创建一个在英国和美国股票市场上市的独立公司，嘉年华拥有74%的股份，公主邮轮拥有26%的股份。此举将皇家加勒比邮轮公司已经到嘴的肉给抢了过来。

2. 纵向并购

纵向兼并也可称之为垂直并购，是指在邮轮产业链中，上中下游企业间的兼并重组行为，可以实现邮轮公司的产业链一体化的正面效应，对邮轮公司的发展提供全方位的资源保障，为邮轮公司游客提供更为稳定的立体化服务，以巩固其在市场中的垄断地位。同样是为了邮轮公司的全产业链发展，相较于邮轮公司对上下游企业的持股行为和投资建设行为等其他行为，纵向并购行为可以使邮轮公司对并购的资源拥有独家的垄断优势。

比如在2018年，地中海邮轮实现对Trieste Adriaic Marine Initiative S.R.L.（TAMI）的收购。TAMI是Trieste Terminal Passeggeri（TTP）邮轮港的战略控股公司。借此兼并行为，地中海邮轮公司在意大利里雅斯特的邮轮母港资源中占据绝对优势。

（二）▶ 市场协调行为

邮轮产业的市场协调行为，指的是在邮轮市场中，邮轮公司为了某些共同的目标而采取的相互协调的市场行为。市场关系包括竞争和合作，邮轮公司在某些情况下，会采取相互妥协以求实现共同利益的合作行为。这些行为通常并不是以明确的协定和契约加以规范的，而是采取暗中共谋的形式。

市场协调行为可以分为价格协调行为和非价格协调行为。

1. 价格协调行为

在寡头垄断特征明显的邮轮市场中，价格协调行为的主要形式是价格领导制。四大邮轮寡头集团占据了邮轮八成以上的市场，拥有市场总销量的主要份额，在这种情况下，在同一市场的销售过程中，四大邮轮寡头集团会以主导企业的身份确定一个能够实现其利益最大化的价格，其他小份额邮轮公司会自愿或者被迫采取价格跟随策略。

2. 非价格协调行为

在四大邮轮寡头集团之间，同样存在一些非价格协调行为，主要表现为港口的运力部署。比如在市场承载力一定的邮轮母港及其腹地市场，当某一邮轮公司提前完成了一段时间的布局并达到该区域市场饱和后，其他邮轮公司将选择不再进入该市场进行部署，避免产生过度竞争，以维持该港口腹地市场的稳定及各邮轮公司利益最大化。

第三节 市场绩效分析（P分析）

市场绩效可以反映在具有明显寡头垄断市场结构特征的邮轮产业市场行为的实际效果，其并不仅仅表示最终实现经济活动目标的程度，还必须要从邮轮产业的市场规模及发展趋势、产业技术进步、邮轮企业运营盈利能力等方面综合展开评价。

（一）▶ 市场规模及发展趋势分析

邮轮产业是现代旅游业中的一个细分行业，衡量邮轮产业市场规模及其发展态势，最直观的方法就是将邮轮旅游市场规模增速与现代旅游业市场规模增速进行对比。如果邮轮旅游市场规模的增速大于现代旅游业市场规模的增速，证明邮轮旅游市场的发展速度高于整体旅游市场发展速度，邮轮旅游市场在现代旅游市场中的规模比重也越来越高，也势必占据着越来越重要的地位。

根据国际邮轮协会CLIA和联合国世界旅游组织UNWTO公布的数据，对比分析近十年来全球邮轮旅游人次和全球旅游总人次，十年间邮轮旅游人次从2009年的1 780万人次增长至2018年的2 850万人次，年均增长率达到了6%，与此同时，全球旅游人次从2009年8.92亿人次增长至2018年的14.07亿人次，年均增长率为5.77%。其中2018年邮轮旅游人次的增长率达到了7%，而同年现代旅游业人次的增长率为6%。由此可见，这10年间，邮轮旅游市场规模与现代旅游业市场规模同步增长，并且增速略高，说明邮轮产业的市场规模发展处于一个良性的扩张发展趋势中，并且在现代旅游业中扮演着越来越重要的角色。如图7-2所示。

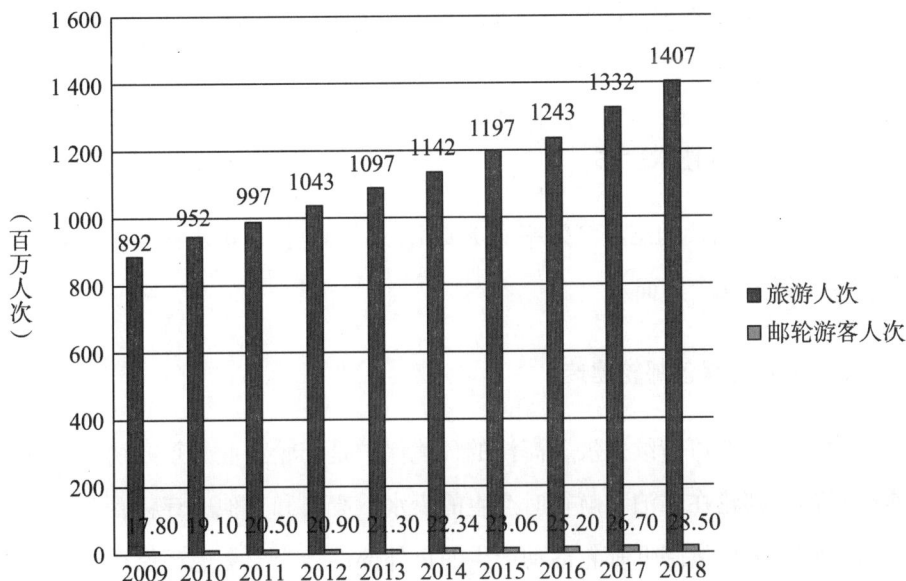

图7-2　2009～2018年全球旅游人次及全球邮轮游客人次

数据来源：CLIA，UNWTO。

　　为满足市场扩张的需求，全球邮轮运营船队的规模也呈现显著扩大的趋势，邮轮接待量和运力增长速度表现不俗。2018年，全球在运营邮轮342艘；2019年，14家邮轮公司先后有17艘新船下水，扩大了全球的运力供给。并且在全球邮轮造船厂满负荷生产的情况下，目前全球新船的订单已经排到2027年。可以预见的是，在未来的很长一段时间内，邮轮公司扩大运营规模迎合市场需求的发展趋势不会改变。

　　在需求侧和供给侧的资源配置利用率方面，邮轮产业最直观的表现即满舱率。满舱率的计算公式如下：

满舱率=邮轮游客人次/下铺床位数×100%

　　如果市场的需求量小于邮轮公司供给的下铺床位数，那么满舱率就会低于100%。在2018财年，占据全球八成以上市场份额的四家邮轮寡头公司嘉年华集团、皇家加勒比邮轮集团、诺唯真邮轮集团、地中海邮轮集团的满舱率均超过了100%，并都有所增长。其中满舱率最高的地中海邮轮为111.6%，皇家加勒比邮轮集团、诺唯真邮轮集团、嘉年华集团分别为108.9%、107.6%、

106.9%。这表明在当前的邮轮产业结构下，需求侧和供给侧的资源配置利用率处于较高的水平。

（二）▶ 产业技术进步

作为一种反映动态经济效率的重要指标，产业技术进步在邮轮产业的表现主要有以下几个方面。

（一）新型绿色邮轮建造

为了产业的可持续发展，海洋的环境保护是邮轮产业必须要纳入考量的重要指标。邮轮在靠泊和航行时产生的废水、废气和其他废弃物，会对环境造成影响。为尽量降低邮轮活动产生的负外部性，充分考虑环保性要求，拥有先进的污水处理技术和优化的废物处理系统的清洁能源动力邮轮在逐步投入运营。

全球首艘以液态天然气（Liquefied Natural Gas，简称LNG）为动力的LNG邮轮来自于嘉年华集团旗下的爱达邮轮，为2018年8月31日下水的爱达邮轮"诺瓦"号，长337米，宽42米，总吨位18.4万吨，拥有2 500间客舱，配备超过5 000个床位，能够为6 600名乘客提供住宿。如图7-3所示。

图7-3 爱达"诺瓦"号

第二艘LNG动力的邮轮同样来自于嘉年华集团旗下，为2019年10月份下水的歌诗达邮轮"翡翠"号，长323米，宽42米，总吨位18.25万吨，拥有20层甲板和16个风格迥异的餐厅，客舱总数达到2 612间，可容纳6 519名游客。如图7-4所示。

图7-4　歌诗达"翡翠"号

在未来全球LNG动力邮轮规模将会逐渐壮大，新型绿色邮轮建造订单已经预定至2026年。详请见表7-4。

表7-4　新型绿色邮轮建造　　　　　　　　　　　（万吨）

邮轮公司	动力类型	吨位	建造厂商	下水年份
爱达邮轮	LNG动力	18.4	芬坎蒂尼集团	2018
歌诗达邮轮	LNG动力	18.2	德国迈尔船厂	2019、2021
P&O邮轮	LNG动力	18.3	德国迈尔船厂	2020
Ponant邮轮	LNG和电力混合	3	芬坎蒂尼集团	2021
爱达邮轮	LNG动力	18	德国迈尔船厂	2023
公主邮轮	LNG动力	17.5	芬坎蒂尼集团	2023、2024
途易邮轮	LNG动力	16.1	芬坎蒂尼集团	2024、2026

资料来源：Cruise Lines International Association。

（二）邮轮旅游产品创新

根据产业组织学理论，在寡头垄断的条件下，产品创新更快。具有明显寡头垄断特征的邮轮产业中，具备了一定市场支配力量的寡头邮轮公司更加着眼于长期目标，他们有更多的意愿通过创新来巩固垄断地位。当然，尽管处于支配地位的寡头垄断邮轮公司创新速度通常更快，但是占据市场份额较小的邮轮公司很可能成为创新的推动者。邮轮旅游产品创新通常可以分为以下几个方面。

1. 船舶硬件设备创新

在新船下水越来越大型化的背景下，邮轮公司在游客体验的硬件设施上进行创新升级也将更加游刃有余。比如北极星（如图7-5）、模拟空中跳伞、海上冲浪、南极球海上蹦床等创新性的硬件设施均为皇家加勒比邮轮集团近年来的首创。另外，歌诗达邮轮2019年下水的新船歌诗达"威尼斯"号，除了在游客娱乐设施诸如"绳索攀爬场"（如图7-6）等硬件设施方面的创新外，在游客的基础体验设施诸如电梯、酒吧、餐厅等方面也进行了智能化的创新。

图7-5　皇家加勒比国际邮轮"海洋赞礼"号北极星

图7-6　歌诗达邮轮"威尼斯"号绳索攀爬场

2. 跨界融合创新

邮轮作为一个综合度假的载体，在跨界融合方面具有得天独厚的优势。比如歌诗达邮轮2018年初起联合意甲冠军球队尤文图斯在其亚太区船队中推出"尤文图斯海上足球训练营"；皇家加勒比邮轮、歌诗达邮轮和地中海邮轮先后联合德云社推出相声主题航次；歌诗达邮轮联合支付宝对船上的智能化体验进行优化；皇家加勒比旗下邮轮引进融合百度人工智能和途鸽全球云通信技术的百度共享WIFI翻译机等。

3. 航线规划创新

虽然邮轮公司一直在向市场灌输"邮轮即目的地"的度假理念，但在航线设计和靠泊港口的规划选择中，邮轮公司的创新从未停止，在近几年尤为突出。邮轮的靠泊对于目的地的硬件要求并不像飞机那么高，并且不受陆路交通的限制，在目的地创新中具有独到的自身优势。比如，歌诗达邮轮2016年首次开启中国母港起止的环球航线，后再次分别连续两年推出中国母港起止环南太平洋诸岛探索原始文明的特色长航线；大洋邮轮将在2021年推出从迈阿密始发，180天跨越三大洋六大洲，覆盖100个停靠港和120处联合国教科文组织世界遗产的超长环球航线；地中海邮轮"传奇"号于2019年11月停靠大洋礁私家岛屿，为游客带来纯正原始自然海滩体验；专注于极地邮轮航线的海达路德邮轮计划于2021年起开辟更多的远征航线等。

三 ▶ 邮轮公司运营盈利能力分析

在市场规模不断扩大，邮轮公司运力扩张，资源利用率较高，并且产业技术在不断进步的情况下，邮轮公司同样必须盈利，才是一个良性的发展循环。邮轮产业具有明显的寡头垄断特征，本部分将根据寡头公司的年度财报，综合分析在寡头垄断市场结构下，邮轮公司的运营盈利能力。

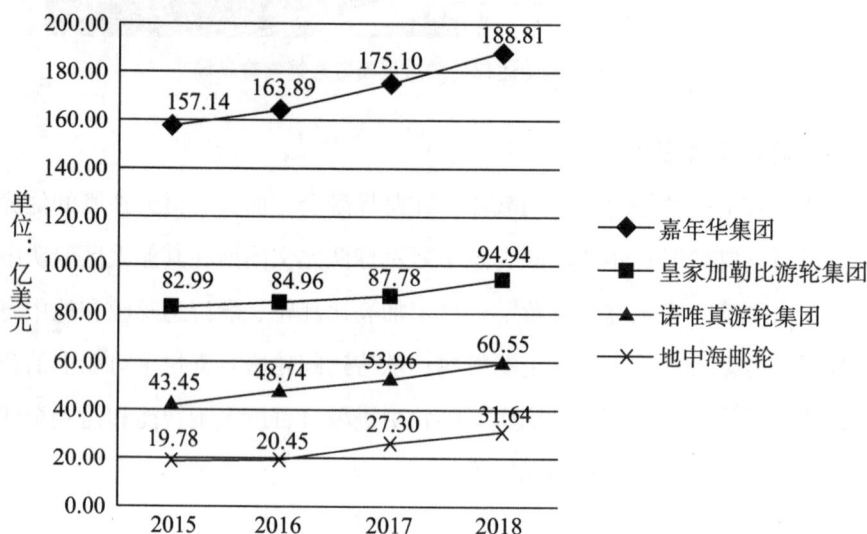

图7-7　四大邮轮运营商年度总收入发展趋势

数据来源：嘉年华集团（Carnival Corporation & Plc）2015—2018年度财报，皇家加勒比邮轮集团（Royal Caribbean Cruises Ltd.）2015—2018年度财报，诺唯真邮轮集团（Norwegian Cruise Line Holdings Ltd.）2015—2018年度财报，地中海邮轮（MSC Cruises Group）2016—2018年度财报。

注：地中海邮轮年度财报原始单位为欧元，年度总收入原始数据为：2015年18.15亿欧元，2016年19.48亿欧元，2017年22.15亿欧元，2018年27.51亿欧元。该图中为统一数据单位，地中海邮轮年度财报中的原始数据和欧元单位参照每一年年末欧元兑美元的收盘价进行换算，换算汇率分别为：EUR：USD=1：1.09（2015年12月31日收盘价），EUR：USD=1：1.05（2016年12月30日收盘价），EUR：USD=1：1.20（2017年12月31日收盘价），EUR：USD=1：1.15（2018年12月31日收盘价）。

如图7-7所示，嘉年华集团年度总收入从2015年的157.14亿美元增长至2018年的188.81亿美元，皇家加勒比邮轮集团年度总收入从2015年82.99亿美元增长至2018年94.94亿美元，诺唯真邮轮集团年度总收入从2015年43.45亿美元增长至2018年60.55亿美元，地中海邮轮年度总收入从2015年19.78亿美元增长至2018年31.64亿美元。排名前四的邮轮公司每年的总收入都在呈现逐年递增的趋势，这说其业务量和市场份额都在逐年扩大。

针对邮轮公司盈利能力的考核，通过年度总收入、年度船票收入和年度净利润三个整体考核指标可以对邮轮公司的总体经济效益一目了然。相比整体考核指标，排除运力因素后的单位收入和成本更能直观精确反映出邮轮运营效益，具体的考核指标包括每床每晚船票收入、每床每晚船上收入、每床每晚净收入、每床每晚总邮轮营运成本、每床每晚净邮轮营运成本和每床每晚净利润。与此同时，收入净利润率和满舱率两个指标可以真实反映邮轮公司的运营能力。为全面了解占据邮轮市场绝大多数份额的前四大邮轮公司的运营盈利，接下来将从以上三个方面结合各个指标对各邮轮公司的经营运营情况进行全方位分析，从而对当前寡头垄断市场结构下的邮轮市场中邮轮公司运营盈利能力进行评估。

（一）嘉年华集团

作为全球运力第一的邮轮集团，占据全球邮轮市场半壁江山的嘉年华集团运营着9个邮轮品牌、104艘邮轮（截至2018年底）。过去5年中，嘉年华集团有12艘新船加入船队，同时淘汰了9艘低效率的旧船，2025年之前还将有21艘新船陆续交付投入运营。嘉年华集团充分发挥品牌众多、船队规模庞大（世界最大规模的船队）的规模经济优势，每个子品牌针对不同客群和市场进行投放且全球市场部署覆盖全面，规模经济效益明显。

表7-5 嘉年华集团年度整体经济效益

邮轮公司	财务指标	数额（亿美元）	同比增长（%）
嘉年华集团	总收入	188.81	7.83
	船票收入	139.30	7.60
	净利润	31.52	21.00

资料来源：嘉年华集团2018年度财报，2018～2019 Cruise Industry News Annual Report。

如表7-5所示，在整体考核指标表现中，嘉年华集团2018财年总收入为188.81亿美元，较2017年增加13.71亿美元，其邮轮运营总收入为186.09亿美元，占总收入比例近99%，同比增长7.7%。船票收入占邮轮营运总收入的75%，达到139.3亿美元，同比增长7.6%，这一增长主要由欧洲、澳大利亚、中国及多个其他项目的价格改善、1.9%的运力（舱位数×运营天数）增长以及满舱率的提升而带来。嘉年华集团2018财年净利润为31.52亿美元，同比增长21%。

表7-6 嘉年华集团年度邮轮运营收益

邮轮公司	财务指标	数额（美元）	同比增长（%）
嘉年华集团	每床每晚船票收入	166.09	5.60
	每床每晚船上收入	55.79	5.60
	每床每晚净收入	183.38	5.30
	每床每晚总邮轮营运成本	158.96	3.90
	每床每晚净邮轮营运成本	120.89	6.50
	每床每晚净利润	37.58	18.70

资料来源：嘉年华集团2018年度财报，2018～2019 Cruise Industry News Annual Report。

排除运力因素后的单位收入和成本更能直观精确反映邮轮运营收益。如表7-6所示，每床每晚船票收入方面，嘉年华集团在前四大邮轮集团中涨幅最高，上涨了5.6%，达到166.09美元；每床每晚船上消费收入方面，嘉年华集团同样涨幅最高，以5.6%的涨幅上升至55.79美元，其船上收入与船票收入的比例也上升至33.6%；每床每晚净收入方面，嘉年华集团依然涨幅最高，上涨5.3%至183.38美元。

在总邮轮运营成本方面，嘉年华集团有着5.9%的涨幅。单位营运成本中，每床每晚总邮轮营运成本方面，嘉年华集团在前四大邮轮集团中涨幅最高，上涨3.9%至158.96美元；每床每晚净邮轮营运成本方面，嘉年华集团为120.89美元，有6.5%的涨幅；每床每晚净利润方面，嘉年华集团以18.7%的增幅上涨至37.58美元，这个增幅同样是四大邮轮集团中最高的。

表7-7　嘉年华集团运营能力指标

邮轮公司	指标	数额	同比增长（%）
嘉年华集团	收入净利润率	16.94%	12.30
	满舱率	106.90%	

资料来源：嘉年华集团2018年度财报，2018-2019 Cruise Industry News Annual Report。

在营运能力指标的表现中，如表7-7所示，嘉年华集团2018年的收入净利润率同比上涨了12.3%，达到了16.94%；同时依然保证了超过100%的满舱率，达到了106.9%。

（二）皇家加勒比邮轮集团

表7-8　皇家加勒比邮轮集团年度整体经济效益

邮轮公司	财务指标	数额（亿美元）	同比增长（%）
皇家加勒比邮轮集团	总收入	94.94	8.20
	船票收入	67.93	7.60
	净利润	18.16	11.70

资料来源：皇家加勒比邮轮集团2018年度财报，2018～2019 Cruise Industry News Annual Report。

如表7-8所示，皇家加勒比邮轮集团2018财年总收入为94.94亿美元，同比增长8.2%。受益于4%的运力增长以及亚太和欧洲地区的价格提升，其船票收入同比增长7.6%，达到67.93亿美元，占总收入的72%。皇家加勒比邮轮集团2018财年净利润为18.16亿美元，同比增长11.7%。2018年，集团停止了持股36%的天海邮轮公司的运营，并收购了银海邮轮66.7%的股权，此次收购使得集团弥补了奢华邮轮品牌的空白。截至2018年12月底，集团拥有4个全球品牌及2个合作品牌，随着银海邮轮的加入以及皇家加勒比"海洋交响"号、精钻会邮轮"Azamara Pursuit"号、精致邮轮"Celebrity Edge"号的交付，皇家加勒比邮轮集团船队规模扩张至60艘，并持有16艘新船的订单。

表7-9　皇家加勒比邮轮集团年度邮轮运营收益

邮轮公司	财务指标	数额（美元）	同比增长（%）
皇家加勒比邮轮集团	每床每晚船票收入	176.78	3.40
	每床每晚船上收入	70.30	5.30
	每床每晚净收入	195.78	4.50
	每床每晚总邮轮营运成本	169.98	3.20
	每床每晚净邮轮营运成本	118.68	3.80
	每床每晚净利润	47.26	7.40

资料来源：皇家加勒比邮轮集团2018年度财报，2018~2019 Cruise Industry News Annual Report。

在反映邮轮运营收益的单位收入和成本表现中，如表7-9所示，在每床每晚船票收入方面，皇家加勒比邮轮集团上涨3.4%至176.78美元；每床每晚船上消费收入方面，皇家加勒比邮轮集团船上收入稳步上升5.3%至70.3美元，船上收入与船票收入比例微涨至39.8%；每床每晚净收入方面，皇家加勒比邮轮集团以4.5%的涨幅增长至195.78美元。

总邮轮营运成本中，皇家加勒比邮轮集团有着7.4%的涨幅。单位营运成本方面中，每床每晚总邮轮营运成本方面，皇家加勒比邮轮集团上涨3.2%至169.98美元；每床每晚净邮轮营运成本方面，皇家加勒比邮轮集团则同比增长3.8%，达到118.68美元；每床每晚净利润方面，皇家加勒比邮轮集团上涨7.4%至47.26美元。

表7-10　皇家加勒比邮轮集团运营能力指标

邮轮公司	指标	数额	同比增长（%）
皇家加勒比邮轮集团	收入净利润率	19.13%	3.30
	满舱率	108.90%	

资料来源：皇家加勒比邮轮集团2018年度财报，2018～2019 Cruise Industry News Annual Report。

在运营能力指标的表现中，如表7-10所示，皇家加勒比邮轮集团2018年的收入净利润率同比上涨了3.3%，达到了19.13%，该利润率也是四家邮轮集团中最高；同时依然保证了超过100%的满舱率，达到了108.9%。

（三）诺唯真邮轮集团

表7-11　诺唯真邮轮集团年度整体经济效益

邮轮公司	财务指标	数额（亿美元）	同比增长（%）
诺唯真邮轮集团	总收入	60.55	12.20
	船票收入	46.40	13.60
	净利润	9.55	25.70

资料来源：诺唯真邮轮集团2018年度财报，2018-2019 Cruise Industry News Annual Report。

2018年，诺唯真邮轮集团股东云顶香港和私募基金阿波罗全球管理公司（Apollo Global Management，LLC）出售了持有的全部股份，不再对诺唯真邮轮集团进行长期股权投资。随着"诺唯真畅悦"号的交付运营，截止至2018年12月底，诺唯真邮轮集团运营着3个邮轮品牌26艘邮轮，并将于2027年前新增11艘邮轮进一步扩大船队规模。

如表7-11所示，2018财年，诺唯真邮轮集团总收入为60.55亿美元，同比增长12.2%。其中船票收入同比上涨13.6%至46.4亿美元，占总收入的76.6%，集团2018财年净利润为9.55亿美元，同比增长25.7%。

表7-12　诺唯真邮轮集团年度邮轮运营收益

邮轮公司	财务指标	数额（美元）	同比增长（%）
诺唯真邮轮集团	每床每晚船票收入	226.08	4.70
	每床每晚船上收入	95.28	5.00
	每床每晚净收入	249.85	3.70
	每床每晚总邮轮营运成本	226.89	2.70
	每床每晚净邮轮营运成本	155.37	2.80
	每床每晚净利润	50.68	15.80

资料来源：诺唯真邮轮集团2018年度财报，2018～2019 Cruise Industry News Annual Report。

在反映邮轮运营收益的单位收入和成本表现中，如表7-12所示，每床每晚船票收入方面，诺唯真邮轮集团上涨4.7%，达到226.08美元，持续为四大邮轮集团中船票收入最高的一家；每床每晚船上消费收入方面，诺唯真邮轮集团依然保持着四大邮轮集团中最高的水平，微涨0.47美元至95.28美元，其船上收入与船票收入的比例虽然有所下降但依然最高，为42.1%；每床每晚净收入诺唯真邮轮集团同样以249.85美元领先其他三大邮轮集团，同比上涨3.7%。

总邮轮营运成本方面，诺唯真邮轮集团有着11.4%的涨幅。单位营运成本方面中，每床每晚总邮轮营运成本方面，诺唯真邮轮集团为四大邮轮集团最高，同比上涨2.7%至226.89美元；每床每晚净邮轮营运成本也以诺唯真邮轮集团155.37美元为最高，同比上涨2.8%；每床每晚净利润方面，诺唯真邮轮集团以15.8%的增幅上涨至50.68美元，继续领先。

表7-13　诺唯真邮轮集团运营能力指标

邮轮公司	指标	数额	同比增长（%）
诺唯真邮轮集团	收入净利润率	15.77%	12.00
	满舱率	107.60%	

资料来源：诺唯真邮轮集团2018年度财报，2018～2019 Cruise Industry News Annual Report。

在营运能力指标的表现中，如表7-13所示，诺唯真邮轮集团2018年的收入净利润率同比上涨了12%，达到了15.77%；同时在满舱率的表现中，依然以107.6%的高标准保证了超过100%的满舱率。

（四）地中海邮轮集团（MSC Cruises Group）

表7-14 地中海邮轮集团年度整体经济效益

邮轮公司	财务指标	数额（亿美元）	同比增长（%）
地中海邮轮集团	总收入	31.64	21.50
	船票收入	23.70	21.50
	净利润	4.00	11.90

资料来源：地中海邮轮集团2018年度财报，2018-2019 Cruise Industry News Annual Report。
注：地中海邮轮集团2018年度财报中原始数据单位为欧元，为方便对比研究和单位统一，该部分2018年数据全部按照2018年12月31日欧元兑美元汇率收盘价（EUR：USD=1：1.15）进行换算成为美元。

地中海邮轮集团是全球四大邮轮公司中唯一一家单品牌运营的邮轮公司，同时也是全球最大的私有邮轮公司，在近几年以最快的速度扩张船队规模，截止到2018年12月底，随着"地中海海平线"号的入列，地中海邮轮船队规模达到15艘邮轮，按照船厂订单，地中海邮轮将于2027年前再新增16艘邮轮。

如表7-14所示，2018财年，地中海邮轮总收入为31.64亿美元，同比增长21.5%，这也是地中海邮轮有史以来的最大增幅。船票收入为23.70亿美元，同比增长21.5%，占总收入的75%。净利润为4亿美元，同比增长11.9%。

表7-15 地中海邮轮集团年度邮轮运营收益

邮轮公司	财务指标	数额（美元）	同比增长（%）
地中海邮轮集团	每床每晚船票收入	155.29	-1.20
	每床每晚船上收入	51.96	-1.40
	每床每晚净收入	152.20	-0.80
	每床每晚总邮轮营运成本	151.76	-3.90

续表

邮轮公司	财务指标	数额（美元）	同比增长（%）
地中海邮轮集团	每床每晚净邮轮营运成本	96.70	-4.80
	每床每晚净利润	22.90	-9.00

资料来源：地中海邮轮集团2018年度财报，2018-2019 Cruise Industry News Annual Report。

注：地中海邮轮集团2018年度财报中原始数据单位为欧元，为方便对比研究和单位统一，该部分2018年数据全部按照2018年12月31日欧元兑美元汇率收盘价（EUR：USD=1：1.15）进行换算成为美元。

如表7-15所示，在反映邮轮运营收益的单位收入和成本表现中，地中海邮轮是四大邮轮集团中各方面指标2018年同比均出现小幅下降的邮轮公司。每床每晚船票收入方面，地中海邮轮相对而言船票收入较少，为155.29美元，同比下降1.2%；每床每晚船上消费收入方面，地中海邮轮同样是四大邮轮集团中最低，为51.96美元，同比下降1.4%；每床每晚净收入方面，收入最低的地中海邮轮同比微降0.8%至152.2美元。

总邮轮营运成本方面，地中海邮轮的涨幅为四大邮轮集团最高，达到18.2%的涨幅。单位营运成本方面，地中海邮轮虽然总邮轮营运成本同比上涨，但每床每晚总邮轮营运成本下降3.9%至151.76美元，亦为四大邮轮集团最低；每床每晚净邮轮营运成本方面，地中海邮轮依然为四大邮轮集团最低，下降4.8%至96.70美元；每床每晚净利润方面，地中海邮轮则受一定程度的汇兑影响，下跌9%，仅为22.9美元。

表7-16 地中海邮轮集团运营能力指标

邮轮公司	指标	数额	同比增长（%）
地中海邮轮集团	收入净利润率	12.65%	-7.90
	满舱率	111.60%	

资料来源：地中海邮轮集团2018年度财报，2018-2019 Cruise Industry News Annual Report。

在营运能力指标的表现中，如表7-16所示，2018年度地中海邮轮集团拥有四大邮轮集团中最低的收入净利润率和最高的满舱率，同时也是收入净利润率唯一一家同比下降的邮轮公司，满舱率达到111.6%的同时收入净利润率同比下降7.9%达到12.65%。综上所述，四家寡头邮轮公司近几年的整体收入呈现明显的持续上升势头。在2018财年嘉年华集团、皇家加勒比邮轮集团和诺唯真邮轮集团三家上市邮轮公司均展现了较好的业绩，嘉年华集团盈利能力较之去年增长明显，皇家加勒比邮轮集团继续稳健增长，诺唯真邮轮集团虽然单位收入增长放缓，但利润率保持着良好的增长。作为前四大邮轮集团中，唯一一家私有同时也是单品牌运营的邮轮公司，地中海邮轮近年来运力扩张迅速，2018年总收入及净利润均有较高的增长，但可能因其年报以欧元为基础编制，受汇兑影响，导致其单位收益表现有所逊色。整体分析表明，在寡头垄断市场结构下，占据八成以上市场规模的四大寡头邮轮集团近年来的运营盈利能力均有不俗的表现。

（四）▶ 邮轮经济对全球经济贡献能力分析

邮轮经济指的是以邮轮旅游为核心产品，同时带动相关产业发展而产生的经济效应。邮轮经济的产业链长，以邮轮为核心，以旅游为具体内容，具有高就业率、高附加值、低能耗的特点。根据2019年11月份国际邮轮协会CLIA发布的《2018年全球邮轮产业对全球经济贡献报告》（The contribution of the international cruise industry to the global economy in 2018）的分析研究，邮轮产业对全球经济的总体贡献分为直接经济贡献、间接经济贡献和诱发经济贡献三大类。

直接经济贡献包括邮轮公司、邮轮游客以及邮轮船员在运营邮轮或者乘坐邮轮的过程中的一系列购买活动所产生的直接经济支出，这些是邮轮产业对全球经济做出贡献的驱动力，主要包括的内容有：港口服务及邮轮业就业、邮轮游客抵离港交通、游客岸上观光及邮轮度假行程前后产生的游览消费、邮轮游客购物、船员购物、旅行社佣金、邮轮公司物资采购等。

间接经济贡献来自邮轮产业的供应商的支出和消费。例如，食品加工供应商必须购买食品和原材料进行加工；供应商运行设备和加工原材料所需要的公共事业服务，如电力和水等；为邮轮公司或批发商提供的成品的交通运输服务；以及财产保险和雇员保险等。

诱发经济贡献由邮轮行业直接及间接涉及的雇员个人的商品及消费带来，包括汽车，食品，衣物，家具，医疗保健等支出。因此，诱发经济贡献集中在为家庭民生而生产的最终产品的最终需求中。

结合以上三类经济贡献指标，邮轮旅游在2018年为全球经济贡献了1 501亿美元的贡献值，比2017年上涨了12.1%。提供了1 177 000个工作岗位，比2017年上涨了6.2%。雇员总收入502亿美元，比2017年上涨了10.3%。如表7-17所示。

表7-17　2018年邮轮经济对全球经济贡献值

项目	全球	市场区域		
		北美	欧洲	其他
经济贡献Output（单位：十亿美金）	150.13	64.98	61.89	23.25
占比		43.30%	41.20%	15.50%
雇员工资Income（单位：十亿美金）	50.24	25.87	16.38	7.99
占比		51.50%	32.60%	15.90%
雇员数量（单位：人）	1 177 000	549 000	435 000	193 000
占比		46.60%	37%	16.40%
同比2017年				
经济贡献Output（单位：十亿美金）	12.10%	5.80%	19.40%	12.60%
雇员工资Income（单位：十亿美金）	10.30%	5.60%	18.40%	10.40%
雇员数量（单位：人）	6.20%	3.90%	7.80%	9.10%

数据来源：The contribution of the international cruise industry to the global economy in 2018。

注：1.此表格中的北美地区指的是包括夏威夷、阿拉斯加在内的美国，百慕大地区，加拿大，加勒比海地区，中美洲和墨西哥。

2.此表格中的欧洲地区指的是欧盟27个成员国，冰岛，挪威和瑞士。

通过表7-17分析得知：在当前寡头垄断市场结构下，邮轮产业经济对全球经济的贡献量逐年在增加，从经济贡献指标，雇员工资指标和雇员数量三个指标来看，除去北美和欧洲两大传统市场，第三极市场的经济贡献正在逐渐崛起，有利于邮轮产业经济的多元化和可持续发展。

第四节 本章小结

经过本章的分析，当今全球邮轮产业中，排名前四的嘉年华集团、皇家加勒比邮轮集团、诺唯真邮轮集团和地中海邮轮集团在市场运力供给、市场销售份额和营收份额占比等考察指标中占据全球总量的80%左右，呈现产业高集中度；全球邮轮公司在硬件、软件、航线、品牌、销售价格、营销方式等要素呈现一定的产品差异化特征；规模经济、产品差异化、运营设备获取和其他阻止进入策略等因素形成邮轮行业的高进入壁垒，同时资产的专用性和沉没成本、解雇费用导致了高退出壁垒，高退出壁垒又再次导致了高进入壁垒，共同作用下导致邮轮产业的高进出壁垒。高产业集中度、高产品差异化和高进出壁垒三点特征说明邮轮产业属于寡头垄断的市场结构。

在寡头垄断的市场结构下，邮轮公司为实现其自身利益最大化，会采取市场竞争行为和市场协调行为两大类市场行为。其中市场竞争行为可以细分为定价行为、广告行为和并购行为。市场协调行为可以细分为价格协调行为和非价格协调行为。

市场结构从某种程度上决定了邮轮公司的市场行为，而邮轮产业内邮轮公司的市场行为又决定了市场绩效。通过对市场规模及发展趋势、产业技术进步、邮轮公司运营盈利能力和邮轮经济对全球经济贡献能力等重要考察指标的分析发现，在当前寡头垄断的市场结构下，邮轮公司的市场行为所带来的市场绩效良好，并呈现逐年提升的趋势。

在短期内，邮轮产业的市场结构从根本上影响和制约市场行为，市场行为又直接决定市场绩效。从长期考察，邮轮产业的市场绩效和市场行为同样会对市场结构产生影响。在未来较长的一段时期内，邮轮产业的市场结构、市场行为和市场绩效之间将呈现双向的因果关系。

思考题

1. 简述邮轮产业结构。

2. 分析SCP模型的邮轮产业框架。

3. 影响邮轮市场结构的因素是哪些？简述各个因素影响过程。

4. 试分析邮轮公司的市场行为。

5. 邮轮公司市场绩效通常反映在哪些方面？

6. 综合分析邮轮产业的市场结构、市场行为与市场绩效的关系。

第八章
邮轮经济管理

第一节　邮轮经济的法律规制

"规制"一词来源于英文"Regulation"，是规制部门通过对某些特定产业或企业的产品定价、产业进入与退出、投资决策、危害社会环境与安全等行为进行的监督与管理，包括法律规制、行政规制（或称"政府规制"）、行业自律规制及社会规制等方式。法律规制就是通过法律对行为进行规范，法律规制具有最高权威性。

邮轮经济的法律规制是指国家或地方立法部门为实现一定时期内的邮轮产业发展目标而制定的行动规范，具有影响邮轮经济长期发展的特征。由于邮轮经济的国际性及区域转移性特征，邮轮法律规制除了具有一般法律规制的特点外，还具有协调性和前瞻性。

一▶　邮轮的国际法律规制

2020年2月上旬，荷美邮轮公司的"威士特丹"号因被怀疑载有新冠肺炎病毒（COVID-19）感染者，接连被菲律宾、日本、韩国、关岛、泰国等多地港口拒绝停靠，在海上漂泊一周多，成了公海上的"烫手山芋"，最终于2月13日被柬埔寨接收；公主邮轮"钻石公主"号则因一例已离船的新冠肺炎确诊病例，2020年2月3日在日本横滨靠港后全员接受检疫，全员被要求在船上隔离14天，隔离期间，新冠肺炎确诊病例数字不断攀升，被称为"海上病毒库"。

新冠肺炎疫情已被联合国世界卫生组织定义为"国际关注的突发公共卫生事件"。那么，遭遇疫情危机的公海邮轮应该由谁负责？哪些国家有救助的义务？为何邮轮停靠屡遭拒绝？国际法对此有何规定？所有问题根源是邮轮游客和邮轮航线的国际化特征要求有全球化、区域化的法律法规来有效协调解决。

（一）全球性的邮轮法律规制

1. 联合国海洋法公约

在涉及邮轮的国际法中，最具代表性和权威性的是《联合国海洋法公约》（United Nations Convention on the Law of the Sea），该《公约》是全球海洋保护、开发利用与管理的基础性法律文件。《联合国海洋法公约》指联合国曾召开的三次海洋法会议以及1982年第三次会议所决议的海洋法公约（LOSC）。此《公约》对内水、领海、临接海域、大陆架、专属经济区、公海等重要概念做了界定，对当前全球各处的领海主权争端、海上天然资源管理、污染处理等具有重要的指导和裁决作用。与邮轮有关的海上航行权、刑事管辖权、民事管辖权、救助义务等，《公约》都有明确规定。为推动《公约》的有效实施，联合国相关机构制定了一系列配套的法律规定加以补充和完善，如与海上航运有关的《国际海事组织公约》《便利国际海上运输公约》《船舶压舱水公约》等。

2. 统一海上客运若干规则国际公约

为统一各国有关海上旅客运输的法律，1957年10月10日在比利时布鲁塞尔召开的第10届海洋法会议上，通过了《1957年统一海上旅客运输某些法律规则的国际公约》。此后，在此公约的基础上，1961年4月在布鲁塞尔第11届海洋法会议上又通过了《1961年统一海上旅客运输某些规则的国际公约》。

1967年5月27日在布鲁塞尔又通过了《1967年统一海上旅客行李运输的国际公约》。《1961年统一海上旅客运输某些规则的国际公约》就海上承运人的责任，对旅客死亡及人身伤害的赔偿责任限额，并对行李损失责任、索赔与诉讼时效等问题做出规定。但由于规定的限额太低，统一法律的效果不佳。

为此，国际海事委员会（CMI）于1969年又通过了一个公约草案，在此基础上，原政府间海事协商组织于1974年12月2日至13日在希腊雅典召开的国际法律会议上通过了《1974年海上旅客及其行李运输雅典公约》（Athens Convention Relating to the Carriage of Passengers and Their Luggages by Sea, 1974），简称《1974年雅典公约》（Athens Convention）。该公约于1987年4月28日生效，我国于1994年3月5日加入该公约。经过多次修订，其目前版本是《2002年海上旅客及其行李运输雅典公约》。《雅典公约》对承运人的责任、履行承运人、旅客的贵重物品、自身过失、人身伤亡的责任限额、行李和车辆灭失或损坏的责任限额、赔偿总额、承运人限制责任权利的丧失、诉讼时效、管辖权等，做出了全面而详细的规定。

（二）区域性的法律规制：欧盟的邮轮法律规制

旅游产业对经济的贡献占欧洲GDP的10%左右，其中邮轮业占相当大的比重。根据国际邮轮协会（CLIA）2018年邮轮业年度报告，2017年邮轮业对欧洲经济的贡献为478.6亿欧元。1991年12月11日，欧洲共同体（European Communities）12个成员国在荷兰马斯特里赫特签署了《马斯特里赫特条约》，即《欧洲联盟条约》，1993年11月1日生效，欧洲联盟（European Union）正式诞生。欧盟内部成员国之间实行共同政策和措施，如实行关税同盟和共同外贸政策，实行共同的农业政策，建立经济合作制度，实行共同的旅游政策，建立欧盟货币体系建立经济货币联盟等。

为了顺应邮轮旅游业的快速发展，欧盟先后完善并出台了相关法律法规调整邮轮经济中的各种法律关系，并针对邮轮旅客在内的海上旅客制定了较为完善的权利保护制度：《海上旅客权利条例》规定了旅客在航程中断情况下获得赔偿的标准，并为残障旅客的出行设立了一系列的保护与援助制度；《承运人责任条例》就旅客在海上旅行中发生人身伤亡及财产损害情况下承运人的责任及赔偿标准进行确定；《包价旅游规定》则从旅游合同的角度规范旅游经营者的行为。各项法规赋予旅客不同权利，并提出相应的救济办法，为旅客们的邮轮旅行提供法律上的保障。

1.《承运人责任条例》

欧盟通过借鉴《2002年雅典公约》及其《2006年实施指南》主要内容及精神制定了《承运人责任条例》，已于2012年12月31日生效。该条例主要适用于国际海上旅客运输的承运人，包括欧盟成员国之间的运输和特定种类的国内海上运输，即悬挂成员国国旗的船舶或者在成员国内登记、签订运输合同或者合同约定的起运地或目的地，或二者均位于欧盟成员国内，同时也规定成员国可允许该条例适用于在其国内航行的相关船舶。承运人赔偿责任的范围既包括旅客人身伤亡带来损失，同时也包括行李、车辆及移动设备的毁损灭失。

《承运人责任条例》在《2002年雅典公约》基础上，在公共交通政策的框架内，为了加强海上交通安全而采取进一步措施，主要规定旅客受损时的承运人责任规则。承运人必须采取合适的经济手段来管理他们的保险安排，尤其是一些经营国内运输服务的规模较小的船运公司，在保险安排中要着重考虑到季节性经营的情况，并提出保险安排必须要考虑到承运人及保险公司的经济状况。

2.《海上旅客权利条例》

《欧洲议会及欧盟理事会关于海上及内水旅客权利条例》（以下简称为《海上旅客权利条例》）于2010年12月17日正式生效，2012年12月18日开始全面实施于所有欧盟成员国。旅客服务与邮轮是《海上旅客权利条例》的主要适用对象。"旅客服务"是指"按照发布的时间表经营海上或内陆水域商务旅客运输服务"，"邮轮"是指"专为休闲和娱乐为目的，并提供相关设施及食宿，在船上度过至少两夜的海上或内陆水域的运输服务"。

欧洲议会和欧盟理事会依照《欧盟基本权利宪章》的基本权利和原则，本着规制水上交通的目的，确保采取水路方式出行的旅客相较其他旅客能享有更高水平的保护，制定《海上旅客权利条例》，并对旅客在海上旅行中产生的投诉解决方式进行了规定。其本着国家的水上运输市场应当惠及所有公民的精神，同时根据《联合国残疾人权利公约》第九条内容，欧盟在《海上旅客权利条例中》为身体残疾及行动不便人士创设了与其他公民一样享有无差别的旅行权利。一并规定在其中的还有服务于残障人士的无障碍的港口建设，配套设施及人员培训等相关内容。

3. 欧盟包价旅游立法

在欧盟法下，邮轮旅游因包含游览、食宿、运输、娱乐等构成包价旅游的因素，大部分归入包价旅游的规制范畴。因其兼具旅游和运输的双重属性，在法律适用方面，包价旅游法优先于海上运输法，后者对前者予以补充。因此，包价旅游立法是邮轮旅游法律中最为重要的一部分。

1990年欧盟制定了《欧盟理事会第90/314/EEC（3）号包价游指令》（以下简称为"旧指令"），该指令为欧洲旅游者购买包价游（通常包括旅客运输和住宿）创设了重要权利，特别是关于信息要求、旅游经营人执行包价游时的责任以及组织者或零售商破产时对旅客的保护。但是，当今的旅游市场已经发生了相当大的变化：除了传统的分销链，互联网已成为提供或销售旅游服务的日益重要的媒介；旅游服务不仅以传统的预先安排的包价游形式进行组合，通常以订制的方式组合在一起，而这些新型的旅游组合要么处于法律的"灰色地带"，要么不属于旧指令规制的范围。为适应市场发展，消除指令中存在的歧义并缩小立法空隙，调整保护范围，提高透明度，增加旅游者和交易者的法律确定性，欧洲议会和理事会于2015年11月25日通过了《关于包价游和联合旅行安排2015/2302号指令》（以下简称为"新指令"）取代旧指令。

新指令要求在2018年1月1日之前由欧盟成员国将之转化为国内法，并于2018年7月1日前适用于所有成员国。新指令更侧重于对旅游者的保护，在适用范围、合同前的信息提供、包价旅游服务的履行、破产担保等方面加强了对旅游者权利的法律保护。相比旧指令，新指令有几大亮点：明确和扩大适用范围从而加大对旅游者的保护范围；要求从事包价游的交易者、组织者或者零售商向旅游者提供更清晰的所购旅游产品的种类及其对应的保护程度的相关信息；完善了合同解除或变更的规定；明确规定了旅游服务履行方的责任，并加强了服务提供者破产时对旅游者的保护。

二 ▶ 邮轮的国内法律规制

（一）美国的邮轮法律规制

美国是世界邮轮旅游最大的客源地，也是邮轮安全事件受害者最多的国家，同时也是邮轮旅游立法比较完善的国家。其通过《邮轮安全与安保法》《国际邮轮旅客权利法案》等法律规制邮轮承运人，保障邮轮旅客的合法权益。

作为联合国国际海事组织（IMO）和国际海上人命安全公约（SOLAS）的主要缔约国，美国于2010年颁布了《2010年邮轮安全法案》，为旅客在邮轮上的生命健康权提供法律保障。法案对邮轮船员进出乘客房间进行了限制，要求仿照美国酒店设施要求，加强安全措施，比如在乘客房间的门上安装窥视孔，安装摄像头和延时电子门锁等；要求邮轮上的栏杆高度最少达到42英寸，为邮轮乘客发放安全手册（内容包括全球美国领事馆和负责人联系方式）；此前对邮轮案件上报和告知游客没有强制性要求，新法案要求所有涉及美国公民的恶性犯罪和1 000美元以上的盗窃犯罪都要立即上报给美国联邦调查局（FBI）、海岸警卫队或其他执法机构；法案还要求邮轮上的医务人员必须拥有较高学历和正式资格，邮轮上必须配备有抗逆转录病毒药物。邮轮还要保证受害者能拥有电话和网络联系执法机构、法律顾问和第三方组织；法案还包括医疗保密规定，未经性侵犯受害者同意，船长等任何人都不可以把犯罪记录的内容（包含受害者医疗记录）透露给其他人，尤其是公司法律部门的工作人员。

2013年以来，美国相继制定了《邮轮旅客保护法》及《邮轮旅客信任法案》等法案，对于邮轮旅客的权利保护做出了更为详尽和细致的规定。随着美国邮轮经济的发展，近年来美国的邮轮立法逐步完善，已基本形成以详细技术标准为基础，以规制承运人权责为主体，以行政监管为保障的邮轮法律制度。

（二）中国的邮轮法律规制

尽管中国已是世界第二大邮轮旅游客源国，与邮轮产业发达的欧洲和美国相比，中国的邮轮业还比较弱小。中国至今仍未对邮轮产业做出任何明确的法律界定，也未出台任何邮轮立法。邮轮产业作为集聚多个经济行业的集合体，在产业链条上涉及了运输业、旅游业、制造业以及服务业等。这些行业都有自己的单行法律规定，如海上运输业涉及的运输合同、运输管理机构及市场秩序维护等法律关系主要由《海商法》《国际海运条例》及其实施细则等调整；旅游服务、监督、管理事务等则由《旅游法》调整，故邮轮产业不存在一部涵盖各个行业领域的专门法律；而且制定单独法律制度既无法跳出现行法律部门分工的藩篱，又涉及多个行业法律规定的边界性障碍限制，因此现阶段有关邮轮产业的立法主要表现为国家层面的政策性指导意见以及各个部委出台的相关规定。我国现行的《民法典》《合同法》《侵权法》《海上交通安全法》《海商法》和《旅游法》等法律均无直接涉及邮轮的相关条款，在邮轮安全监管方面也同样无法律规定，这就导致外籍邮轮在我国领海内从事航行、停泊和作业以及其他与海上交通安全相关的活动时，处于"无法可依"的尴尬局面。

中国未来邮轮立法可从旅游、船舶建造技术、行政监管和邮轮旅游合同当事人权责方面要参照国际法并借鉴欧美的邮轮法律制度，加强邮轮立法，使邮轮产业发展有法可依。

第二节　邮轮经济的政府规制

邮轮行业管理就是指政府旅游、交通运输、市场监督等职能部门为提高邮轮旅游经济效益和社会效益，运用行政的、经济的、法律的手段对所辖区域邮轮旅游企业事业单位实行统一管理。这种管理是一个逐步推进、不断深化的过程，在此过程中作为管理主体的政府旅游、交通运输等职能部门始终起着主要作用。加强旅游职能部门的宏观管理和调控能力，需要强化政府职能，工作重点放在贯彻和执行国家邮轮业的方针、政策，制定本地邮轮旅游发展战略，综合运用行政的、经济的、法律的手段执行规划、组织、协调、服务、控制等宏观管理职能，努力建设成为强健有力的、有权威的、高效能的管理核心，为实行邮轮旅游行业管理奠定坚实的组织基础。

一▶　主管部门与主要规制领域

政府部门在整个邮轮旅游产业中的地位和作用不容忽视。在整个邮轮产业经济的传导拉动过程中，首先应该是有关地区政府部门利用政策工具（包括基础设施、产业政策、产业规划等）影响邮轮旅游供需平衡关系，从而影响邮轮旅游价格体系，以提高邮轮经营者投资意愿和增加邮轮旅游者的数量，最终提升邮轮旅游的经济效益和促进国民经济增长。政府从宏观经济的长期发展出发，利用无形的手，帮助调控邮轮旅游经济发展，为行业的发展制定完善行业规则，有利于避免邮轮行业发展的混乱、无序。

首先，规制主体为公共机构。主要是行政、司法、立法等公共部门，通过制定产业政策、发展规划、法律规定等，以许可、立法、处罚等手段干预经济主体活动的行为，目的在于维护市场秩序、经济安全和公共利益。

第二，规制客体为经济主体。市场经济情况下的经济主体主要是企业、个人，也可能牵涉相关政府部门，如中央政府部门通过制定产业政策、区域规划等，对地方政府发展经济行为进行规范、限制、干预或引导。

第三，规制方式具有多样性。为促进市场持续快速健康发展，公共机构根据具体情形，对经济主体既可灵活采用直接的经济性规制或社会性规制，也可采取间接的规划调控既可实行规范、制约，还可进行引导、激励；既可立法保障，也可制定政策意见，以期达到干预目的。

二▶ 管理机构

（一）联合国国际海事组织（IMO）

国际海事组织（International Maritime Organization，缩写为IMO）是联合国负责海上航行安全和防止船舶造成海洋污染的一个专门机构，总部设在英国伦敦。该组织最早成立于1959年1月6日，原名"政府间海事协商组织"，1982年5月更名为国际海事组织。截止到2020年6月，有174个正式成员国、3个准成员国，其中10个A类理事国（含中国），10个B类理事国，20个C类理事国。国际海事组织的作用是创建一个监管公平和有效的航运业框架，宗旨是促进各国间的航运技术合作，鼓励各国在促进海上安全，提高船舶航行效率，防止和控制船舶对海洋污染方面采取统一的标准，处理有关的法律问题。

主要活动：制定和修改有关海上安全、防止海洋受船舶污染、便利海上运输、提高航行效率及与之有关的海事责任方面的公约；交流上述有关方面的实际经验和海事报告；为会员国提供本组织所研究问题的情报和科技报告；用联合国开发计划署等国际组织提供的经费和捐助国提供的捐款，为发展中国家提供一定的技术援助。

（二）美国政府主管部门

美国相继制定了《邮轮旅客保护法》《邮轮旅客信任法案》等法案，对于邮轮旅客的权利保护做出了详尽和细致的规定。美国邮轮产业主要由行政、司法、立法等公共部门制定产业政策、发展规划、法律规定等，通过联邦调查局（FBI）、海岸警卫队和其他执法机构以许可、处罚等手段干预经济主体活动的行为，目的在于维护市场秩序、经济安全和公共利益。

美国海岸警卫队（United States Coast Guard），是负责美国沿海水域、航道的执法、水上安全、遇难船只及飞机的救助、污染控制等任务的武装部队，隶属于美国国土安全部，是美国五大武装力量之一，致力于保护公众、环境和美国经济利益，以及海域内的国家安全。作为进行邮轮监管的主要部门，美国海岸警卫队通过制定各种措施改善航运安全，实现污染预防，进行海员培训并制定行业认证标准。除此之外，《邮轮旅客保护法》提案提出赋予联邦政府更大的权力来保护邮轮旅客的权利，并且提出设立专门的咨询委员会致力于消费者保护。

（三）中国的邮轮行政管理部门

中华人民共和国交通运输部负责推进综合交通运输体系建设，统筹规划铁路、公路、水路、民航以及邮政行业发展，建立与综合交通运输体系相适应的制度体制机制，优化交通运输主要通道和重要枢纽节点布局，促进各种交通运输方式融合。交通运输部负责组织拟订综合交通运输发展战略和政策，组织编制包括邮轮水路在内的综合交通运输体系规划；负责组织起草综合交通运输法律法规草案，统筹邮轮相关法律法规草案的起草工作；负责拟订综合交通运输标准，协调邮轮运输方式标准；拟订邮轮营运安全标准，指导其综合性能检测管理，参与报废政策、标准制定工作；承担邮轮产业运行的绩效监督和管理工作。

1. 交通运输部水运局

水运局主要职责：负责水路建设和运输市场监管工作，拟订水路工程建设、维护、运营和水路运输、航政、港政相关政策、制度和技术标准并监督实施；负责国家重点水路工程设计审批、施工许可、实施监督和竣工验收工作；负责港口、航道及设施、通航建筑物、引航管理工作；负责船舶代理、理货、港口设施保安、无船承运、船舶交易等管理工作；负责国际和国境河流运输及航道管理工作；负责起草水路有关规费政策并监督实施；负责组织协调国家重点物资运输和紧急客货水路运输；负责起草港口安全生产政策和应急预案，组织实施应急处置工作，等等。

2. 交通运输部海事局

作为交通运输部的部属行政机构，海事局实行垂直管理体制，履行水上交通安全监督管理、船舶及相关水上设施检验和登记、防止船舶污染和航海保障等行政管理和执法职责。

其主要职能是根据法律法规的授权，负责行使国家水上安全监督和防止船舶污染、船舶及海上设施检验、航海保障管理和行政执法，并履行交通部安全生产等管理职能；负责船舶、海上设施检验行业管理以及船舶适航和船舶技术管理；管理船舶及海上设施法定检验、发证工作；审定船舶检验机构和验船师资质、负责对外国验船组织在华设立代表机构进行监督管理；负责中国籍船舶登记、发证、检查和进出港（境）签证；负责外国籍船舶入出境及在我国港口、水域的监督管理；负责船舶保安和防抗海盗管理工作；负责船舶载运危险货物及其他货物的安全监督。

3. 中国海上搜救中心

作为交通运输部的部属行政机构，中国海上搜救中心与交通运输部应急办公室合署办公，其主要职责是：负责组织、协调、指挥重大海上搜救和重大海上溢油应急处置工作和重要通航水域清障工作；会同有关部门建立健全国家海上溢油信息共享平台；负责组织、协调和指挥水路重大突发事件处置工作；负责防抗海盗有关工作；负责全国船舶和港口设施的保安报警接收和保安信息联络工作；负责组织拟订水路应急预案并监督实施等。

二 ▶ 邮轮发展政策

（一）各国邮轮发展政策

邮轮产业发达的欧美各国，其法律规制体系较为完备，行业自律管理体系较为完善，邮轮旅游市场成熟，因此政府很少出台扶持邮轮产业发展和鼓励邮轮旅游消费的政策。

鉴于邮轮旅游业在全球旅游业中的地位日益重要，欧美之外临海的发达及发展中国家不断颁布促进邮轮产业发展和邮轮旅游市场繁荣的政策。

1. 韩国

韩国海洋水产部下属的海洋政策局是其海洋旅游的主管部门，该局与文化体育观光部协调推进韩国海洋旅游发展。韩国海洋水产部2000年完成了海洋旅游中长期计划，重点推进和扶持包含邮轮旅游在内的海上旅游、海洋休闲及海洋体育等12类海洋旅游产品。

为加快邮轮产业发展，2015年5月7日，韩国海洋水产部发布了发展邮轮产业和扶持游艇码头产业的对策，计划到2020年吸引300万名邮轮游客。为此，海洋水产部携手文化体育观光部、法务部、产业通商资源部等部门全力支持韩国国内相关公司运营邮轮，力争为本国邮轮公司的筹建提供一条龙服务，同时还计划大力培养邮轮乘务员等专业人才。此外，韩国法务部还出台针对中国游客的利好政策，乘坐指定邮轮赴韩旅游的中国游客可免签入境。

2016年3月7日，韩国海洋水产部发布2016年促进邮轮产业活跃发展计划，吸引外国邮轮在韩停靠，发展从韩国港口出发、经由其他国家的邮轮旅游产品，志在将韩国港口发展成邮轮母港。

2. 新加坡

新加坡邮轮产业通过建造国际标准的邮轮码头，吸引了大量邮轮到港。其大力发展邮轮产业经济并取得卓著成绩，从而成为世界级邮轮母港。对于亚洲邮轮产业发展，新加坡可谓是一个成功的范例。1991年年末，新加坡耗资5 000万新元（约合3亿元人民币）兴建邮轮码头，并于1994年开始着力发展邮轮产业。1998年，政府投资2 300万新元（约合1.3亿元人民币）重建码头，建成后该码头成为可以同时停泊8艘邮轮的深水码头。20世纪末，新加坡邮轮码头成为拥有6艘国际邮轮的母港，每年到港的邮轮游客超过100万人次，是东南亚及南太平洋地区规模最大的邮轮码头，被世界邮轮组织誉为"全球最有效率的邮轮码头经营者"。新加坡虽然地域狭小，但是交通十分便利，其购物、餐饮、酒店业的发展水平均位于亚洲前列，邮轮产业带来的本土消费大大提高了新加坡GDP的增长量。

为减轻新型冠状病毒疫情造成的客运量下降对客船船东和经营者的影响，2020年2月18日，新加坡海事与港务管理局宣布将为客船提供50%的港务费优惠。这项优惠政策于2020年3月1日至2020年8月31日期间实施，所有在港逗留不超过五天的邮轮和区域渡轮，以及载客的港口船只都有资格获此优惠。

3. 智利

作为南美洲最狭长的太平洋沿岸国家，智利是邮轮爱好者的天堂，该国拥有10个港口，包括瓦尔帕莱索蒙特港和蓬塔阿雷纳斯等。智利交通运输部管理该国的港口，并确保邮轮可以使用港口设施。不过，智利大多数港口是由私人经营的。2009年，智利国家旅游局担心该国的旅游基础设施难以应对国外游客数量持续增加的现状，由智利公共工程部推出了一系列项目来推动智利旅游业的发展并改善其基础设施建设。到2020年，智利预计投资数亿美元，目的之一就是与阿根廷的邮轮港口竞争。智利中央政府还考虑要退还邮轮的物资采购增值税，如燃料和润滑油。这些措施预计每年要花费财政部几百万美元，但对智利偏远地区来说，其在经济和服务活动方面带来的回报将远不止如此。所有在智利领土停靠6小时以上的邮轮，或者停靠在阿里卡、伊基克、安托法加斯塔、科金博、瓦尔帕莱索、蒙特查卡布考、蓬塔阿雷纳斯和威廉姆斯这些区域中的一个或一个以上的港口，邮轮可最高减免

80%的费用。

（二）中国邮轮发展政策

新中国成立初期，中国旅游资源丰富的沿海城市如上海、天津、广州、青岛、厦门、大连等一直是国外邮轮公司眼中的停靠港，重要性并不显著。进入21世纪后，中国逐渐进入大众休闲时代，随着人均收入的持续增长和旅游消费能力的提升，中国邮轮旅游市场开始受到国外邮轮公司的重视。2006年7月2日，意大利歌诗达集团旗下豪华邮轮首条以上海为母港的国际邮轮定期航班"爱兰歌娜"号运营，开辟了海上出境游航线，成为第一条享受"一滴水"服务的大型豪华邮轮。上海邮轮母港的启用是中国推进邮轮产业发展的重要标志。

2009年3月，国务院会议首次提及邮轮产业，明确提出要促进和规范邮轮产业发展，并通过《国务院关于推进上海加快发展现代服务业和先进制造业、建设国际金融中心和国际航运中心的意见》，提出要促进和规范邮轮产业发展。同年10月，国务院办公厅颁发《关于完善国际航行船舶港口供应市场管理工作的通知》。该通知主要从邮轮船供服务业的角度进行产业规划。通知提出要放开国际航行船舶港口供应市场、完善国际航行船舶港口供应市场的配套政策、积极探索促进港口服务业健康发展的新途径和新模式。同年12月，国务院颁布的《关于加快发展旅游业的意见》中首次提出要把旅游业培育成国民经济的战略性支柱产业。该意见主要从旅游业的角度对邮轮产业进行规划，把邮轮游艇等旅游装备制造业纳入国家鼓励类产业目录，还规定要培育新的旅游消费热点，支持有条件的地区发展邮轮游艇等新兴旅游产品。

2010年11月24日，全国旅游基准委员会讨论了国际旅游港旅游服务规格（LB/T017-2011）的行业标准，从接待服务、服务设施、服务项目、安全要求、健康要求、服务信息传递、综合管理等方面规定了中国邮轮港的相关服务标准。

2012年12月，国务院发布《中华人民共和国水路运输管理条例》，规范水路运输服务行为，维护水路运输市场秩序，保障旅客、托运人、收货人、承运人及其代理人的合法，促进水运事业发展。这一系列政策促进了中国邮轮旅游经济的发展。

2013年2月，国务院办公厅正式印发《国民旅游休闲纲要（2013～2020年）》，明确提出要支持邮轮游艇码头等旅游休闲基础设施建设，积极发展邮轮游艇旅游等旅游休闲产品。邮轮旅游进入我国较晚，市场也还在培育之中，中国邮轮产业的发展，离不开中国中央和地方政府的大力支持。

近年来，中央和地方政府推出《中国沿海港口布局规划》《促进中国邮轮旅游业发展指导意见》《中国旅游业意见》等政策性文件，加大对邮轮产业扶持和开放力度，全方位大力支持邮轮产业发展。另外，政府主持召开的"中国邮轮行业开发会议""国际邮轮博览会"和"中国邮轮行业开发峰会"汇集了政府部门、邮轮公司、旅行社和学术机构的广泛建议，以探索邮轮行业发展趋势。邮轮产业经济涵盖了运输经济、运输经济、海洋经济、港口经济和旅游经济，"十二五"计划也明确指出了"海洋经济发展"的必要性。

2018年9月20日，中共中央、国务院印发了《中共中央国务院关于完善促进消费体制机制进一步激发居民消费潜力的若干意见》。2018年9月24日，国务院印发《中国（海南）自由贸易试验区总体方案》，提出发展环海南岛邮轮航线，支持邮轮企业根据市场需求依法拓展东南亚等地区邮轮航线，不断丰富由海南邮轮港口始发的邮轮航线产品，研究支持三亚等邮轮港口参与中资方便旗邮轮公海游试点，将海南纳入国际旅游"一程多站"航线。2018年9月17日，交通运输部联合各部门印发《关于促进我国邮轮经济发展的若干意见》，提出全面贯彻党的十九大精神，认真落实党中央、国务院决策部署，以推进供给侧结构性改革为主线，围绕延伸壮大我国邮轮经济产业链，加强邮轮自主设计建造及配套能力建设、培育本土邮轮及市场发展、提升邮轮服务水平，增加有效供给，为培育经济发展新动能、加快建设交通强国和制造强国、建设美丽中国提供有力支撑等。

2019年7月31日，国务院总理李克强主持召开国务院常务会议，会议确定了通过推动消费惠民、丰富产品供给和完善市场监管等措施促进文化和旅游消费，并特别强调支持邮轮游艇等旅游新业态发展。2020年5月20日，交通运输部表示支持符合条件的邮轮公司及邮轮，在新冠疫情过后积极参与海南邮轮无目的地航线试点。同时，完善邮轮港口布局，指导各地持续推进邮轮港口服务能力提升，推进世界一流邮轮港口建设，显示了我国推动邮轮经济、带动产业发展的信心与决心。

表8-1　2018～2019年我国推出的主要邮轮产业政策

部门	相关政策	政策主要内容
国务院办公厅	《完善促进消费体制机制实施方案（2018～2020年）》	提出制定出台邮轮旅游发展规划，游艇旅游发展指导意见
中共中央、国务院	《中共中央国务院关于完善促进消费体制机制进一步激发居民消费潜力的若干意见》	明确指出推进服务消费持续提质扩容，提出支持邮轮、游艇、自驾车、旅居车、通用航空等消费大众化发展，加强相关公共配套基础设施建设
中共中央、国务院	《粤港澳大湾区发展规划纲要》	推进大湾区旅游发展，依托大湾区特色优势及香港国际航运中心的地位，构建文化历史、休闲度假、养生保健、邮轮游艇等多元旅游产品体系，有序推动香港、广州、深圳国际邮轮港建设，进一步增加国际班轮航线，探索研究简化邮轮、游艇及旅客出入境手续。逐步简化及放宽内地邮轮旅客的证件安排，研究探索内地邮轮旅客以过境方式赴港参与全部邮轮航程。支持澳门与邻近城市探索发展国际游艇旅游，合作开发跨境旅游产品，发展面向国际的邮轮市场
国务院办公厅	《完善促进消费体制机制实施方案（2018～2020年）》	提出制定出台邮轮旅游发展规划、游艇旅游发展指导意见

续表

部门	相关政策	政策主要内容
国务院各部委局	《关于促进我国邮轮经济发展的若干意见》	全面贯彻党的十九大精神，认真落实党中央、国务院决策部署，以推进供给侧结构性改革为主线，围绕延伸壮大我国邮轮经济产业链，加强邮轮自主设计建造及配套能力建设、培育本土邮轮及市场发展、提升邮轮服务水平，增加有效供给，为培育经济发展新动能、加快建设交通强国和制造强国、建设美丽中国提供有力支撑等
国务院	《中国（海南）自由贸易试验区总体方案》	提出开展外籍邮轮船舶维修业务发展环海南岛邮轮航线，支持邮轮企业根据市场需求依法拓展东南亚等地区邮轮航线，不断丰富由海南邮轮港口始发的邮轮航线产品。研究支持三亚等邮轮港口参与中资方便旗邮轮公海游试点，将海南纳入国际旅游"一程多站"航线。积极支持实施外国旅游团乘坐邮轮15天入境免签政策。优化对邮轮和邮轮旅客的检疫监管模式。建设邮轮旅游岸上国际配送中心，创建与国际配送业务相适应的检验、检疫、验放等海关监管制度等
交通运输部	《交通运输部贯彻落实〈中共中央国务院关于支持海南全面深化改革开放的指导意见〉实施方案》	提出重点发展船舶买卖和租赁交易、邮轮游艇交易、航运金融和航运保险等业务，推动三亚建设国际邮轮母港。指导海南编制三亚邮轮母港总体规划，支持建设服务三亚邮轮母港的免税油料、生活物资、维修等邮轮物料供应基地与维修养护基地。支持海南发展邮轮游艇设计展示、人才培养等相关服务体系等
交通运输部	《关于新冠肺炎疫情下邮轮产业如何可持续发展建议的答复函》	支持符合条件的邮轮公司及邮轮，在疫情过后积极参与海南邮轮无目的地航线试点。同时，完善邮轮港口布局，指导各地持续推进邮轮港口服务能力提升，推进世界一流邮轮港口建设

续表

部门	相关政策	政策主要内容
国家发展和改革委员会	《海南省建设国际旅游消费中心的实施方案》	拓展邮轮旅游，鼓励吸引国际邮轮注册，发展国际邮轮和外国游客入境旅游业务，对外国旅游团乘坐邮轮入境实行15天免签。研究扩大邮轮航线至更多国家和地区。允许以国际中转物资方式入境的邮轮维修备品、备件等，办理海关申报和检疫手续后直接供船。优化邮轮游艇卫生检疫监管模式，推广出入境邮轮游艇电讯检疫。加快推进三亚向邮轮母港方向发展。支持开通环海南岛和跨国邮轮旅游航线。推动开展海上丝绸之路沿线邮轮旅游合作，在三亚等邮轮港口开展公海游航线试点。与世界著名邮轮公司合作，将海南纳入国际旅游"一程多站"航线
工业和信息化部	《船舶工业深化结构调整加快转型升级行动计划（2016—2020年）》	加快启动深海空间站重大科技项目，组织实施大型邮轮、智能船舶、船用低速机、第七代深水钻井平台等一批重大创新工程和专项，产学研用协同攻关，系统地开展重点领域基础共性技术、产品设计制造关键技术研究，关键系统和设备研制，以及标准规范制定等。适应国内邮轮游艇等传统高端消费潜力加速释放的趋势，加快实现邮轮自主设计和建造。利用国外优势资源，开展豪华邮轮、船用低速机协同攻关，鼓励境外企业和科研机构在我国设立全球研发机构。优化邮轮港口布局，完善游艇持证要求、运营法规及保险体系，探索试点游艇租赁业务，制定全国邮轮旅游发展总体规划，加快培育和发展邮轮、游艇旅游市场；结合我国排放控制区的设立，推动内河沿海老旧船舶淘汰更新，完善内河船舶节能减排标准，鼓励内河船舶油改气、加装岸电受电设施和废气处理装置，推进使用清洁能源

◯三 ▶ 本节小结

从国家陆续出台的邮轮政策中，我们可以看出政策对邮轮行业支持力度不小，邮轮产业作为新兴产业，国家及地方相关部门均制定并颁布了多项支持邮轮经济发展的政策、措施。

宏观层面上，邮轮发展目标、国际市场定位、港口开放、国际合作、引进外资、人才培育等方面都有国家和地方政策加以促进和引导。但从微观层面来看，我国大型邮轮码头的基础设施仍然不完善，邮轮码头的配套设施缺乏合理规划和统一布局；管理制度与国际邮轮航线不相适应，缺乏与国际标准接轨的出入境监管程序；通关相关政策及立法使得边检通关时间较长，对游客乘坐邮轮出游产生了消极的影响；邮轮产业链的延伸壮大，无论是船体本身的设计和制造还是港口城市旅游资源的开发都需要大量的资金投入，财税支持政策严重欠缺；邮轮产业国际资本的运作是一个复杂的系统，没有法律层面的支持和控制，很难实现邮轮产业的实质性突破；在对外开放市场的同时，国外独资邮轮公司要求我国政府给予优惠政策的呼声也越来越高。

附录　《关于促进我国邮轮经济发展的若干意见》

2018年9月17日，交通运输部联合发展改革委、工业和信息化部、公安部、财政部、商务部、文化和旅游部、海关总署、税务总局、移民局联合印发《关于促进我国邮轮经济发展的若干意见》，全文如下：

近年来，随着我国经济社会发展和人民生活水平提升，邮轮运输旅游成为新型休闲消费方式，市场快速发展，自2006年市场起步以来我国邮轮旅客运输量年均增长40%以上，2017年达到243万人，拉动了消费及相关产业的发展，成为经济增长新亮点。邮轮经济产业链长、带动性强，对推进供给侧结构性改革、培育新动能、有效拉动内需、促进消费转型升级具有重要意义。

相较国际成熟邮轮市场，我国邮轮市场发展尚处起步阶段，在邮轮设计建造、邮轮港口发展、旅游市场培育、旅客服务、物资供应等方面还有较大差距。为更好地满足人民日益增长的美好生活需要，推动我国邮轮产业链迈向全球价值链中高端，促进我国邮轮经济升级发展，现提出以下意见：

1. 总体要求

（1）指导思想。以习近平新时代中国特色社会主义思想为指导，全面贯彻党的十九大精神，认真落实党中央、国务院决策部署，以推进供给侧结构性改革为主线，围绕延伸壮大我国邮轮经济产业链，加强邮轮自主设计建造及配套能力建设、培育本土邮轮及市场发展、提升邮轮服务水平，增加有效供给，为培育经济发展新动能、加快建设交通强国和制造强国、建设美丽中国提供有力支撑。

（2）基本原则。坚持市场主导，政府引导。充分发挥市场在资源配置中的决定性作用，突出企业的市场主体地位，更好地发挥政府作用，统筹协调、政策引导、全力推进，创造良好的邮轮市场营商环境。

坚持重点突破，全面推进。以邮轮自主设计建造和本土邮轮船队发展为突破重点，强化技术创新、政策创新、制度创新，积极培育发展邮轮设计建造、邮轮运营、邮轮旅游、配套服务等新兴产业，全面推进邮轮产业链发展。

坚持安全至上，绿色发展。建立健全绿色低碳体系，构建邮轮运输旅游生态圈，强化安全管理，推进邮轮经济平安、绿色发展，深化"交通运输+旅游"等融合发展，建立完善服务标准，提升服务质量，提供安全、便捷、优质、舒适的服务。

（3）发展目标。到2035年，我国邮轮市场成为全球最具活力市场之一，邮轮自主设计建造和邮轮船队发展取得显著突破，体系完善、效率显著的邮轮产业链基本形成，邮轮经济规模不断扩大，对城市转型、产业升级、经济发展和人民消费的支撑力和保障作用显著增强。

——邮轮旅客年运输量达到1 400万人次；

——具备大型邮轮自主设计、建造能力，邮轮动力及推进系统、电气自动化系统及设备、邮轮舱室内装等装备制造业全面发展；

——邮轮供应、物流配送、信息服务等配套服务功能齐全；

——邮轮运力规模适应市场需要，本土邮轮船队具有一定规模；

——东北亚、东南亚等邮轮航线、班期显著增加，沿海邮轮市场基本形成；

——邮轮港口布局合理，设施功能完善，集疏运衔接顺畅，服务水平达到国际标准。

2. 主要任务

（1）积极培育邮轮市场。发展邮轮旅游市场，丰富邮轮旅游产品。大力发展邮轮入境游，支持开辟多点挂靠航线，加快入境旅游产品规划、开发，进一步规范旅游市场，提升境内外岸上旅游品质，加强与长江等内河及沿海邮轮市场的衔接，拓宽邮轮境外市场营销渠道，吸引外国游客来华乘坐邮轮。继续发展邮轮出境游，丰富和延伸东北亚航线，开拓俄罗斯远东等新市场；积极培育东南亚等航线，扩大辐射范围；鼓励开辟洲际、极地及环球邮轮航线。结合国内沿海旅游资源，支持邮轮公司设计开发内涵丰富、主题鲜明的入境邮轮航线和邮轮目的地产品。深入研究公海游航线发展模式及配套制度。邮轮市场各相关企业要发挥市场主体作用，加大邮轮旅游宣传力度，建设竞争有序的市场，互为依托、互相促进，共同打造世界邮轮市场品牌。

大力培育本土邮轮发展。先期鼓励中资方便旗邮轮发展，逐步推进五星红旗邮轮发展。在五星红旗邮轮未投入运营前的过渡期，试点推动中资方便旗邮轮开辟沿海游、公海游航线；研究完善进口邮轮船龄限制政策；研究综合推进政策措施，推进五星红旗邮轮船队发展。

（2）拓展提升港口服务能力。按照《全国沿海邮轮港口布局规划方案》有序推进新建邮轮码头设施建设，合理确定建设标准和规模，适当依托现有码头改扩建满足邮轮靠泊要求，不断提升邮轮码头利用率和综合效益，加快推进上海吴淞口、广州南沙、厦门、三亚等邮轮码头新建及改扩建等项目建设，依托辽宁等自贸试验区，加快东北亚等区域性邮轮港口建设，完善港口综合服务功能，2030年前形成2～3个邮轮母港为引领、邮轮始发港为主体、访问港为补充的邮轮港口布局。

拓展邮轮港口服务功能，加强港城融合，提升配套购物、餐饮、娱乐、休闲、船员休息等服务能力，促进旅游消费，积极打造以港口为中心，生态友好的邮轮旅游发展实验区，为旅客及消费者提供良好的旅游、休闲生活环境。

优化完善集疏运系统，推动上海、天津、广州、三亚等邮轮码头与铁路、公路、民航等运输方式的有效衔接，提升邮轮码头至国内旅游景点的通行能力和效率，提高与城市交通、机场、高铁车站、旅游集散中心等重要交通枢纽和站点的接驳能力，构建便捷高效的邮轮港口配套交通网络，为旅客提供快速进出城市的运输服务。

（3）进一步优化口岸环境和功能。推进国际贸易"单一窗口"建设，运用信息化手段，简化邮轮船舶、船员联检手续，提升邮轮旅客及物资口岸通关服务能力。加快推动邮轮口岸旅客自助通道建设，提高通关效率。逐步扩大外国旅游团乘坐邮轮入境15天免签政策实施范围，吸引更多外国人乘坐邮轮入境旅游。

（4）强化邮轮安全发展。大力推进安全体系建设，贯彻以人民为中心的发展思想，更加严格安全管理，研究建立对邮轮企业安全管理及邮轮船长等高级船员特别管理制度，加强进出港邮轮安全监管，加快搜救应急基础设施和装备建设，提高应急救助能力和处置效率，加强邮轮停靠口岸的公共卫生核心能力建设，完善邮轮运营安全、旅客群体性公共卫生和重大疫情等突发事件应急预案及相关工作机制，提升应急处置能力，确保邮轮运营安全。

（5）着力推进邮轮绿色发展。推广使用技术先进、能耗低、安全环保的设施设备以及清洁燃料。全面落实船舶排放控制区要求。按照交通运输部制定的《港口岸电布局方案》，推进邮轮码头岸电供售电设施建设改造，扩大邮轮码头岸电覆盖率，鼓励邮轮靠港后优先使用岸电。加快邮轮码头船舶污染物接收设施建设，并做好与城市公共转运、处置设施的衔接。

（6）加快推进邮轮建造及配套装备产业发展。积极推进制造强国战略，突破豪华邮轮设计建造技术，参与国际邮轮制造业体系分工和配套，促进装备制造业迈向全球价值链中高端。实施《增强制造业核心竞争力三年行动计划（2018~2020年）》。鼓励采取合资合作方式，形成多元投入格局，加快实现首艘大型邮轮建造，通过"引进消化吸收再创新"和"自主创新"相结合的模式，邮轮设计建造逐步达到世界先进水平。完善和优化邮轮建造维修、物流等供应链体系，推进上海国际邮轮产业园建设，更好地服务邮轮产业。

（7）着力提升邮轮供应配套能力。创新邮轮物资供应监管模式，充分利用出口退税政策，并落实好《财政部　国家税务总局关于出口货物劳务增值税和消费税政策的通知》（财税〔2012〕39号），扩大我国食品等物资供应国际邮轮的数量规模；对邮轮公司国际采购物资在我国口岸供船，优化检验检疫程序，在保障邮轮供应食品安全的基础上，提供便利服务。支持上海等地区建设集生产加工、仓储保管、物流配送等邮轮物资供应全球采购综合保障中心。

（8）提升邮轮运输旅游服务水平。完善邮轮运输旅游服务标准，建立邮轮运输、港口、旅游等服务标准，逐步与国际服务标准接轨，切实提升旅客服务质量水平。研究建立邮轮船票管理制度，规范邮轮运输合同范本和船票样式，明确邮轮运输合同各方权利义务和责任。支持扩大邮轮船票销售渠道，研究推动旅行社包船模式向多样化船票销售模式发展。提升邮轮信息化智能化水平，鼓励邮轮等相关企业构建集航线、票务、旅游、咨询等服务于一体的邮轮综合信息网络。

（9）大力推动邮轮人才培养。加大对邮轮科技、教育、信息化建设等方面人才培养力度，切实提高自主创新能力和教育水平。鼓励引进邮轮高端管理及高技术人才。完善邮轮人才培养体制机制，鼓励高校、职业院校、邮轮公司、培训机构、旅游企业等机构共同培养相关专业人才，加强邮轮设计建造、邮轮及港口经营管理等人才队伍建设，大力培养专业化、国际化邮轮人才。

3.保障措施

（1）加强组织领导，形成合力。各地有关部门要进一步提高认识，在地方人民政府的领导下，切实加强对邮轮经济发展的指导，细化落实责任，强化协作配合，形成合力。推动邮轮港口所在城市人民政府牵头建立邮轮发展协调机制，推进我国邮轮产业和邮轮经济持续健康发展。

（2）创新机制，完善政策措施。各地有关部门参照国际惯例，研究完善我国邮轮建造、运营的资金政策，鼓励邮轮相关企业与金融机构在依法合规的前提下，按照市场化原则自主设立邮轮产业基金，支持国内邮轮建造和运营。协调推动各地出台支持邮轮产业发展的相关财政、资金、用地、人才引进等政策措施。

（3）规范市场行为，做好事中事后监管。

第三节　邮轮经济的行业管理

实行邮轮经济的行业管理，目的在于以较小的劳动耗费取得理想的经济效益，促进邮轮经济生产力的发展。具体地说，邮轮行业管理就是按照邮轮行业规划、邮轮行业组织、邮轮行业协调以及按照邮轮行业沟通形成的一种邮轮行业管理的体制。这种体制包含着邮轮行业管理的以下两个层次。

一是行业自律管理，即组织邮轮行业协会，通过邮轮行业协会来统一规划、协调、指导和沟通会员企业的生产经营活动，促进邮轮行业发展。实现这种自律管理的主体就是邮轮行业协会及相关企业联合会，并与政府部门密切配合。

二是实施标准化管理，即通过制定国际标准、国家标准、行业标准及地方标准，使各类邮轮企业的生产、经营、检验产品与服务有统一的行为准则。标准化管理是维护邮轮游客合法权益的有力武器，是各类邮轮企业进入市场、参与国内外竞争的通行证，是邮轮企业实现管理现代化的捷径，更是邮轮经济持续稳定协调发展的保证。

一▶　全球性行业非政府组织

（一）国际海事委员会（CMI）

国际海事委员会（Comité Maritime International，CMI）成立于1897年，总部设在安特卫普，由各国海商法协会组成，如成员国内无海商法协会，则可由类似组织或个人参加，但无表决权，该机构现有会员52个，通常每4年召开一次国际会议，审议其起草的国际公约草案或建议，旨在通过各种适当的方式和活动促进国际海商法、海事惯例和实践做法的统一，促进各国海商法协会的成立，并与其他具有相同宗旨的国际性协会或组织进行合作。

该机构主要工作是就相关的各类国际海事公约提出建议、制定草案、参加审议，国际上现行的不少公约均出于此委员会。具体包括：第一，促进海商法的实施，使国际海事安全发展；第二，建立海事仲裁委员会，研究处理成员国家间的争端问题；第三，制定海商法案。国际海事委员会创立以来，草拟了不少国际海事公约，并被国际社会接纳、生效，著名的如《约克·安特卫普规则》《海上避碰规则》《船舶碰撞中民事管辖权方面若干规定的国际公约》《维斯比规则》等。

我国虽只加入了该委员会制定的《1910年统一船舶碰撞某些法律规定的国际公约》及《1961年关于统一海上运输旅客某些规则的国际公约》等几项公约，但在我国《海商法》的制定以及许多问题的处理上均大量参照了国际海事委员会的相关规定。国际海事委员会第40届大会于2012年10月14日至10月19日在北京召开，会议议题涉及13个专题，包括船舶司法出售、《鹿特丹规则》、国际救助公约、《2004年约克–安特卫普规则》、亚洲造船业、跨境破产、南北极法律问题、海事仲裁、海上保险、船员公平待遇、海盗、近岸石油开发活动、CMI的未来活动。2014年6月17日，国际海事委员会在德国汉堡召开的第41届国际会议的专题大会上正式通过了《关于外国船舶司法出售及其承认的国际公约草案》（即《北京草案》），这是国际海事委员会历经7年时间取得的重要成果。

（二）国际船级社协会（IACS）

国际船级社协会（International Association of Classification Societies，IACS）成立于1968年9月11日，会址设在英国伦敦，是由世界海运发达国家的船级社参加组成的国际组织。该组织宗旨是研究解决共同关心的海上安全问题，加强各成员间的联系与合作。IACS共有美国船舶检验局（ABS）、法国船级社（BV）、韩国船级社（KR）等12个正式成员，中国船级社（CCS）于1988年加入IACS。该组织的主要任务包括：保持与国际标准化组织等的联系与合作，参加国际海事组织的各种学术会议，统一解释有关的国际公约和国际海事组织的建议集中问题，统一各国船级社的船舶建造规范等。协会的组织机构有理事会和下设的若干组，协会的会员有地区会员和联系会员两种，世界大多数著名船级社都参加了该组织。

IACS设有以下工作组：集装箱、发动机、防火、液化气船和化学品船、内河船舶、海上防污染、材料和焊接、系泊和锚泊、船舶强度、稳性和载重线。IACS致力于联合各船级社利用技术支持、检测证明和开发研究透过海事安全与海事规范维护与追求全球船舶安全与海洋环境清洁。

IACS有5 000多名技术精湛的检验人员，世界上92%的商船由IACS定级。除了本职工作外，IACS还受政府委托去处理多种多样的事务，在发展船舶技术规则方面起着重要作用。IACS与对海运有兴趣的其他组织保持接触，其中联系最紧密的是国际标准化组织和国际海上保险集团。IACS的目标之一是把会员之间的各种规则统一起来，目前为止，理事会已通过了150条要求，90%的统一要求都得到成员单位的贯彻。除了提出统一要求外，IACS其还公布有关船舶安全营运和维修准则，其中包括舱口盖的保养和检验、消防、船舶单点系泊设备标准等，并制定了一个最低船舶检验标准。IACS的成员通过他们设在全球的检验机构网点，对航运界的情况了如指掌。

（三）国际邮轮协会（CLIA）

国际邮轮协会（Cruise Lines International Association，CLIA）成立于1975年，于2006年与国际邮轮理事会（ICCL）合并，现位于美国华盛顿特区，是世界上最大的邮轮行业贸易协会，致力于邮轮行业的促进与发展。CLIA的使命是代表其协会成员、邮轮公司、旅行社及执行伙伴，进行宣传、教育和推广，其在北美、南美、欧洲、亚洲和大洋洲均设有代表。其中，CLIA北美分会由63家邮轮公司以及代表50 000名个体旅游代理的135 000家代理商组成，另外，CLIA的执行合作伙伴项目（Executive Partner Program）由120家最创新的物资和服务供应商组成。

CLIA有三个主要的会员群：首先是邮轮公司，约占据全球运力的95%；其次是邮轮行业的主要供应商，有340家合作方，包括港口以及目的地管理和商业服务；还有来自于全球不同国家的25 000余家旅行社，包括大型的旅游批发商和小型的旅游代理商。CLIA为行业的参与者提供一个全球的管道，为行业中的专业人士带来很多的服务，支持整个行业在亚太地区的发展包括教育、宣传，定期提供全球性、区域性的数据以及关于邮轮行业的研究，可以更好地提升大家对邮轮的认识。CLIA首先代表了邮轮行业和旅游代理的利益，其次是监管者和立法政策制定者，同时还兼及旅游代理培训研究以及营销沟通，并向上千家旅游代理以及旅游代理成员推广邮轮度假的价值和愿望。

CLIA将整个邮轮业聚集在一起，包括海洋和内河邮轮、旅行社、港口、目的地和行业供应商，为全球邮轮界提供统一的声音。CLIA从事旅行社培训、研究和营销传播，与数万家旅行社一起提高邮轮假期的价值。CLIA的邮轮公司和执行合作伙伴计划包括业界领先的物资和服务提供商，这些物资和服务可帮助邮轮公司每年为数百万乘客提供安全、环保和令人愉快的假期体验。国际邮船协会已在亚洲新设了两个地区分会：CLIA东南亚分会和CLIA北亚分会，以满足这两个地区邮轮行业日益增长的需要。

（四）国际海运联合会（ISF）

国际海运联合会（International Shipping Federation，ISF）是一个船东组织，成立于1909年。其最初是欧洲的船东组织，到1919年才成为世界性的船东组织，总部设在英国伦敦。国际海运联合会在有关海员雇佣和安全的所有问题上代表船东的利益，有28个会员国，拥有船舶的吨位超过世界总吨位的一半，拥有50多万船员。

国际海运联合会有三个主要目标：（1）为会员提供和交流最新的海员雇佣情报。（2）根据海员的雇佣发展情况，提出和协调各国船东的意见。（3）在讨论处理海员问题的国际论坛上，代表会员的利益与各国政府和工会商洽。该联合会的工作重点放在劳动标准方面，经常与工会打交道，其主要任务是协调和提出雇主的观点。

国际海运联合会还在国际海事组织、联合国贸易与发展会议、联合国经社理事会担任咨询工作。在国际海事组织里，国际海运联合会主要关心船员的配备和培训工作，参与制定了1978年《关于海员培训、发证和值班标准国际公约》。国际海运联合会的活动还包括船员工资、健康并协调与工会的关系、船员配备与组织等。国际海运联合会主要为船东谋福利，但其与国际劳工组织、国际海事组织合作，积极参加拟订与海员雇佣条件、健康培训和福利有关的重要的国际劳工组织公约和决议，对航运业的发展起着重要的作用。

（五）波罗的海国际航运工会（CLIA）

波罗的海国际航运公会（The Baltic and International Maritime Council，BIMCO）成立于1905年，是世界上最大的航运组织，一直致力于提升国际航运政策和法规的公正和平衡。BIMCO已有120个成员国，2 500多个会员，其中包括955个船东会员、1 413家船舶代理和经纪会员、46家保险公司和保赔协会会员和94家其他航运组织会员。其船东会员共拥有1.4万多艘船舶，5.25亿载重吨的运力，约占世界海运业总运力的65%，在全球航运业中具有举足轻重的地位。

BIMCO主要通过发行杂志、开展讲座、研讨会等形式，向成员提供全世界港口和海运方面的信息、咨询和培训等服务，颁布反映国际航运总体利益的新法规、政策，制定规范的标准单证，联合船东和有关海运组织，采取一致行动促进航运业的发展，是各类航运政策制定者和其他利益方获取航运实用信息的首选，更是一个值得信赖的合作伙伴。作为一个知名的航运非政府组织（NGO），BIMCO与其他海运组织联系非常紧密，在诸多联合国机构中担任观察员，如国际海事组织（IMO）、联合国经济及社会理事会（ECOSOC）及国际商会（ICC）等。同时，BIMCO与欧盟、美国及亚洲的海运管理者、政策制定者以及其他利益方之间也始终保持着密切的沟通。

（六）国际船东保赔协会集团（IGP&I）

国际船东保赔协会集团（International Group of P&I Clubs，IGP&I）于1981年正式宣告成立，是由众多船东保赔协会参加的国际组织，在英国伦敦设有办公室，其前身是由英国六家船东保赔协会组成的伦敦船东保赔协会集团。该集团为世界大约90%的远洋船舶提供责任险，为成员船东和承租人在船舶操作和使用方面提供保险以对抗可能承担的第三方责任，每个协会的管理者都是通过董事会或委员会的选举产生的。世界90%以上的船舶加入了该集团，总吨位达4亿吨。该集团已成为国际船舶保赔业务的中心，在协调各协会间的关系，处理重大海事和巨额索赔方面发挥着积极的作用，至今已成为拥有15名会员的国际组织。中保集团是国际船东保赔协会集团14家保赔协会的中国境内通讯代理。

该集团主要活动有：制订各保赔协会间的分保协议；在集团内部安排分保，并把超过集团承保限额的保赔责任通过超赔分保合同分散到劳合社保险市场。协会集团涵盖了广泛的责任险，如船员和在船旅客或其他个人的伤亡赔偿、货物的灭失或损坏赔偿、清除沉船费用和码头损坏赔偿等。同时协会集团也为其成员在索赔、法律问题和损失预防等方面提供种类繁多的服务，且经常在伤亡事件的管理中发挥主导作用。协会集团现执行1985年协议，此协议仅对集团内各成员具有约束力，但实际上与各船东的利益也密切相关。根据协议，协会集团成员间的竞争只能凭其服务水平和处理案件的能力高低来取胜，否则，会受到制裁和惩罚。该协会集团的经理人定期召开会议，针对出现的重大问题进行协商。

二 ▶ 区域性行业非政府组织

（一）欧洲邮轮协会（ECC）

欧洲邮轮协会是一个非营利性的贸易组织，有超过30家的邮轮企业会员和34个准会员成员，其代表着运行在欧洲范围内的各大邮轮企业。ECC不仅代表邮轮运营商的利益，也着力促进在欧洲范围内与各相关机构保持长效沟通。这些机构包括各国相关的委员会、议会、部长理事会以及欧洲海事安全局（EMSA）。除此之外，ECC还与欧洲其他机构如欧洲共同体船东协会（ECSA）、欧洲海港组织（ESPO）、欧洲旅行代理商和旅游运营商协会（ECTAA）保持密切联系，以充分为欧洲的邮轮业服务。ECC也积极地参与到对邮轮业的宣传中。

ECC将自己的服务宗旨概括为在邮轮政策和邮轮营运方面，通过与欧盟各成员国的沟通与合作，促进各邮轮运营商的营运水平。为促进欧洲邮轮业的发展并鼓励扩大欧洲邮轮市场，ECC提出以下倡议。

（1）倡导高水准的运营方法和高效的经营服务。

（2）大力支持邮轮业务的安全运行与运营过程中的环境保护，与国际维和海事组织、劳工组织通力合作，为欧盟邮轮业环境保护而努力。

（3）消除邮轮贸易壁垒和加强欧盟的监管环境，促进欧洲邮轮业的持续增长。

（4）通过邮轮业对经济和社会的贡献，提高邮轮的形象。

（5）促进邮轮业普及度，力求将邮轮度假创造成为一个可靠的、愉快的度假体验。

（6）加强与欧盟机构和非政府组织的合作以达到上述目标。

（7）加快突发事件应急机制的建立，与邮轮公司共同创造一个安全舒适的邮轮旅游体验。

（二）欧洲海港组织（ESPO）

1974年，欧洲委员会成立港口工作组，由来自欧洲主要港口的港口当局代表组成。1994年，其发布了第一份《环境操作规范》。2001年发布的有关欧盟委员会港口计划标志着ESPO进入了一个"成年时代"，并加强了组织的内部凝聚力。ESPO成员包括欧盟和挪威海港的港口当局、港口管理部门和港口协会，该组织还向欧盟周边国家的观察员开放。2009年，ESPO与欧洲内陆港口联合会EFIP建立了联合办事处。多年来，ESPO已变成欧洲港口当局的独特沟通网络。欧洲海港组织的成立推动了欧洲港口的整合，在其努力下，欧洲各个港口联系紧密，形成了合理的分工定位和有序的竞争，从而增强了整个欧洲港口群在国际上的竞争力。

在过去的几十年中，港口和城市的快速发展使两者关系也明显发生了变化。自2009年以来，ESPO一直积极致力于改善这一具有挑战性的港口城市关系，以期提升港口的社会融合度。2010年，ESPO制定了《ESPO港口社会融合工作守则》，目的是提高港口当局对社会融合的认识并提出应对挑战的建议。

2014年9月17日，ESPO与不同的组织签署了战略合作协议，将ESPO确立为邮轮和渡轮港口当局的官方声音。2015年1月，ESPO在邮轮和渡轮港口网络内启动了"客运港口评论"，根据结果确定了欧洲邮轮和渡轮港口当局面临的五个主要挑战：港口城市关系、基础设施、合作、与邮轮和渡轮航线的关系以及安全性，最终形成了《巡航港口和渡轮港口良好行为守则》。

（三）佛罗里达–加勒比海邮轮协会（FCCA）

佛罗里达加勒比海邮轮协会（FCCA）成立于1972年，是一个非营利性贸易组织，由21个会员公司组成，在佛罗里达、加勒比海和拉丁美洲水域经营近200艘船。其任务是提供一个论坛平台，以讨论邮轮运营、旅游业发展、港口、旅游运营、安全、保安和其他邮轮行业问题。通过加深对邮轮业及其运营实践的了解，FCCA努力与合作伙伴目的地建立合作关系，并与各个部门发展富有成效的双边伙伴关系。

FCCA与政府、港口和所有私营/公共部门代表合作，以最大限度地提高邮轮旅客、邮轮公司和邮轮公司员工的支出，并提高留宿返回的邮轮旅客人数。合作方式包括：第一，港口改进，FCCA提供扩展港口的技术帮助，包括有关港口和码头设计，以及相关改进意见；第二，进行研究并提供给目的地合作伙伴，以加深对邮轮乘客的了解，改善陆上产品的交付过程，并充分利用邮轮旅游的利益诉求；第三，FCCA外展计划，FCCA培训研讨会为合作伙伴提供资源，包括邮轮乘客的信息（他们的需求和习惯），使目的地的私营和公共部门能够充分迎合邮轮游客的需求，从而带动消费。

每季度出版一次的全球邮轮业的官方杂志《旅行与邮轮》得到FCCA、CLIA及其会员组织的支持，通过与500多家邮轮公司高管的交流，并分发给30 000多家行业合作伙伴和旅行社，可以窥见该邮轮行业的内部运作和情况，同时为在邮轮行业开展业务或希望开展业务的任何人提供方法使其影响最大化。

（四）地中海邮轮协会（Med Cruise）

地中海邮轮协会即地中海及邻近海域巡航港口协会，于1996年在罗马成立，其使命是促进地中海、黑海、亚得里亚海、红海和近大西洋的邮轮业。如今已遍及21个国家和3个大洲，代表130多个港口和30个与邮轮相关的公司和协会。协会通过提供网络促销和专业发展机会来协助其会员从邮轮业的发展中受益，并与不同协会合作以更好地促进邮轮经济的发展，改善共同关心的问题。该协会正在努力加强与邮轮港口协会的伙伴关系，以继续增加邮轮运输量。在与欧盟组织、各国政府、地方当局和其他邮轮利益相关者打交道时，这些联盟有助于为邮轮经济的可持续发展提供统一的声音。

该协会的主要目标是：促进地中海地区及其毗连的海域作为邮轮目的地；通过交流有关邮轮客运量的信息、统计数据以及邮轮港口开发新技术来提高港口成员的效率；在区域和国际一级的决策者和公共机构面前，就会员对邮轮相关产业的兴趣问题制定共同立场；与世界各地的邮轮港口及其他邮轮行业公司发展良好的关系和合作；平等服务来自不同地区、国家，不同规模的港口，实现平衡良好发展；提供在线和离线营销的专业开发工具。

协会通过提供网络促销和专业发展机会来帮助其会员从邮轮业的增长中受益，协会成员已经建立了一个友好的专业网络，可以进行信息交换以及实践讨论。此外，地中海邮轮协会与欧洲海港组织等其他协会密切合作，共同制定和发起旨在促进邮轮活动的倡议。不少欧洲机构，包括欧洲委员会、地区委员会和经济及社会委员会也都邀请了地中海邮轮协会对邮轮港口和邮轮活动发展发表意见。

（五）亚洲邮轮港口协会（ACTA）

亚洲邮轮码头协会于2011年11月15日成立，旨在使邮轮码头、港口运营商和船东之间达成共识，将邮轮服务与运营提升至国际水准。ACTA通过提高运营、安全、客户服务和市场营销等相关领域的标准，与所有邮轮码头运营商和相关行业利益相关者合作，力图将亚洲地区打造为世界一流的邮轮游乐场，使亚洲发展成为全球最吸引人的邮轮目的地之一。

亚洲邮轮码头协会的目标是提供一个友好的邮轮环境，推动区域间的码头开发、运营和管理方面的合作，以提高会员对邮轮码头设施和国际服务的认识，从而形成有影响力的联盟，将人们目光吸引至亚洲邮轮游乐场。例如，该协会为会员提供终端开发、运营和管理方面的区域合作平台；形成有影响力的联盟,以提高全球成员对邮轮码头的认识;保护会员邮轮码头的利益;提高标准,与国际标准接轨,促进亚洲邮轮业的发展;提升邮轮码头人员的技能和知识;促进会员在亚洲终端营销、运营和管理方面的合作与协调;与其他亚洲组织,特别是亚洲邮轮公司、区域或国际邮轮码头、邮轮相关协会、港口代理商和旅行代理商等建立并保持密切关系;进行可能附带或有助于实现上述目标的其他活动。

了解邮轮业及其动态对当今的旅游业至关重要,尤其是考虑到亚洲港口面临着来自世界其他地区的竞争。ACTA一直利用其研究和信息功能为会员举办一系列的研讨会。

三 ▶ 国内行业非政府组织

中国交通运输协会邮轮游艇分会（China Cruise & Yacht Industry Association,CCYIA）,是隶属于中国交通运输协会（China Communications And Transportation Association,CCTA）的二级机构,由来自全球邮轮和游艇的设计制造商、邮轮和游艇公司、游艇俱乐部、旅游服务商、供应商和港航界有关单位及个人自愿结成的行业性、国际性、非营利性国家级社会团体,受中国政府委托促进邮轮和游艇两大新兴产业的发展。

该分会的宗旨是:（1）积极推动中国邮轮和游艇两大新兴产业的发展,让中国成为国际邮轮主要目的地,让中国人乘坐国际邮轮出游成为常态,让中国游艇游起来;（2）开展一系列活动,促进国内外邮轮、游艇业界的交流合作;（3）维持行业秩序,为实现邮轮和游艇产业健康、持续发展做出贡献。

中交四海邮轮游艇发展中心（Max-way Cruise & Yacht Development Center,MAXWAY）是CCYIA的子公司,主要负责CCYIA各项事业的执行。MAXWAY已建立北京CEO-LINK,超过3000名CEO入会,这是今后邮轮和游艇的主要消费者。由于得到政府的支持,MAXWAY可以举办游艇展览、游艇推介会、鉴赏会,可以为地方政府建设邮轮港口、游艇码头提供规划和建设咨询报告，可以为游艇俱乐部、游艇业主办理各种检验证书、资格证书、出海手续。

该协会主要工作：与中国相关政府部门及国际组织合作，参与邮轮、游艇产业发展战略和布局规划的制定，进行调查研究、提供咨询、做出评估，并提出建议；受政府部门委托，对邮轮城、邮轮港口、游艇码头、游艇俱乐部等投资项目的战略必要性、经济合理性和技术可行性进行前期论证和评估；参与中国跟邮轮、游艇产业发展有关的法律、行政法规、部门规章以及政策的制定、修改和废止的工作；策划、组织大型活动，开展邮轮、游艇产业的国际交流与合作；接受会员单位及邮轮、游艇公司的委托，开展邮轮、游艇产品的销售代理服务；根据邮轮、游艇产业发展的需要，收集、整理、分析行业资料，发表中国邮轮、游艇产业发展报告；为国内外邮轮、游艇企业培训设计、制造、销售经营、管理、技术服务人才，提高从业人员的专业水平和整体素质；为国外邮轮、游艇企业进入中国提供政策服务和公关服务，提供切实可行的市场发展策略；以中国海事部门为中心，建立游艇发展专家指导委员会，为政府各部门、各级政府提供决策服务等。

第四节　风险管理

邮轮经济的美好前景引起了各国的高度关注，但随着邮轮的快速发展，问题也随之而来，无论是邮轮港群体性事件，还是新冠肺炎疫情这类全球邮轮产业危机事件，都反映了邮轮旅游产业发展和其他产业一样，有其必须承担的风险。风险就是事件脱离了原本预定的轨迹发展，产生了一定的损失，这种危害包括创伤、疾病、经济损失或环境破坏等因素，也指可能因某种危险而造成伤害的机会。邮轮产业涉及多个行业，本书所指邮轮产业风险管理主要从邮轮旅游业风险管理进行展开。

一 ▶ 风险类别

邮轮旅游业面临的风险有行业风险、经营风险、社会风险、生态风险、安全风险五个方面。

（一）行业风险

邮轮旅游业是综合性服务行业，服务产品的特性和强大的产业延展性决定了它与一般的生产性行业有很大的不同。邮轮旅游业具有依赖性，其发展在很大程度上依赖于国家宏观环境，依赖政治、经济、文化等社会条件。依赖性也决定了它是一个较为敏感和脆弱的行业，也是风险较大的行业，一旦国家及国际政治和经济状况发生巨大波动，对于邮轮旅游整个行业打击几乎是致命的。稳定的宏观环境是邮轮旅游业发展的土壤，对它有着根本性的影响，如果宏观环境出现意料之外的波动，将会极大影响消费者的旅游热情，对邮轮旅游业造成冲击。

（二）经营风险

对已识别出的经营风险进行排序，可以找到对邮轮企业经营发展影响较大的经营风险在三个方面。首先是利率风险，当利率上升时，邮轮投资者的资金成本会增加，消费者的购买欲望随之降低，这会给投资者带来损失。其次是市场供求风险，邮轮经济容易受到相关行业因素的影响，邮轮旅游市场的供给和需求也在不断变化，而供求关系的变化必然造成价格的波动，从而导致投资的实际收益偏离预期的收益。最后是通货膨胀风险，邮轮旅游本身档次较高，如果通货膨胀率下降则会抑制对它的需求，给投资者带来损失，如果通货膨胀率增大则会刺激需求，但当通货膨胀率大幅上升时，又会增加运营成本。

（三）社会风险

邮轮旅游业的范围越广泛，面临的社会风险会更加复杂。一是区域旅游业发展风险。在发展邮轮经济的过程中，不同区域内政治背景、宗教文化等对邮轮旅游的影响很大，会严重影响邮轮旅游者的最终决策。二是公众干预风险。若邮轮母港建设或者邮轮旅游影响到周边居民的利益，那么会遭到居民的反对和抗议，时刻面临风险，蒙受损失。三是公共配套设施风险。邮轮旅游中，若相关配套设施不齐全，邮轮服务跟不上，不能满足消费者需求的话，则会影响到消费市场规模。

（四）生态风险

在邮轮经济发展的过程中，主要影响的环境是海洋生态环境。近年来，不时有由于基础设施操作或技术失误而导致海洋生态环境恶化，带来对邮轮运营有影响的亏损风险。最为严重的是邮轮垃圾污染造成的海洋环境退化，在国际邮轮巡航中，产生了大量的废弃物，包括邮轮日常营运过程中的维修保养垃圾，由于邮轮人数较多，产生的日常生活垃圾也十分惊人。虽然目前海事法规中有较严格的垃圾分类处理规定，但是倾倒垃圾污染海洋生态环境的事件还是时有发生。海洋环境一旦被污染，作为目的地的吸引力就会下降，产生邮轮产品的经营风险。

（五）安全风险

随着世界上各种船只的安全性问题凸显，邮轮的安全问题成了一个关注度较高的问题。尤其是一些安全事故，例如火灾、碰撞、触礁、搁浅等，也因为时常发生而受到社会的广泛关注。这些安全性隐患的存在，导致一些人会因此而放弃选择邮轮旅游，这在一定程度上使得邮轮旅游业发展起来会更加困难。例如，新冠疫情暴发以来，多艘邮轮产生了突发群体性疫情，乘客对邮轮的安全性产生一定的担忧，邮轮旅游需求下降，短时间内较难恢复，邮轮旅游形象崩塌。

二 ▶ 邮轮旅游危机事件分析

2020年新型冠状病毒肺炎疫情让包括"钻石公主"号等多艘邮轮几乎变成"漂流的孤岛"，全球邮轮业面临停摆的风险，中国邮轮旅游业濒临休克。此次危机事件的产生也暴露了邮轮安全保证措施方面存在的问题：中央空调的内循环系统无法实现隔离效果，邮轮自身防疫机制不完善，邮轮医疗卫生系统存在漏洞，邮轮靠泊港口防疫应急预案不完善，当然这也和邮轮特殊封闭构造造成内部微小气体滞浊的特点分不开。

从长远来看，中国邮轮产业的产业基础、市场依然不变；邮轮行业积极向好发展的基本面没有动摇；人们追求美好生活的愿望也没有改变，但对旅游出行的安全性和舒适性提出了更高要求。

如何拯救市场、提振消费者信心，是邮轮行业面临的首要问题。

疫情当前应该建立"临时方舱医院"，以阻断来自多个传染源的传染为核心，采用"循环消毒—分段重复检测—分批转移隔离—国际协作医疗救助"的处置过程，以减少潜在传播者对口岸公共卫生安全造成的影响。为了避免长远的经济和法律风险，在长期应对机制方面，则应注重邮轮公司风险和应急管理机制、港口主管机关的卫生防疫监管机制以及传染病防治的国际合作机制三个方面的建设，以期构建协同高效、运转顺畅的疫情防控体制机制。

三 ▶ 风险管理

风险管理是指控制事件偏离，将损失控制在可承受的范围内。风险管理包括企业将项目或者在肯定有风险的环境里把风险可能造成的不良影响减至最低的管理过程，就是将风险关卡前移，控制在事件未发生之前，将风险扼杀于摇篮之中。风险管理也包括国家或者政府为降低风险而做出的相关政策或行业制度要求。当企业面临市场开放、法规解禁、产品创新，均使变化波动程度提高，连带增加经营的风险性。良好的风险管理有助于降低决策错误概率，避免损失可能，相对提高企业本身附加价值。

结合新冠疫情期间发生的邮轮旅游危机事件，从风险发生前、风险发生中及风险发生后角度出发，政府对邮轮行业进行风险管理要树立全面风险管理理念、提高风险常态化管理能力、建立专业风险应对团队、健全邮轮公司风险和应急机制等。

（一）树立全面风险管理理念

在邮轮旅游行业中，政府作为重要的行政主体，应该肩负起规范者、执行者、监管者等责任，把风险管理的理念贯彻到政府部门、邮轮旅游企业、旅游者每一个环节中，让每个环节都充满全面的风险意识。

要树立这个管理理念，首先要做的是转变传统以来"轻风险，重应急"的传统管理理念，不应当简单地认为风险是偶然的，只有必要时才启动应急，应当树立全面风险管理理念，把风险管理常规化。否则当危机来临之时，再去被动仓促地应急，就无法做到危机事件尽可能最低程度给游客造成的损失和危害。因此，全面风险管理理念有着传统应急理念无法替代的作用。但也不能因此而忽略了应急管理理念的重要性，只有把传统的被动式的应急管理和这种积极主动式的管理理念结合起来，也就是把应急管理的关口前移，提高政府的风险管理能力，才能更好地避免危机对邮轮业造成的损失。毕竟最好的规避风险的方式就是防患于未然，把危机遏制在未发生状态。

树立全面风险管理理念不仅仅要停留在主观意识上，最重要的是政府部门要制定相关的法律法规把这一理念运用到实际的管理与监督中去，使得全面的风险管理理念深入到每个部门，运用到每个具体的行动中去。

（二）提高风险常态化管理能力

一方面，风险管理常态化要形成一个常态化的管理过程，包括风险识别和预警、风险衡量、风险评估、风险控制与处置、效果评价等主要阶段过程。在管理的过程中，最容易忽视也是最重要的就是风险识别和预警，政府邮轮旅游风险管理机构应做好风险识别工作，充当好监督者的角色，积极督促邮轮旅游风险主体识别自身风险隐患以识别风险源。邮轮旅游危机事件的发生，往往是由于忽略了风险识别。及时识别邮轮旅游风险是十分重要的，如：邮轮旅游景区中的基础设施和游乐设施定期安全检修，邮轮旅游交通中是否超载、是否具有规定数量的安全自救设施等。对邮轮旅游业这些风险源的识别与邮轮旅游危机的发生率息息相关，可以帮助旅游主体规避风险，或者降低危机发生率。

另一方面，主要体现在各个邮轮旅游主体风险管理的常态化。首先，相关的政府部门要把风险管理深入到日常工作的管理与实践中去，把风险管理与政策的制定、决策的实施、监督管理等环节相结合；邮轮旅游主管部门要承担安全监管与协调工作，公安部门提供训练有素的急救队伍，比如在邮轮旅游高峰期可以设立专门的旅游稽查大队，专门负责识别日常风险并及时反馈等，医疗和消防部门要做好第一时间救助的备战状态。其次，旅游企业也是风险管理常态化的重要主体，尤其是旅行社、酒店、旅游景点、邮轮公司、饭店等企业，要做好定期的安全测试、检查、维修等风险识别工作，定期地对全员进行风险教育、风险的培训和危机来临的演习等工作。最后，邮轮旅游行业协会也要充分发挥行业自律、监督管理的作用，它在邮轮旅游业中不仅要充当邮轮旅游企业和政府的协调者，还要监督各个主体在风险管理工作中的职责缺位和不作为的现象，并进行反馈。

风险管理的常态化就是各个旅游主体把风险管理贯穿在每一个具体的行动中，从源头遏制危机的发生。

（三）加强邮轮旅游市场风险管理的综合监管

针对旅游监管部门职责的缺失与不作为问题，一方面，政府部门要建立回追问责制度，对于造成重大旅游危机事件的相关监管部门做出严肃的处理，对事件进行倒查，对于那些不作为部门的相关负责人根据危机事件的影响程度给予严格的问责处理，从执行力度上坚决杜绝这种不负责的政府行为。另一方面，有关部门要建立旅游市场综合监管责任清单，通过政府公告、政府网站、公开通报等方式，向社会公开各个部门的执法权限、监督方式等事项，加强部门间对于邮轮旅游市场各种风险信息的沟通，提升综合监管效率；强化媒体的舆论监督作用，支持媒体曝光造成危机的邮轮旅游主体以及监管不作为的政府相关部门，从而形成完善的监管体系。

（四）建立邮轮专业风险应对团队

对于我国正在起步阶段的邮轮旅游业来说，需要尽快建立一支专业风险应对管理团队。在学习和借鉴国内外相关风险管理经验的基础之上，建立相关的风险管理组织，学会梳理风险意识，重视邮轮企业内部风险管理，强化对风险的危机公关意识，加强风险损失资料的搜集整理和分析，是应对和规避邮轮运营风险的重要保障。

（五）降低市场供求风险

采用先进的统计评估手段对邮轮旅游决策的客观性、可行性进行研究论证通过可靠的市场调查，进行市场定位、产品定位、功能定位和价格定位，利用先进的营销手段，为邮轮旅游业开拓市场，转移或回避市场供求风险。

（六）建立健全邮轮相关政策

尽快建立健全邮轮发展相关政策。邮轮经济对我国来说仍然是一件新鲜事物，因而与之相关的政策法规存在着不同程度的缺失或滞后。邮轮产业涉及面广泛，应由港口城市政府建立统一的协调机制，包括有国家发展改革委员会、交通委、旅游局、海关、边防、卫检等政府各部门参与，整体规划邮轮港口的政策建设，简化邮轮运行和航线开辟等审批手续。此外，还应推进邮轮经济管理地方性法规的制定，使我国邮轮经济市场的发展有法可依，走向规范。

（七）加快邮轮港口以及配套设施建设

首先，要加快建设合乎国际标准的现代化邮轮港口码头，完善停泊设施；其次，尽快完善有关邮轮经济发展的购物、膳食、住宿、船舶修配以及其他设备及相关条件；最后，建立符合国际法规和惯例的邮轮配套设备设施，如配备成熟的医疗救护设施，有效应对突发事件的救援设备等，提高邮轮自身的服务水平和质量以及邮轮旅游者的满意度。

中国邮轮经济的发展面临着良好机遇，市场需求的必然增长和内在需求以及国际竞争所带来的外在压力，使我国邮轮经济得到快速发展，迈向世界大舞台。只有合理地进行风险意识的引导，正确地认识我国邮轮经济发展中的风险，才能做好风险的防控，进一步促进我国邮轮经济的发展。

思考题

1. 邮轮产业政策包含哪些？
2. 邮轮旅游政策和哪些因素相关？
3. 世界各地产业政策有什么地区特点？
4. 分析不同政府规制模式的利弊。
5. 邮轮旅游行业管理的路径有哪些？
6. 邮轮旅游风险管理的手段有哪些？

第九章

邮轮经济合作

邮轮经济合作是邮轮经济的重要组成部分。以直接投资、工程承包、研发合作、信息交流等为主要形式的国际经济合作，带来资本、人才、技术、管理等生产要素的全球自由流动，不断加深各国经济开放程度和全球邮轮经济一体化程度。发展邮轮经济不能闭门造车，必须坚持"引进来"和"走出去"相结合，利用和开发好国际国内两种资源、两个市场。我国幅员辽阔，各地区滨海旅游资源禀赋和邮轮经济发展水平不一，需要通过深化邮轮经济合作谋取互利共赢与共同发展。本章对邮轮经济合作的概念特征、类型方式、意义原则等进行概述，并分国际合作与国内合作两部分，对邮轮经济合作的领域、合作的内容与方式，以及合作机制等进行阐述，其中非政府间合作机制包括国际邮轮协会（CLIA）、地中海邮轮协会（Med Cruise）、欧洲海港组织（ESPO）等（详尽内容请参照第八章第三节）。

2013年9月，中国国家主席习近平提出共建"21世纪海上丝绸之路"的重大倡议，得到国际社会高度关注和广泛拥护，泛南海地区是21世纪海上丝绸之路的重要支点，同时也是当今世界经济发展最具活力和潜力的地区之一。本章对"泛南海邮轮旅游圈"的概况与背景、合作的制约因素、合作机制以及合作路径进行了阐述。

第一节　邮轮经济合作概述

（一）▶ 邮轮经济合作的概念和特征

（一）邮轮经济合作的概念

经济合作是指不同经济主体之间为了共同的利益，进行较长期的经济协作活动，包括"国际经济合作"和"区域经济合作"。国际经济合作，侧重两国或多国之间的经济合作。"区域"的范围，在不同的语境下既可以比国家的范围大，也可以比国家的范围小。因此，区域经济合作，既可以指某一区域内不同国家之间的经济合作，也可以指一国之内不同地区的合作。邮轮经济合作既包括邮轮经济领域的国际合作，也包括邮轮经济领域的国内合作。此外，邮轮经济是一种产业集聚的融合经济，涉及邮轮制造业、邮轮营运业和邮轮服务业等多个产业部门及相关行业，部门之间或行业之间也需要进行经济合作。

结合国际经济合作和区域经济合作的概念，可将邮轮经济合作的概念做如下界定：两个或多个政府机构、经济组织及自然人与法人等合作主体，基于互利共赢的目的，在邮轮产业或邮轮生产技术领域所进行的，以生产要素优化配置和专业化分工为主要内容的长期经济协作活动。若合作主体分属不同国家，则为国际邮轮经济合作。若合作主体分属不同地区，则为区域邮轮经济合作。若合作主体分属不同产业部门或管理部门，则为部门间邮轮经济合作。这三类合作是本章讨论的重点。需要指出的是，就国内合作而言，合作主体包括政府机构、事业单位、大型国有企业等，其行为具有较强的公共性和公益性，而其他一般企业主体之间的合作不在本章讨论范围。海洋是一个完整的水体，各沿海国家和地区的海洋水体具有开放性、连通性和一体性。邮轮旅游既是海洋经济的重要组成部分，也是国家海洋权益的实现形式之一。邮轮制造业、邮轮营运业和邮轮服务业等邮轮产业具有明显的跨区域、跨国界、跨部门特征。邮轮产业的这些特征，决定了邮轮经济具有天然的合作必要性。邮轮经济合作的类型基于不同角度可分为宏观与微观邮轮经济合作、广义与狭义邮轮经济合作以及垂直型和水平型邮轮经济合作。

（二）邮轮经济合作的特征

邮轮经济合作是邮轮相关产业领域的经济合作，既具有一般经济合作的共性特征，也具有邮轮经济和邮轮产业本身特点带来的个性特征。不同经济主体之间通常有两类经济交往方式：交易和合作。邮轮经济合作行为具有以下特征：一是复杂性。合作的主体往往是不同国家与区域的政府、经济组织与企业，合作所涉及的政治风险、法律制度、文化背景、管理实践等多样，因而给合作过程带来复杂性。二是长期性。交易行为一般在货款两讫后合同即告终止，而经济合作是合作方建立长期、稳定的协作关系，共同开展某项经济活动，因而周期较长。三是经济合作集中于生产领域。交易是产品的交流，而经济合作重在生产要素在合作主体之间的流动与优化配置，目的是通过优势互补，推动创新与生产力发展。同交易行为一样，经济合作还具有平等性、互利性。经济合作的各方主体，不论国家强弱、企业规模大小，其地位是平等的，都有享受合作利益的权利，以及分摊成本、共担风险的责任。

除具有上述共性特征外，与一般经济合作相比，邮轮经济合作还具有以下个性特征：一是邮轮经济合作依托海洋资源环境，既有利用又重视保护。海洋空间、海洋旅游资源是邮轮经济发展的基础。另外，海洋系统的各组成部分之间联系紧密，海洋污染易扩散，且易对海洋生态造成连锁破坏，影响范围和程度大，治理和恢复则很困难。因而在进行邮轮经济合作的同时，须重视海洋环境以及海洋旅游资源的保护合作。二是邮轮经济依托陆域，重视陆海合作。邮轮经济的发展离不开陆域，人类的主要居住和生活环境是在陆域，许多邮轮经济门类是陆域经济在海洋领域的延伸发展，邮轮经济需要陆域提供空间，这些决定了邮轮经济合作必须重视陆海统筹发展。三是多边经济合作多，邮轮经济合作往往涉及海域边界范围的多个国家和地区，这是由海洋开放、联通、一体的自然属性决定的，也使得邮轮经济合作往往需要由多边合作组织来推动。四是邮轮经济发展面临海盗侵害风险，海啸、台风、赤潮等自然环境风险，各国主权与专属经济区划界矛盾带来的执法冲突甚至军事冲突风险等，因而在进行经济合作的同时，还要应对海上应急抢险与执法的合作管控风险。

二 ▶ 邮轮经济合作的意义与原则

（一）邮轮经济合作的意义

1. 优化要素配置

通过经济合作，能够实现资本、技术、人才、资源等生产要素在国家间、区域间、部门间的流动，促进海洋生产要素互通有无与优化配置，这是邮轮经济合作的根本意义所在。通过互补性要素的匹配，可扩大生产可能集，突破国家或地区的生产要素禀赋制约，促进经济持续增长。通过要素聚集，还可实现规模经济和范围经济，提高生产要素的使用效率和经济收益。例如，近年来，中船集团和芬坎蒂尼集团在邮轮制造方面积极展开合作，以提升我国邮轮制造生产要素的使用效率与经济效益，加快开展邮轮适应性改造。

2. 协调分工竞争

邮轮生产要素在国家间、区域间的市场化流动，可促使国家及区域之间根据要素禀赋、科技基础、比较优势等实现邮轮产业分工与产业链上下游分工，形成各国、各地区优势主导产业，避免相互间同质竞争，而国家、区域可以用政策、规划、税收等"看得见的手"，引导重点邮轮产业发展与邮轮经济合作，实现产业对接、分工合作、区域统筹、陆海统筹等发展目标。例如，在相邻沿海港口合作方面，天津、大连、青岛、烟台、秦皇岛等环渤海16个港口城市在2012年共同签署了《区域联合共谋发展》旅游合作协议。全面加强区域旅游联合，完善旅游合作机制；开展全方位旅游合作，推进区域旅游一体化；推进区域旅游新业态，联手开发新兴旅游产品；加强网络信息化建设，共创智慧旅游圈；制定市场拓展计划，联合进行市场营销；加强成员市交往，推进旅游企业间合作；建立质量保障机制，强化旅游市场监督。其目的是进一步推动城市间旅游合作，促进区域内开通邮轮航线，共同打造环渤海"金项链"旅游圈。

3. 扩大市场空间

国际邮轮经济合作也是进入国际市场的一种有效方式。世界各国或地区出于保护国内产业，促进技术发展与增进就业等考虑，对进口产品施以关税、许可证、配额、包装与卫生标准等种种限制。通过跨国并购、建立合资企业等直接投资方式可获得当地生产资质及相关认证等，绕开关税与非关税壁垒，扩大产品空间。

4. 保障航线安全

海上航运是海洋经济发展的根本，但海洋航线距离遥远，往往穿越多个国家（地区）的领海与专属经济区，海上环境与海况复杂，面临海啸、台风等自然环境风险和海盗侵害风险。因此，保障海上运输安全必须进行国际合作，包括建立运输安全信息交流通报制度，通过各国协调和协商，根据就近原则分区块负责航线安全以及海难事故的救援等。如：国际海事组织（IMO）的主要职责之一就是制定和修改有关海上安全，防止海洋受船舶污染，便利海上运输，提高航行效率及有关海上责任方面的公约。

（二）邮轮经济合作的原则

1. 坚持改革创新，安全高效

世界邮轮经济及其合作正处于快速发展期，合作的体制机制还不健全，应坚持在实践中不断改革创新国内外邮轮经济合作的体制机制，形成统一、透明的国内外邮轮经济合作体制。国际邮轮经济合作中应充分利用全球智力资源促进邮轮产业结构升级和技术创新，提高邮轮产业相关科技创新能力。

中国在坚持改革创新的同时，还须把握改革创新带来的风险，以及海洋环境与国际关系中的不确定性因素对邮轮经济合作的影响，增强风险意识和忧患意识，审时度势、量力而行、稳步推进，切实防范风险，维护好经济安全和利益。

2. 坚持市场导向，互利共赢

邮轮经济合作中应坚持市场导向，通过完善经济合作中的市场机制和利益导向机制，充分发挥市场在邮轮生产要素配置中的决定性作用，合理配置国际国内公共海洋资源，合理分配合作收益。积极创造良好的政策环境、体制环境和市场环境，激发市场主体的积极性和创造性。坚持互利共赢，尊重和照顾各合作主体的合理关切，扩大各合作主体的共同利益，妥善处理矛盾，顺应邮轮经济全球化发展趋势，共同分享发展机遇，共同创造更大的市场空间，走共同发展之路。

3. 坚持内外联动，陆海统筹

邮轮经济合作应坚持内外联动，把对外邮轮经济合作与国内邮轮经济区域协调发展紧密结合起来，互为补充、共同发展，完善经济对外开放区域格局在更大的范围内消除邮轮生产要素流动障碍，优化资源配置与经济效率。坚持陆海统筹，通过开展在资源开发、产业布局、交通通道建设、生态环境保护等领域的海陆经济合作，促进海陆两大经济系统的优势互补、良性互动和协调发展。

第二节　邮轮经济国际合作

一▶ 邮轮经济国际合作的类型与方式

（一）邮轮经济国际合作的类型

邮轮经济合作的内容十分丰富，随着国家间经济交往的扩大和国内经济管理方式的不断演进，邮轮经济合作的内容和方式也在不断发展创新。依据国际经济合作基本分类，并结合邮轮经济合作实践，从不同角度对邮轮经济合作做如下分类。

1. 基于宏观与微观视角的分类

基于宏观与微观视角，邮轮经济合作可分为宏观邮轮经济合作与微观邮轮经济合作。宏观邮轮经济合作，是指不同国家或区域政府之间，以及不同国家或区域政府同国际经济组织之间通过一定的方式开展的邮轮经济合作活动。多边邮轮经济合作与双边邮轮经济合作都属于宏观邮轮经济合作范畴。微观邮轮经济合作，是指以企业为主体的法人和自然人之间开展的经济合作活动。宏观邮轮经济合作为微观邮轮经济合作提供了平台、框架与方向，对微观邮轮经济合作起服务和指导作用，微观邮轮经济合作是宏观邮轮经济合作的构成基础和具体落实。本章主要在宏观视角上使用邮轮经济合作这一术语。

2. 基于广义与狭义视角的分类

基于广义与狭义视角，邮轮经济合作可分为广义邮轮经济合作与狭义邮轮经济合作。广义邮轮经济合作是指国家间、区域间和部门间在海洋领域除商品贸易以外的各种经济协作活动。狭义邮轮经济合作仅指邮轮产业领域国际工程承包、劳务合作和对外经济援助。本章主要在广义视角上使用邮轮经济合作这一术语。

3. 基于发展水平视角的分类

基于发展水平视角，邮轮经济合作可分为垂直型邮轮经济合作与水平型邮轮经济合作，垂直型邮轮经济合作是指邮轮经济发展水平差异较大的国家或地区之间、科技创新及生产技术水平差异较大的企业之间、处于产品价值链前后不同阶段的企业之间的经济合作。水平型邮轮经济合作是指邮轮经济发展水平差异不大的国家或地区之间、科技创新及生产技术水平差异不大的企业之间、处于产品价值链同一阶段的企业之间的经济合作。垂直型和水平型邮轮经济合作，既属于宏观邮轮经济合作的范畴，也属于微观邮轮经济合作的范畴。

（二）邮轮经济国际合作的方式

邮轮经济合作的方式多种多样。就国内邮轮经济合作而言，除产品交易外的各种形式经济往来都是合作行为，符合相关法律政策即可开展，无须专门分类讨论。而国际邮轮经济合作的主体分属不同国家或国际组织，所处的法律环境不同，需要政府间以立法、协议、构建组织等专门形式分类保障合作顺利进行。因此，以下专门对邮轮经济国际合作的方式进行介绍。

1. 国际邮轮投资合作

主要包括国际直接投资和国际间接投资两种方式。国际直接投资的具体方式有合资企业、合作企业、外商独资企业等。国际间接投资主要包括国际证券投资和国际信贷投资两种方式，具体形式包括发行国际债券、境外发行股票、外国政府贷款、国际金融组织贷款、国际商业银行贷款、出口信贷、混合贷款、吸收外国存款、项目融资、国际风险投资以及国际租赁信贷等。

2. 国际邮轮科技合作

国际邮轮科技合作包括合作开发、有偿转让、无偿转让等具体形式。合作开发指合作主体以合资或合作企业、合作协议等形式共同进行的技术研发活动。有偿转让主要指国际技术贸易，所采取的形式有许可证贸易分为专利、商标和专有技术许可等，技术服务、合作生产或合资经营中的技术转让，工程承包或补偿贸易中的技术转让等。无偿转让一般以科技交流或技术援助的形式出现。

3. 国际邮轮劳务合作与工程承包

国际邮轮劳务合作的具体形式有劳务人员的直接输出和输入、国际旅游咨询、服务外包和加工贸易中的一些业务环节等。国际邮轮工程承包，具体方式包括总包、单独承包、分包、二包、联合承包和合作承包等。国际邮轮工程承包涉及的范围比较宽，不仅涵盖工程设计和工程施工，还包括技术转让、设备应与安装、资金提供、人员培训、技术指导和经营管理等。

4. 国际邮轮发展援助

国际邮轮发展援助，主要包括对外援助和接受国外援助两个方面，具体形式有财政援助、技术援助、项目援助、方案援助、智力援助、成套项目援助、优惠贷款、援外合资合作等方式。如：国际海事组织（IMO）利用联合国开发计划署等国际组织提供的经费和捐助国提供的捐款，为发展中国家提供一定的技术援助。

5. 国际邮轮经济信息合作

国际邮轮经济信息合作是指通过商业化或公共媒介等渠道，在邮轮经济合作主体之间开展市场需求、行业发展、生产技术、材料供应、法律政策、资源环境等方面信息的收集与交流合作，为经济合作的预测、决策、协调和战略规划等提供基础。

6. 国际邮轮经济政策的协调与合作

国际邮轮经济政策的协调与合作是指不同国家、地区政府或行业主管部门通过邮轮经济发展政策、规划等在目标、原则、路径、措施等方面的对接与协调，以消除经济交往中的障碍和矛盾，促进国家、地区或行业主管部门间邮轮经济合作的顺利开展。

二▶ 邮轮经济国际合作领域

（一）邮轮港口国际合作

欧洲港口界长期以来都有联营合作的消息传出，港口间纷纷签署各种有关合作的谅解备忘录。据欧洲海港组织（ESPO）研究表明，欧洲港口所展开的广泛国际联营合作，有海港与海港之间的合作，也有海港与内陆港或无水港之间的合作：或组成战略市场同盟，或直接投资合作。港口的战略性合作主要致力于共同开发腹地资源、共同推广港口业务、共同开发计算机网络等方面；直接投资合作主要是向本港以外其他海域的开发工程、内陆港或无水港直接投入资金，或对其他港口管理机构、其他港口内的运营公司投资。

例如，拉脱维亚的里加自由港与4个国家的港口结成"姐妹港"，分别是法国的勒阿弗尔港、摩洛哥的卡萨布兰卡港、西班牙的桑坦德港和克罗地亚的里耶卡港。目的是加强港口间合作、促进贸易和商业往来、交流港口发展和环境保护等方面的信息，并开展计算机系统管理的合作，共同探讨货物存储、清单管理、联合推广、安保措施等管理经验。

里加自由港同时也是欧洲港口一体化项目的成员之一，该项目旨在加强欧洲港口在海运业可持续发展、内陆运输基础设施建设等方面的合作，其他成员还有德国汉堡港、西班牙巴伦西亚港、比利时安特卫普港、法国马赛福斯港、芬兰哈米纳港、意大利热那亚港和安科纳港、爱沙尼亚塔林港、立陶宛克莱佩达港、俄罗斯加里宁格勒港。

亚洲港口也与外国同行通过携手合作以谋求长足发展。中国香港与深圳，英国、荷兰、巴拿马等国的港口相互出资、共同构筑信息网络。

（二）邮轮人才培养国际合作

在邮轮人才培养上，基本可以划分为院校学历教育与机构协会职业化培训教育的模式，这其中都少不了与邮轮企业的紧密合作。比如，英国普利茅斯大学开设的邮轮管理专业与P&O邮轮公司以及英国嘉年华公司合作培养邮轮管理人才。经过为期3年的全日制教育，学生可以在第三年通过特定的培训后到合作邮轮公司的邮轮上或者是酒店服务行业进行岗位带薪实习。实习结束后，根据双方自愿选择的原则，表现良好且有意愿的学生可以留在邮轮上继续工作。

再比如德国的汉堡商学院与TUI邮轮公司合作开设的邮轮旅游专业，分为理论学习与企业培训两个板块。在学生就学期间，两个板块定期进行等时交替学习。理论学习又分为专业理论课程和理论应用方法论课程，其中40%的理论课程由校内教授主讲，其他部分则由专业讲师和来自企业实务部门的特聘讲师讲授。企业培训板块中的理论知识应用学习与实践经验培养在与该校具有合作关系的国内外企业中进行，以业务培训为主要形式。

另外，还有一种就是行业协会组织主要针对邮轮旅游相关行业从业人员的培训。比如，CLIA就会定期举行针对旅行社、专业邮轮网站的销售人员开展培训班并颁发相关证书，邮轮公司根据旅行社取得的不同层次证书与其签订不同层次的代理资格合同，开展不同层次的邮轮销售业务。

（三）海洋环境保护国际合作

优良的海洋环境不仅对渔业资源、远水综合利用等行业至关重要，还是邮轮经济可持续发展的必要条件。随着经济社会不断发展，人们对海洋环境的要求也越来越高，海洋环境保护对沿海地区自然景观、生态资源、人类生命健康的作用不断凸显。在海洋环境保护领域进行国际合作的必要性有三个方面。

一是海洋是一个流动的、联通的整体，海洋污染也具有流动性强、分布范围广、跨海域、跨国界的特点，因此海洋污染需要各国共同治理。二是海洋广阔，消除环境污染的成本高昂，因而需要各国共担成本。三是世界海洋面积中60%以上是公海，因而海洋环境保护具有全球公共事务特征，需要各国共同参与。我国积极参与全球海洋环境保护工作，已缔结或参加的涉及海洋环境保护的国际条约有十多部，主要包括1954年《国际防止石油污染海洋公约》、1972年《防止倾倒废物及其他物质污染海洋公约》、经1978年议定书修订的1973年《国际防止船舶造成污染公约》、1982年《联合国海洋法公约》、1900年《国际油污防备、反应和合作公约》、1992年《生物多样性公约》等。并参与了"扭转南中国海及泰国湾环境退化趋势""西北太平洋行动计划""保护海洋环境免受陆源污染全球行动计划"等联合国倡导的海洋环境保护合作项目。这些国际海洋环境合作项目也有力推动了国内海洋环境保护，在红树林、珊瑚礁及湿地保护、消除陆源污染、海岸带综合管理，以及环境保护科技、标准和制度、法律法规建设等方面取得显著进步。

与国际先进水平相比，我国在海洋环境保护技术及制度上仍相对落后，需通过海洋环境国际合作获得持续改善。合作重点领域包括，区域性海洋环境管理中的政策和法规，企业的清洁生产技术、循环经济技术、环境监测技术、污染物治理技术、总量控制技术、容量测算技术等海洋污染监控防治技术，滨海湿地、渔业资源等生态资源的监测、保护、修复、管理等技术与制度措施。

三▶ 邮轮经济国际合作机制

（一）合作机制的概念和分类

合作机制，是指以一定的运作方式和过程把各个合作主体联系起来，使其相互作用、协调运行，以达成特定的合作目的。在邮轮经济国际合作中，各主体的地位是独立平等的，将各合作主体联系起来的运作方式或过程，由显性或隐含的制度进行规定，并在现实中体现为组织、公约、会议、对话、论坛等多种具体形式或不同形式的结合。在不同语境中，合作机制既可以是一种抽象表达，也可以指某种具体的合作形式。文献中与某项具体合作机制含义相近的表达还有合作框架、合作平台等，其语义偏重不同。

根据不同标准，可对国际经济合作机制进行相应分类。按合作主体的数量多少可分为双边合作机制与多边合作机制；按合作主体的性质可分为政府合作机制与非政府合作机制；按合作机制的时效可分为常设合作机制与一次性合作机制；按合作机制的紧密程度可分为松散合作机制与紧密合作机制；从合作机制的功能角度看，还可分为对话机制、工作机制、激励机制、约束机制、保障机制和风险控制机制等。

（二）邮轮经济国际合作机制

邮轮经济国际合作机制具体可划分为全球性的政府合作机制，如国际海事组织；政府间多边合作机制，如欧盟、东盟、"一带一路"等；政府间双边合作机制及非政府间的合作机制，如国际邮轮协会（CLIA）、地中海邮轮协会（Med Cruise）、欧洲海港组织（ESPO）、佛罗里达-加勒比海邮轮协会（FCCA）、亚洲邮轮码头协会（ACTA）等。

1. 全球性的政府合作机制——国际海事组织

国际海事组织是联合国负责海上航行安全和防止船舶造成海洋污染的一个专门机构，总部设在英国伦敦。国际海事组织由大会、理事会和4个主要委员会组成，即海上安全委员会、海上环境保护委员会，法律委员会和技术合作委员会。此外还有一个便利委员会和主要技术委员会的一些分委会。国际海事组织运作之初，主要致力于创制有关海上安全和防止海洋污染的国际公约。到20世纪晚期，这一工作已基本完成，此后，国际海事组织的工作主要集中于不断地发展海运业的国际立法。该组织的工作重点是保证《国际海事组织公约》及其他条约被已经接受的国家正确地履行。主要活动是召开全体成员国大会，制定和修改有关海上安全、防止海洋污染、便利海上运输和提高航行效率及与此有关的海事责任方面的公约、规则、议定书和建议案，交流在上述事项方面的实际经验，研究相关海事报告，利用联合国开发计划署等国际组织提供的经费和捐助国的捐款，向发展中国家提供技术援助；召开各委员会会议，研究与各专业委员会业务有关的事务并提出建议。组织宗旨为促进各国间的航运技术合作，鼓励各国在促进海上安全，提高船舶航行效率，防止和控制船舶对海洋污染方面采取统一的标准，处理有关的法律问题。

2. 政府间多边合作机制

（1）欧盟（European Union）

欧洲联盟是欧洲多国共同建立的政治及经济联盟，总部设在比利时首都布鲁塞尔，该联盟拥有27个会员国（英国于2020年1月退出），宗旨是促进和平，追求公民富裕生活，实现社会经济可持续发展，确保基本价值观，加强国际合作。欧洲旅游对经济的贡献占欧洲GDP的10%左右，其中邮轮业占相当大的比重。根据国际邮轮协会（CLIA）2018年邮轮业年度报告，2017年邮轮业对欧洲经济的贡献为478.6亿欧元。欧洲是全球第二大客源市场，

2017年有696万欧洲人选择邮轮度假，比2015年增加7.8%；也是全球第二大最受欢迎的邮轮目的地，2017年从欧洲港口出发的邮轮客运量为650万人次，比2015年增加6.1%。

在欧盟法下，邮轮旅游因包含游览、食宿、运输、娱乐等构成包价旅游的因素，大部分归入包价旅游的规制范畴。2013年欧盟实施的"亚得里亚与爱奥尼亚海海洋战略"所确定的七个重点领域中，明确提出要重点支持沿海与海上旅游的可持续发展。为顺应邮轮旅游业的快速发展，欧盟先后完善并出台了相关法规以调整邮轮旅游业中的各种法律关系，并针对邮轮游客在内的海上旅客制定了较为完善的权利保护制度：《海上旅客权利条例》规定了旅客在航程中断情况下获得赔偿的标准，并为残障旅客的出行设立一系列的保护与援助制度；《承运人责任条例》就旅客在海上旅行中发生人身伤亡及财产损害情况下承运人的责任及赔偿标准进行确定；《包价旅游规定》则从旅游合同的角度规范旅游经营者的行为。各种法规赋予了旅客不同权利，并提出了相应的救济办法，为旅客们更加便利的邮轮旅行进行法律上的保障。

（2）东盟（Association of Southeast Asian Nations）

东盟即东南亚国家联盟，其宗旨和目标是本着平等与合作精神，共同促进本地区的经济增长、社会进步和文化发展，为建立一个繁荣、和平的东南亚国家共同体奠定基础，以促进本地区的和平与稳定。东南亚区域拥有一年四季的热带气候、平静的海水、丰富的自然文化旅游资源，所以全年都是邮轮旅游业的旺季。众多国际知名邮轮品牌已经到往东南亚地区进行邮轮的季节性停靠。2015年，在东盟共同的纲领下，来自新加坡、马来西亚、泰国和菲律宾的代表在邮轮业迈阿密大会上共同宣传这一地区邮轮业的发展潜力。这是东盟国家首次以此种形式合作。2017年东盟旅游论坛联合声明中强调东盟各国将大力推动邮轮旅游合作发展，并提出至2035年接待游客量达450万人次的目标。

（3）"一带一路"（The Belt and Road）

"一带一路"是"丝绸之路经济带"和"21世纪海上丝绸之路"的简

称。它充分依靠中国与有关国家既有的双多边机制，借助既有的、行之有效的区域合作平台，积极发展与沿线国家的经济合作伙伴关系，共同打造政治互信、经济融合、文化包容的利益共同体、命运共同体和责任共同体。邮轮是移动的海上国土，是21世纪海上丝绸之路建设的重要实践窗口。加强"一带一路"邮轮旅游合作，将进一步巩固和突出区域经济合作的"主旋律"，提升政治互信，扩大中国与周边国家的利益契合点，塑造良好的周边环境。

2015年，中国发展改革委、外交部、商务部联合发布了《推动共建丝绸之路经济带和21世纪海上丝绸之路的愿景与行动》，提出要推动21世纪海上丝绸之路邮轮旅游合作。如加强福州、厦门、泉州等沿海城市港口建设，积极打造成为"一带一路"特别是21世纪海上丝绸之路建设的排头兵和主力军；努力推动环海南岛邮轮旅游和"中国—东盟"邮轮旅游产品建设；进一步优化升级北海至越南下龙湾航线，提升质量，加快将航线延伸至越南南部沿海城市，逐步延伸至马来西亚、新加坡、印尼、文莱、菲律宾、泰国等东南亚国家沿海城市及海上丝绸之路沿线其他国家相关城市。

2017年，"一带一路"泛南海邮轮论坛在海口举办，主题为推动"泛南海"邮轮旅游合作，共享邮轮经济发展成果。邀请多家国内外知名邮轮企业、邮轮代理商及港口企业参加。目标是加强"泛南海"国家（地区）旅游、港务、邮轮销售商的交流与合作，发布"泛南海"邮轮旅游发展前景白皮书，吸引邮轮公司开拓"泛南海"邮轮航线等。2018年，博鳌亚洲论坛年会"中国—东盟省市长对话"活动在海南举行。与会各方围绕"21世纪海上丝绸之路沿线邮轮旅游合作"主题展开对话，倡议成立"21世纪海上丝绸之路沿线邮轮旅游城市联盟"。对话就推动中国与"海丝"沿线有关国家和地区开展邮轮旅游产业务实合作进行交流，尤其对开展邮轮旅游合作、开辟邮轮航线、推动港口建设、发展邮轮建造、开放邮轮签证政策、开展邮轮旅游推广等进行探讨，形成共识。

3. 非政府间的合作机制

包括国际邮轮协会（CLIA）、地中海邮轮协会（Med Cruise）、欧洲海港组织（ESPO）、佛罗里达—加勒比海邮轮协会（FCCA）、亚洲邮轮码头协会（ACTA）等。详尽内容请参考第八章第三节。

第三节 邮轮经济国内合作

一▶ 邮轮经济国内合作的内容和方式

（一）环渤海邮轮经济合作内容和方式

环渤海地区包括北京市、天津市、河北省、辽宁省、山东省和山西省、内蒙古自治区一部分，面积186万平方千米，幅员辽阔，链接海陆，区位条件优越，自然资源丰富，产业基础雄厚，是我国最具综合优势和发展潜力的经济增长极之一。

环渤海地区港口群体由辽宁、津冀和山东沿海港口群组成，服务于我国北方沿海内陆地区的社会经济发展。环渤海区域旅游资源种类多、密度大，特别是海洋和港口资源，得天独厚，发展邮轮产业十分有利，完全可以打造出现代休闲港湾的旅游品牌。"C"字形的渤海湾海水清澈、风小浪缓、港口不淤不冻、受台风影响小，沿海湾项链般串起各具特色的16个港口城市。

作为对于区域邮轮经济的有力支持，环渤海地区港口群的旅游合作已经展开。2005年10月14日，环渤海港口城市旅游合作组织在天津成立，就加强区域合作、推动资源整合发挥放大效应，共同打造环渤海"金项链"无障碍旅游圈，并达成《环渤海港口城市旅游合作框架协议》。在环渤海的海岸线上，各临海港口城市有着共通之处，同时又各有特色，成了"金项链"旅游圈一个个闪耀的亮点。环渤海旅游圈具有明显优势，一是地理结构同一性强，易于形成集合效应。二是旅游资源富集，易于形成品牌效应，三是经济发达、市场广阔，易于形成放大效应。天津港是环渤海区域发展邮轮经济条件最好的港口，也是中国北方最大港口，接纳了越来越多的外籍邮轮。据统计，2016年其接待量首次突破100艘次大关。2017年，天津港接待国际豪华邮轮175艘次，进出港国际邮轮旅客突破94万人次，同比增长31%，双创历史新高。近几年，大连港加强建设邮轮码头，为世界级豪华邮轮停靠提供了优良环境，逐渐成为国际邮轮频频光临的主要港口。青岛邮轮母港拥有明显优势，包括自然条件好、旅游资源佳、管理团队强、可靠船舶吨位大、服务设施优等，2016年，共计运营90个母港航次，接待出入境邮轮旅客8.95万人次，皇家加勒比、歌诗达、地中海等世界知名邮轮公司来青运营多个航次，进一步推动了岛城邮轮旅游品质升级。

环渤海地区邮轮经济的发展十分迅速，但与长三角地区、珠三角地区相比，环渤海地区在邮轮经济合作的广泛性和机制化方面还有所欠缺。未来应以《环渤海地区合作发展纲要》为指导，根据区域特点在邮轮经济合作方面进行体制机制创新，充分发挥各地比较优势和主动性，推动环渤海地区邮轮经济的协同与持续发展。

（二）长三角邮轮经济合作内容和方式

长江三角洲是长江入海之前的冲积平原，是长江中下游平原的重要组成部分。长江三角洲地区共有27个城市，面积21万平方千米。北起通扬运河，南抵钱塘江、杭州湾，西至南京，东到海边，包括苏、浙、皖、沪三省一市全部区域。该区域岸线平直，海水黄浑，有一条宽几千米到几十千米的潮间带浅滩。

以上海为代表的长三角区域是我国最早提出区域合作的经济区域，特别是在"十一五"规划中，国家有意成立"环渤海经济圈"和"长江三角洲经济圈"两个区域经济试点，这表示长三角经济一体化进程迈入国家战略。根据国家统计局数据显示，长三角城市上半年居民人均可支配收入连续第三年增长超。长三角作为中国经济最发达和人口最密集地区，以其2.2%土地面积和11%左右的人口，创造了中国20%左右的国内生产总值。2019年上半年，上海生产总值16 409.94亿元，同比增长5.9%；浙江省生产总值28 256亿元，同比增长7.1%；江苏省生产总值48 582.7亿元，同比增长6.5%；安徽省生产总值15 664亿元，同比增长8%。

长三角区域是我国旅游业最发达的地区之一，在资源、市场、设施、人才和信息等方面都有良好的禀赋条件和巨大的合作空间。2003年，长三角15市以"2003江浙沪旅游年"活动为契机，在旅游资源配置范围和提高旅游资源共享程度方面，大大地向前迈了一步。2003年7月，首届"长三角旅游城市'15+1'高峰论坛"在杭州举行，发表了《杭州宣言》，提出联手建立"长三角无障碍旅游区"，相继出炉的《黄山共识》《无锡倡议》，则把视野放在了打造世界范围的"旅游强区"上。邮轮相关产业的有力支持，使长三角邮轮区域成为我国邮轮经济最发达的区域，2008年国际邮轮三巨头联袂入驻上海，嘉年华集团、皇家加勒比邮轮公司和丽星邮轮公司均已在上海北外滩安营扎寨。上海港国际客运中心建成，标志着上海建立邮轮母港具备了基础条件，推动了上海邮轮经济的实质性进展。

作为中国邮轮门户的上海吴淞口国际邮轮港，自2011年开港以来，累计接靠邮轮突破2 000艘次，接待出入境游客1 300余万人次。2017至2018年连续两年的邮轮停靠艘次成为亚洲第一，在2019年我国邮轮旅游正式进入战略调整阶段后位列亚洲第三（见表9-1）。

长三角区域一体化程度不断提高，邮轮经济竞争力较强，但邮轮经济发展的地区协调性较差，存在海洋交通运输业的重复建设，各地基础设施对接不畅，海洋科技合作与跨区域生态环境治理合作不足等问题。应在长三角整体区域合作框架内持续进行邮轮经济合作的体制机制创新，为邮轮经济整合与持续发展提供制度保障。

表9-1 2017-2019年亚洲邮轮母港停靠艘次及增长率

单位：艘次

	2017	2018	2019
新加坡港	393	374（-4.8%）	400（7.0%）
中国台湾基隆港	237	322（35.9%）	284（-11.8%）
中国上海吴淞口国际邮轮港	581	416（-28.4%）	276（-33.7%）
中国香港	263	249（-19.4%）	255（2.4%）
日本福冈港	341	245（-28.2%）	245（0%）
日本冲绳港	213	231（8.5%）	243（5.2%）
日本长崎港	247	214（-13.4%）	198（-7.5%）
泰国普吉岛	150	219（46%）	188（-14.2%）
马来西亚乔治敦港	207	139（-32.9%）	158（13.7%）
韩国济州港	477	22（-95.4%）	29（31.8%）

资料来源：2019 Asia Cruise Deployment & Capacity Report

（三）泛珠三角邮轮经济合作内容和方式

泛珠三角区域包括福建、江西、湖南、广东、广西、海南、四川、贵州、云南和香港、澳门，拥有全国约1/5的国土面积、1/3的人口和1/3以上的经济总量，是我国经济最具活力和发展潜力的地区之一，在国家区域发展的总体格局中具有重要地位。广东已连续多年同时是全国第一人口大省、第一海洋大省、第一经济大省、第一旅游大省。珠三角九个城市有八个是沿海城市，改革开放以来，珠三角经济发展从内陆主导型模式逐步转变为内陆与海洋并重型模式。海洋资源已成为珠三角经济发展最重要的战略资源之一。

　　珠江口地区大力发展海洋高科技产业和邮轮产业，已成为我国邮轮经济发展最具活力和潜力的地区之一。广东改革开放在于毗邻海洋的区位优势，广东有别于国内其他省份的最大优势在于拥有辽阔的海洋国土资源，海洋影响了广东的昨天，成就了广东的今天，更决定着广东的明天。发展邮轮经济，不仅是开发利用海洋国土资源的有效途径，而且可以直接将海洋资源优势转化为经济发展优势，形成以南中国海为支撑，以珠三角为中心，以粤东、粤北、粤西为腹地的资源互补、产业关联、梯度发展的多层次邮轮产业圈，从而带动泛珠三角地区乃至南中国地区的经济发展。在新的规划发展时期，根据国家对珠三角的战略定位和对珠三角发展邮轮经济战略意义的研判，珠三角邮轮经济发展的战略定位是：邮轮经济是提升珠三角产业层次和竞争力，直接推进珠三角世界先进制造业和现代服务业等现代产业体系建设，突破现有传统发展模式的瓶颈制约，发展低碳经济，实现科学发展，引领珠三角从大陆经济与海洋经济兼备型向邮轮经济主导型发展。

　　2009年12月1日国务院发布《国务院关于加快发展旅游业的意见》（国发〔2009〕41号），强调"支持有条件的地区发展邮轮游艇旅游"和"把邮轮游艇旅游装备制造业纳入国家鼓励类产业目录"。而珠江三角洲地区属于上述"有条件的地区"。广东省应按照国务院文件要求和国家发改委2008年6月发布的《关于促进我国邮轮业发展的指导意见》，尽快研究编制《珠江三角洲地区邮轮经济发展规划》，并相应发布重点鼓励珠三角邮轮经济发展的产业政策。2017年3月2日，广东省政府印发《广东省贯彻落实国家"十三五"旅游业发展规划实施方案》（粤府函〔2017〕39号），要求支持广州、深圳建设邮轮母港，珠海、汕头、湛江等市建设邮轮访问港。支持深圳建设中国邮轮旅游发展试验区，支持自主邮轮全产业体系发展。制定广东游艇旅游发展指导意见，促进游艇旅游消费，构建游艇旅游产业集群。广东省政府有关主管部门应按照中央政府和广东省政府的要求，协商香港、澳门特区政府有关部门，将邮轮游艇经济及海工装备制造与服务业编入《粤港澳大湾区发展规划》，并发布相应的产业政策。

泛珠三角区域作为南海资源开发的主要承担者，在未来邮轮经济发展中将承担更多的使命。泛珠三角区域各省区之间应以南海开发为战略导向，持续整合资源、对接规划、合理分工，建立良好的区域邮轮经济协调发展运行机制，共同实现南海战略背景下泛珠三角区域邮轮经济的协同发展。

（四）海峡两岸邮轮经济合作内容和方式

台湾地区位于东南沿海大陆架上，东临太平洋，西隔台湾海峡与福建省相望，最窄处约130千米。台湾由本岛和86个岛屿组成，主要岛屿有澎湖列岛、钓鱼岛列岛、兰屿、绿岛等。台湾地区海岸线总长达1 700多千米，管辖海域面积为陆地面积的4.7倍。台湾海峡是东北亚各国联系东南亚、印度洋以及中东和地中海的海上通道，航线密集，具有重要的航运价值。

两岸区域隔海相望，咫尺海峡，海峡可谓是双方进行旅游交流活动便捷的海上通道。厦门角屿至小金门的最近距离仅1 000多米，平潭岛与新竹的距离只有111.12千米，厦门港东距基隆411.14千米、高雄305.58千米、台中240.76千米，可见，地缘相近的旅游区位条件使闽台旅游的可达性大大提高。

2010年8月，国家交通运输部正式批准舟山市包租邮轮赴台湾开展佛教文化交流活动的申请，南海观音宝岛慈航邮轮活动于9月27日启航赴台。两岸地区的邮轮港口建设初具规模，港口服务设计基本完善。2009年，台湾邮轮市场取得空前的发展，在这一年，两岸邮轮直航突破了之前的种种限制，取得突飞猛进的发展。这一发展是两岸共同努力的结果：两岸直接三通基本实现，人员往来更加便捷，互动更加频繁，联系更加密切，了解更加深入，两岸交流合作站在一个新的历史起点上。

近年来邮轮在欧美消费市场日趋饱和，世界邮轮市场的重心正在逐步向亚洲转移，邮轮公司纷纷寻找新的市场，而我国对邮轮的消费需求也日益旺盛。两岸的邮轮市场潜力巨大，已经在港口设施、市场需求、旅游资源和邮轮文化等方面做了充分准备。两岸邮轮经济合作的前景空间非常大，港口交流和邮轮直航，将成为促进两岸邮轮经济合作的巨大动力之一，如果台湾放宽大陆游客搭邮轮赴台旅游的限制，配合大陆推动两岸多港挂靠之旅，两岸邮轮经济合作前景会更广。

二▶ 邮轮经济国内合作机制

（一）国内经济合作机制特点

我国经济管理以条块分割的行政体系为主体，中央和地方各级政府部门、机构等服从自上而下的指挥领导关系。这一体制分工明确，决策及实施效率高，但缺乏横向联系，不利于发挥各自的比较优势及合作积极性。国内经济合作机制的建立有助于弥补这一缺失，是对垂直管理的经济管理体系的有效补充。在海洋经济国内合作中，各级政府部门、机构、企事业单位等合作主体处于同一体制与法律环境之下，或者可能归于同一上级政府领导，或者相互之间可能有工作指导关系，因此合作主体之间的地位往往并非完全平等。合作主体相互之间的合作一般不是法律规定的各主体本身长期性、根本性的职责，而是具有时间上的阶段性和事务上的针对性。此外，合作工作本身难以用硬性指标考核，其完成程度往往具有主观性和灵活性。

合作主体与合作工作的各项特点，决定了国内经济合作一方面可以更深入、更紧密地开展：另一方面，也需要以复杂多样的合作机制，将合作主体约束、结合在一起，以激励努力、相互配合、协调运行，达成合作目标。将各合作主体联系起来的运作方式或过程，主要体现在各种制度、政策、文件、规定等的制定、执行，在实践中表现为相应的组织设置及各类活动。

（二）国内经济合作机制分类

与国际经济合作相对侧重建立实体性组织和正规章程来促进合作不同，国内经济合作侧重在已有政府部门和机构间强化横向联系和协调，通过各种灵活方式开展经济合作，因而从内涵职能角度出发对国内经济合作机制进行分类阐释更具意义。从合作机制涵盖的不同职能看，合作机制从虚到实可分为对话协商机制、统筹规划机制、实务合作机制和技术共享机制四种类型。

1. 对话协商机制

对话协商机制是指经济合作主体通过一定的方式交流信息、加深了解、建立联系、共同探讨问题、商谈对策以及探索深入合作等。实践中的主要合作方式是论坛、会展、对话等。对话协商机制是联系程度较浅的一种合作机制，主要用于开展初步的意向性合作。

2. 统筹规划机制

统筹规划机制是经济合作主体在掌握充分信息、辨明各自优势和劣势后，共同对开展经济合作的目标、原则、重点等进行长期规划，统筹安排各主体的工作任务，以便分工协作、相互配合，协调运行。统筹规划机制一般是区域、部门等较高层级的合作主体间开展深入合作的机制，实践中主要体现为合作规划、合作意见、共同宣言等。

3. 实务合作机制

实务合作机制是指合作主体在具体工作层面建立联系、开展合作的机制，包括合作的内容与重点工作安排、具体进行合作的形式、工作标准的制定、统一或互认以及工作流程的制定、衔接与配合等。实务合作机制是主体间开展具体合作工作的机制，实践中主要体现为合作主体间的联席会议制度、定期会议制度、合作（框架）协议、工作协调制度、信息平台建设、秘书机构设立，以及相应的利益分享、监督约束、绩效评估与考核机制等。

4. 技术共享机制

技术共享机制是指合作主体间通过一定的方式交流技术信息、转让专利或专有技术、共同开发新技术以及推动技术产业化等。实践中多采用产业技术创新联盟、联合攻关、创新平台共建、邮轮科技园区共建等具体方式。

第四节 "泛南海邮轮旅游圈"的合作机制 与实现路径研究

"邮轮旅游圈"是指邮轮公司为获得最佳效益,以旅游资源配置为核心,以邮轮港口和航线为纽带,通过辐射地区、客源市场构建的具有一定地理范围的邮轮旅游经济合作发展区域。从全球邮轮航线分布看,现已形成加勒比海、地中海、北美、北欧、东北亚、东南亚和中亚七大邮轮旅游圈。其中,受中国经济的带动影响,以南海为主架构的东南亚邮轮旅游市场增长最为强劲,未来南海具有成为全球新的邮轮旅游经济中心的潜质。同时,南海地区由于开发较晚,加上旅游安全方面因素的影响,还远未形成定位多样、主题明显、长短结合的航线布局。因此,迫切需要增加航线及航次,打造"泛南海邮轮旅游圈"以适应区域内邮轮旅游业的快速发展。

一▶ 背景

南海位于中国大陆的南方,是太平洋西部海域,自然海域面积约350万平方千米,南海周边国家(地区)从北部顺时针方向有中国台湾地区、菲律宾、马来西亚、文莱、印尼、新加坡、泰国、柬埔寨、越南、中国大陆地区。从海域角度,"泛南海邮轮旅游圈"是以中国南海约210万平方千米海域为核心,辐射南海约350万平方千米的大南海区域。因为所辐射的东盟国家其海域地处南海海域,泛南海的概念,把柬、泰、老、缅等东盟国家包括进来,形成围绕南海更开阔更广泛的合作关系,探索建设一站式、一程多站式国际邮轮旅游航线,向西南链接越南、老挝、柬埔寨、泰国和缅甸;向东南辐射菲律宾、文莱;向南辐射新加坡、印度尼西亚、马来西亚的泛南海邮轮旅游圈。

泛南海地区气候宜人，旅游资源丰富，文化独特，在发展邮轮旅游方面有着得天独厚的条件，完全具备成为继加勒比、地中海地区之后的又一个邮轮旅游区域中心的潜力。

二　南海地区开展邮轮旅游合作的制约因素

（一）地区政治军事不稳定

邮轮旅游不仅受气候等自然环境和人文环境的影响，在一定程度上也受到政治军事因素的影响。由于南海周边国家之间缺乏政治互信，某些国家单方面谋求自身利益最大化，使得南海的主权归属问题和南海海域划界问题的谈判难以进入实质性的外交轨道。南海问题在短期内难以得到突破性的进展。而区域外国家不断公开介入南海事务，向某些争端国释放了错误的信号，甚至增加军事干预强度，这些行为不仅为南海问题的解决设置了新的障碍，而且使地区和平稳定面临重大挑战。因此南海地区长期存在的海洋争端为邮轮旅游合作带来较多的不确定性。

（二）邮轮市场持续放缓

过去十年，是中国邮轮产业暴发式增长的时期，邮轮产业规模迅速扩大（如图9-1、图9-2）。而当前，中国邮轮进入市场调整期，旅客、航次增长都缓慢下来。根据前瞻产业研究院统计数据显示，2018年1～8月份全国11个邮轮港口接待出入境邮轮旅客341.16万人次，增长了5.5%，接待邮轮663艘次，下降10%。其中，母港旅客331.27万人次，增长7.2%，母港艘次619个，下降9%；访问港旅客9.89万人次，下降33%，访问港艘次44个，下降32%。其中母港艘次、访问港旅客人次以及访问港艘次均出现下降。国内邮轮市场的持续放缓对"泛南海邮轮旅游圈"的打造增加了一定难度。

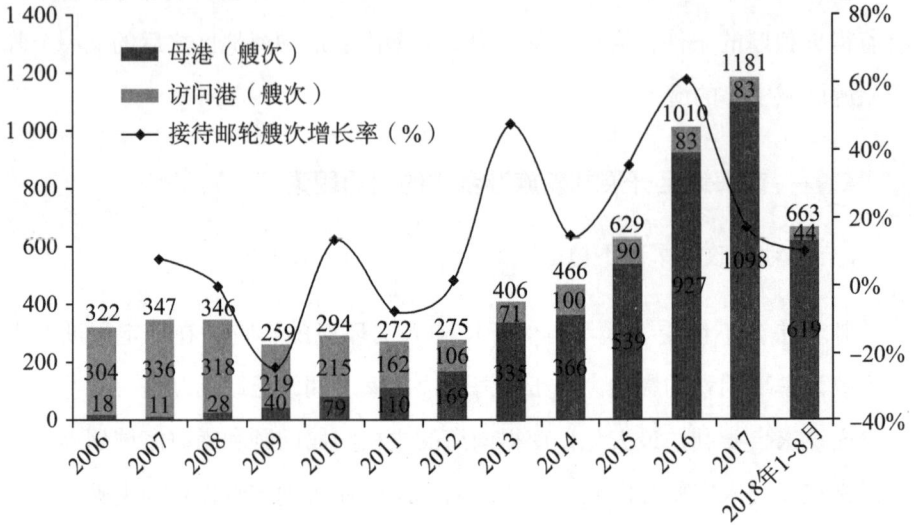

图9-1　2006—2018年中国港口邮轮接待量以及增长率变化趋势（单位：艘次，%）

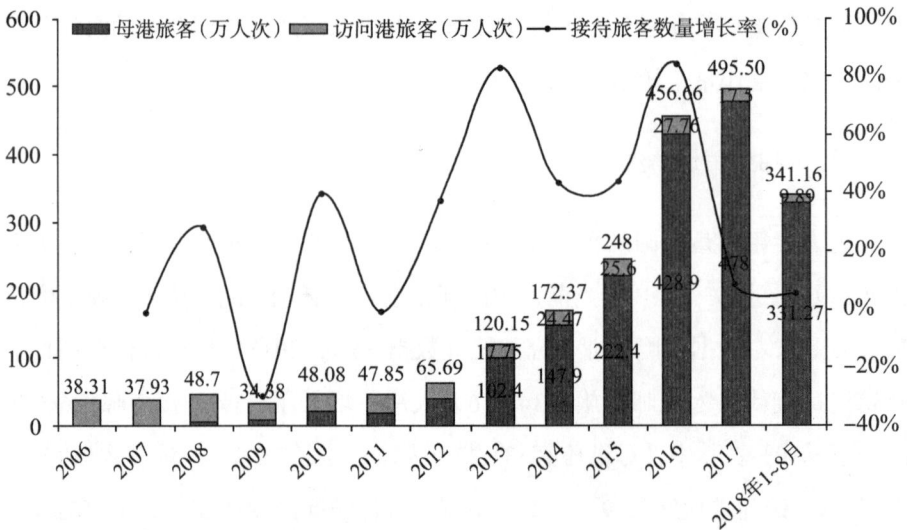

图9-2　2006—2018年中国港口游客接待量以及增长率变化趋势（单位：万人次，%）

资料来源：前瞻产业研究院统计数据

（三）产业链关键环节薄弱

2017年"中国海事金融（东疆）国际论坛"邮轮经济分论坛上指出，目前中国邮轮的产业链未向上下游延伸。在上游产业方面尚属空白，下游物资供应方面，在国际邮轮公司亚洲航线的上万种采购和补给物品中，中国只有250种左右。这表示中国邮轮经济总体规模小，对经济的拉动作用尚未真正显现。且目前我国南海地区没有中国大陆企业投资和控股的大、中型运营邮轮，我国在邮轮旅游产业链中的船舶设计和建造等高附加值环节还很薄弱，核心技术和工艺主要由德国、法国和意大利等掌握。

（四）邮轮本身的旅游价值遭到忽视

邮轮本身就是移动的海上度假村和旅游目的地，但由于旅行社营销和引导的偏差，目前大部分游客仍将邮轮看作比较豪华的交通工具，从而更加注重岸上城市的观光和购物。

（五）配套设施、服务和人才不足

我国南海地区一些重要城市的邮轮母港和停靠港的基础设施建设严重不足，邮轮码头接待服务水平较低，人流、物流和车流等达不到安全、便捷和舒适的标准。我国邮轮旅游领域管理、运营、航海和轮机等方面的专业人才较少。

三 ▶ "泛南海邮轮旅游圈"的合作机制

海南省地处泛珠三角、东盟经济圈、太平洋经济圈的战略要地，岛南部的三亚市地处南海海上交通要道，向北连接东北亚邮轮旅游圈、海峡两岸旅游圈；向南连接东南亚、南亚邮轮旅游圈；海南无论在地理位置还是在旅游资源方面都具有优势，发展邮轮旅游产业能够推动海南成为国际旅游岛、国际航运中心枢纽，海南省与环南海国家有必要建立区域合作机制，进一步做大做强旅游产业。

我国与南海周边地区协调合作机制应当按照"亲诚惠容"理念和"与邻为善、以邻为伴"周边外交方针,把"扩大同各国的利益交汇点"作为抓手,以"推进大国协调和合作,构建总体稳定、均衡发展的大国关系框架"为目标。对于南海断续线内中国南海域内部分地区,走搁置争议,共同合作开发的模式,建立协调机制;对于南海断续线外的南海域内,要建立合作机制。合作机制分为国家层面和区域层面两个方面内容。其中区域层面合作机制包括海权保障机制、对话协商机制、自由贸易机制、基金支持机制和海事合作机制五大模块。

（一）国家层面合作机制

中国与东南亚国家之间的旅游已有多年的基础,并成为中国-东盟自贸区的重要组成部分。中国和越南是南海周围主要的海洋国家,在南海海域问题上一直存在较大的争议,在双方国家领导人的共同努力下,2011年10月,两国签署《关于指导解决中国和越南海上问题基本原则协议》。中国与印度尼西亚的海上交流相较于越南更为顺利,合作领域也更为广泛。从2007年起相继签署了4份文件来加强双方在海洋上的合作。2009年中国与马来西亚共同签署了内容涉及海洋科技、海洋管理、海洋环境保护等多个领域的《海洋科技合作协议》,另外在港口建设方面,中马双方也进行了深入的合作,如中国承建的马来西亚的深水补给码头皇京港已建设完成。中国和文莱双方对于"搁置争议,共同开发"这一原则达成一定的共识,2013年10月,国务院总理李克强在访问文莱时,双方签署《关于海上合作的谅解备忘录》等双边合作文件,为"泛南海邮轮旅游圈"的打造增添了较多的可能。

（二）区域层面合作机制

1. 建立海权保障机制

海洋权益关系到国家安全,更关系到中华民族伟大复兴的中国梦的实现。然而，我国海洋权益的现状不容乐观：一是岛礁被侵占，二是海域被瓜分，三是油气被盗采，四是环境被污染。党的十八大明确指出"提高海洋资源开发能力，发展海洋经济，保护海洋生态环境，坚决维护国家海洋权益，建设海洋强国"。海权是海洋所有权、控制权和利用权的统称。目前，南海断续线内中国南海210万平方千米蓝色国土，由于矛盾和争端极大地影响了海洋资源的开发利用，也影响南海区域一体化合作。因而，建立海权保护机制，能有效地保障中国南海海域的所有权、管辖权、资源开发权，是泛南海经济圈建设的首要机制，是一个硬性保障机制。

2. 设计对话、协商、协调合作机制

党的十九大提出了要以"一带一路"建设为重点，坚持引进来和走出去并重，遵循共商共建共享原则，加强创新能力开放合作，形成陆海内外联动、东西双向互济的开放格局。促进区域经济一体化思想，为泛南海邮轮旅游圈构建，设计对话、协商的支持机制指明了方向。

泛南海邮轮旅游圈的国家与地区，既有着共同发展的诉求，也有着利益主张的不同，甚至存在着矛盾与竞争。针对相同、排斥、竞争等问题，在坚持互利共赢的原则下，建立中国与泛南海周边国家、地区的对话平台，建立国家领导人层级、部长层级、企业层级的对话、协商机制，是建设泛南海邮轮旅游圈的"软"性保障。

3. 海南自由贸易港建设

自由贸易港，是当今世界最高水平的开发形态。党的十九大关于"探索建设自由贸易港，创新对外投资方式，促进国际产能合作，形成面向全球的贸易、投融资、生产、服务网络，加快培育国际经济合作和竞争新优势"的新时代对外贸易思想为南海区域自由贸易港建设指明了方向。由于海南在南海区域的独特地理优势，建立自由贸易港，探索自由贸易港管理新方法、创新监管模式和经营模式，设计保障机制成为海南的新使命。目前，海南省经过港航整合，已经形成了专业化、市场化、现代化、集约化及产业化，内接华南腹地，外联东南亚的港航网络体系，为自由贸易港建设奠定了一定的物质基础。未来，海南自由贸易区建设探索中，还要在借鉴学习的基础上，通过优化人口结构、加强人气聚集；优化产业结构、加强产业聚集；优化空间结构，加强功能集聚；优化制度结构，加强创新集聚，进行体制机制创新，为泛南海邮轮旅游圈内国家和地区提供船舶自由停泊和货物自由装卸的场所。依托自由贸易港机制，是南海区域的邮轮产业一体化合作，建设泛南海邮轮旅游圈的必经之路。

4. 基金支持机制

设立资金支持机制一是促进人民币国际化。在南海经济区协作圈制定财政金融支持政策。通过财政、货币、产业、区域等经济政策协调机制创新、投融资体制改革、金融体制改革，增强财政金融服务与南海区域邮轮协作圈的经济能力，提高投融资比重，促进多层次资本市场健康发展。二是促进琼、粤、桂、港、澳、台金融合作。加大政策支持力度，注重财政政策、货币政策和产业政策的协同，加强金融机构协调服务工作，促进银行、证券、保险等部门和邮轮相关企业的对接。三是泛南海邮轮旅游圈，要妥善利用中国东盟海上合作基金、中国东盟投资合作基金、中国东盟基础设施专项贷款、中国印尼海上合作基金、南南合作援助基金、亚洲基础设施投资银行、丝路基金等促进南海邮轮旅游圈的融资。

5. 构建海事合作机制保障海上安全

南海海域作为世界上最繁忙的海上航道，面临着海盗、海上突发事件、国际恐怖活动、重大自然灾害、生态环境等非传统安全的挑战，严重影响南海海洋经济发展。南海区域是半闭海，海事安全具有公共物品属性，根据《联合国海洋法公约》的规定，闭海、半闭海沿岸国家有互相合作的义务。党的十九大新时代理论中"统筹发展和安全……统筹外部安全和内部安全、国土安全和国民安全、传统安全和非传统安全、自身安全和共同安全，完善国家安全制度体系"的统筹安全思想，对于构建泛南海经济圈海事国际合作机制，保障海洋经济发展安全具有重要指导作用。统筹国内国外发展与安全，建立南海海事联合执法机制：一是在海事安全国际公约框架下，各国海警、海事机构达成合作框架，保障履约；二是中国应当发挥国际海事组织理事国影响力，以遵守和履行海事国际公约带动南海周边国家共同形成南海海事安全与海洋自由的国际合作秩序，维护中国海洋权益并处理好与周边国家的关系；三是实施海洋防灾减灾、海洋观测、预报预警、海上救援、海洋生态环保等服务保障设施建设，建立联合越南、菲律宾、马来西亚等沿海海事联合执法，打击海盗、减少海洋污染、进行海事救援等机制等。

（四）▶ "泛南海邮轮旅游圈"的实现路径

从自贸区内延外伸到"一带一路"倡议实施，南海和海南岛都处在中国与东盟、亚太和海上丝绸之路等区域经济合作的重叠交汇处。同时，海南是中央授权管辖全国2/3海域面积的海洋大省，拥有全国最好的生态环境、全国最大的经济特区和全国唯一的省域国际旅游岛"三大优势"，把这些独特的区位优势、旅游资源优势等转化为务实合作成果，在"一带一路"建设框架下收获发展红利，贡献"海南力量"。在经济全球化的背景下，从我国与周边国家和地区共建21世纪海上丝绸之路、建设海洋强国和经略南海的战略高度出发，构建"泛南海邮轮旅游经济合作圈"具有重大现实意义。总体来看，推动"泛南海邮轮旅游圈"建设，"南海是舞台、经济是基础、邮轮旅游是亮点、合作是保障"。为此，其实现路径主要包括以下几个方面。

（一）做好顶层设计

1. 出台相关政策法规

为维护我国南海主权和保障南海海洋生态环境资源的可持续发展，出台和完善相关法律、法规、政策、制度及其实施细则。加快完善海南的维权、航运、渔业等重点基础设施，显著提升我国对管辖海域的综合管控和开发能力。实施南海保障工程，建立完善的救援保障体系。保障法院行使对我国管辖海域的司法管辖权。支持三亚海上旅游合作开发基地建设。加强重点渔港和避风港建设。

2.设立改革开放领导小组

由海南全面深化改革开放领导小组牵头协调我国南海地区邮轮旅游合作，扩展邮轮旅游产业链，促进邮轮旅游产业成为我国南海地区人民追求美好生活的朝阳产业、美丽产业和幸福产业。

3.成立南海邮轮协会

打造南海邮轮旅游圈，搭建我国南海地区邮轮旅游的交流沟通平台、信息共享平台和协商对话平台等，构建共建、共享、共当、共赢的合作机制；全方位协调邮轮旅游合作，吸引国际邮轮在我国南海地区运营，跨区域联动，扩大邮轮旅游的市场规模。

4.利用国际交流平台

充分利用博鳌亚洲论坛等国际交流平台，推动海南与"一带一路"沿线国家和地区开展更加务实高效的合作，组建以我国南海地区为中心的"21世纪海上丝绸之路"旅游城市联盟，负责协商和制定区域旅游合作政策和服务标准，尽可能消除游客在过境通关、免税退税和货币结算等方面的障碍，推动沿线国家、地区和城市间的市场开放、航线共建和文化交流，监督落实各项区域旅游合作项目和计划；推动国际邮轮在海南省采购，完善海南省的邮轮产业链，打造南海邮轮旅游品牌。以邮轮旅游合作为突破口，推动泛南海经济合作圈建设迈出实质性一步，进而真正将南海打造成和平之海、友谊之海、合作之海。

5.成立国家海洋公园

成立西沙南沙珊瑚礁国家海洋公园管理委员会和西沙珊瑚礁国家海洋公园。尽快有序开展西沙旅游，在海洋公园中开辟旅游区、科考区，以满足广大民众到西沙旅游的愿望。探索建设邮轮生态示范港区，聚焦服务能级提升，打造邮轮母港中国标准体系；聚焦市场健康发展，打造邮轮旅游协同创新体系；聚焦邮轮设计建造，打造邮轮全产业链生态体系；聚焦制度创新，建立邮轮高质量发展政策体系。建立南海地区邮轮旅游防灾减灾和安全救助机制，共同应对台风、海啸等重大自然灾害以及人为事故。

（二）加快配套基础设施建设

实现环南海区域的多个港口统筹规划，如海南省的三亚凤凰岛邮轮母港、海口秀英港、广东深圳邮轮港口、珠海邮轮港口、广西北部湾邮轮港口、厦门中心邮轮港、台湾基隆港、香港邮轮母港的协同发展。将这些港口打造成集邮轮码头、购物中心、商务中心、美食中心、休闲娱乐中心和主题酒店于一体的我国南海地区大型邮轮枢纽母港，从更高层次统筹规划邮轮旅游发展，协调港口资源和投资行为，实现邮轮港口群的可持续发展；并根据其发展规模和刚性需求的科学预测谋篇布局；建设邮轮停靠码头和国际机场，并为全球邮轮游客提供便捷、优质和高效的服务。另外，邮轮港口通过扩大腹地范围、增强区域联系，能够形成更大范围的旅游目的地，丰富邮轮企业的多元化运营空间，避免旅游者短期涌入单个城市造成拥堵，促进旅游资源开发和区域经济发展。在上述区域合作的基础上，进一步建设琼粤桂无障碍旅游区，全力打造珠三角+西南港口邮轮旅游产业带。建立琼粤桂邮轮旅游发展合作机制，实现邮轮旅游的客源、旅游资源、旅游信息、旅游接待能力和旅游利益等方面的共享，在邮轮旅游的基础设施、行业标准、信息平台、人力资源、服务质量、监督管理等领域加强合作，共同建设世界一流水准的区域邮轮旅游目的地，构建集邮轮母港经济和邮轮产业于一体的高端海洋旅游生态圈。

（三）丰富旅游航线和产品

深化邮轮旅游合作的认识，突破局限于近邻旅游城市间合作的传统观念，在三个层面补充和完善邮轮旅游合作的内容：一是跨区域联合开发客源市场的合作，开发中国境内的南北邮轮航线和从三亚始发的邮轮多港挂靠航线，形成以三亚凤凰岛邮轮母港为核心的一程多站式环南海跨国邮轮航线、东盟十国邮轮停靠航线。二是跨国区域之间的合作，比如强化三亚、海口与国外友好城市的深度合作，拓展国际邮轮入境客源；加强同首尔、新加坡等著名邮轮旅游城市合作发展邮轮产业，利用自身的客源和目的地优势，将首尔、新加坡的邮轮航线延伸过来，实现优势互补，以其邮轮运作经验和管理模式带动海南邮轮旅游的发展。三是顶级旅游品牌的跨区域合作，例如三亚与新加坡、迈阿密、巴塞罗那等著名邮轮旅游城市的合作。突破传统合作促销的低层次合作，构建多方合作的利益共享机制，形成多层次、多方式、多渠道的邮轮旅游新兴合作体。

推进在《内地与香港关于建立更紧密经贸关系的安排》（CEPA）框架下的琼港澳旅游合作，合作开发邮轮旅游产品，推广琼港、琼澳在旅游客源市场、旅游资源、旅游目的地特征等方面的互补合作；在CEFA框架下，扩大琼台旅游合作领域，规范发展赴台邮轮旅游航线，加强开发琼台邮轮旅游合作项目。

（四）培养专业人才

由海南省教育厅牵头，协调当地高等院校和职业院校，建立分工协作的邮轮旅游专业人才培养体系，大力培养邮轮旅游产业链上、中、下游相关产业的专业人才；在海南热带海洋学院培养邮轮设计和建造等领域的专业人才；在海南热带海洋学院和三亚航空旅游职业学院等培养邮轮驾驶、管理、乘务和维修等领域的专业人才；在海南外国语职业学院和海南经贸职业技术学院等培养邮轮母港和地接服务等领域的专业人才。

（五）加大营销力度

海南省旅游委积极加强与携程等旅游媒体的合作，拓展宣传渠道，积极开拓国内外邮轮旅游市场，吸引全球游客；各大媒体开设海洋旅游和邮轮旅游专题栏目，引导社会公众深化认识和积极参与；拍摄邮轮旅游题材的影视作品和广告宣传片，推广我国南海地区的民族风情文化和"大美海南"邮轮旅游中心的良好形象；吸引越来越多的国际邮轮入驻海南省邮轮母港运营，实质性地助力海南自由贸易试验区和中国特色自由贸易港的建设；定期举办南海地区邮轮旅游高端论坛，向全球游客发布和推介更加多元和丰富的南海邮轮旅游航线和旅游产品，将我国南海邮轮旅游打造成全球海洋旅游亮点。

思考题

1. 如何正确理解邮轮经济合作？
2. 邮轮经济合作的分类标准和分类方式有哪些？
3. 试论述国际邮轮经济合作的领域、内容、方式和合作机制。
4. 我国国内邮轮经济合作体现在哪些方面？
5. 简述"泛南海邮轮旅游圈"的合作机制与实现路径。

第十章

中国邮轮经济发展展望

1996年夏季，广东省中旅开创"中旅邮轮假期"产品，被旅游界推崇为邮轮度假的开端。自2006年，歌诗达邮轮旗下"爱兰歌娜"号在上海首航，开启中国母港运营，尤其是在2008年中国第一条母港邮轮航线开辟以来，接待国际邮轮和出入境游客次数日益增多。中国的邮轮经济得到快速发展，并在国际邮轮市场中占据越来越重要的地位。本章对我国邮轮旅游的发展历程进行概括总结。阐述了影响我国邮轮经济发展的宏观与微观因素，并对未来我国邮轮经济的发展趋势持乐观态度。

第一节　中国邮轮旅游发展历程

截至2019年，我国邮轮旅游发展可分为四个阶段：邮轮旅游市场探索阶段、邮轮旅游市场培育阶段、邮轮旅游市场暴发式增长阶段以及邮轮旅游市场战略调整阶段。

一▶　探索阶段

1996年到2006年是我国邮轮旅游市场发展的探索阶段。1996年夏天，广东省中旅开创的"中旅邮轮假期"被旅游界推崇为邮轮旅游的开端。2000年，马来西亚丽星邮轮公司2.5万吨级的"金牛星"号在引航员的引领下缓缓靠上舟山港普陀山客运码头，从而结束了国际邮轮到普陀山不能直靠码头的历史，为舟山港口客运和旅游业的发展谱写了新的篇章。2002年共有36艘各类国际邮轮抵达上海，共载5.7万余名国际游客抵返。天津、青岛、上海、厦门、海口、三亚的港口邮轮登陆的次数也有陆续增加，2003年由于受SARS的影响，到港的邮轮艘次有所减少。2004年邮轮到港的次数又呈上升趋势。上半年已接待了"水晶平静"号、"七海航海家"号、"太平洋公主"号等多艘国际豪华邮轮的到访。2006年7月，上海港国际客运中心邮轮码头开港，歌诗达邮轮"爱兰歌娜"号在上海首航，开启了中国母港运营。歌诗达邮轮是第一家进入中国市场的国际邮轮公司，由于邮轮产品单价高、邮轮航线少、国内邮轮旅游理念缺乏，使得实际市场遇冷，邮轮旅游在我国发展受阻。同年11月，中国邮轮游艇发展大会在上海国际会议中心召开，邮轮产业被列为国家的鼓励产业。

二　培育阶段

2007年到2011年是我国邮轮旅游市场发展的培育阶段。这一时期，各大国际邮轮公司开始试水中国市场，2008年，皇家加勒比"海洋迎风"号进入中国市场，2009年，皇家加勒比邮轮旗下"海洋神话"号在上海首航。2010年，由普陀山佛教协会与台湾中华护僧协会主办的"南海观音慈航宝岛"活动，包租歌诗达"经典"号邮轮由舟山起航直航台湾，加深普陀山与台湾佛教界的友好交往。同时，国内加强了邮轮母港建设，比如建设上海、厦门、三亚、天津四个邮轮港口。在这一时期，相关部门出台了一系列有关邮轮产业、深化邮轮旅游的利好政策。如2008年，国家发改委下发了促进中国邮轮发展的第一个部级文件——《关于促进我国邮轮业发展的指导意见》；2009年，国务院出台了《国务院关于加快发展旅游业的意见》促进邮轮旅游发展。2010年，国家旅游局发布实施亚洲第一个邮轮专业行业标准《国际邮轮口岸旅游服务规范》。为培养国民的邮轮旅游理念，北京众信国际旅行社股份有限公司成立了国际邮轮部，芒果网也开通了邮轮频道，这些都为我国邮轮旅游业的发展奠定了基础。虽然2010年5月1日至8月6日世博会开幕期间，上海港出入境邮轮艘次达到56艘次，比同期增长了160%，但由于全球金融危机与日本大地震等影响，总体来看这一时期中国邮轮旅游市场发展较为缓慢。

三 ▶ 暴发式增长阶段

2011年到2016年，邮轮旅游业进入暴发式增长阶段。这一时期，外国邮轮公司开始在中国市场发力，邮轮旅游市场规模扩张迅速。这一时期，全国国际性邮轮港口数量达到10个，在华运营的邮轮增加到18艘，以中国为母港的航次增加至927舟次。邮轮旅游理念营销通过影视剧、线上线下媒体等渠道进一步加强，中国本土力量也进入邮轮市场。其中，2012年内地首家邮轮公司海航邮轮成立，2013年天海邮轮公司组建。为促进国内邮轮旅游的发展，我国开始注重邮轮人才培养，并积极与国外相关企业、行业组织展开合作。如2011年，上海国际邮轮旅游人才培训基地举行挂牌仪式；2012年，由上海海事大学、英国海贸（国际）传媒集团和上海国际港务（集团）股份有限公司三方共同创办的"上海海事大学亚洲邮轮学院"在上海虹口区成立；同年由上海宝山区人民政府、上海工程技术大学、CCYIA联合组建的上海国际邮轮学院揭牌成立。除此之外，国家利好政策持续推出，实现邮轮快速转型升级。2015年12月，交通运输部发布《邮轮码头设计规范》；2016年4月，国家发改委等24部委联合发布《促进消费带动转型升级行动方案》。这表明我国正在加快创新邮轮旅游配套政策。

这一时期，中国的邮轮旅游业呈井喷式发展，邮轮旅客人次大增，至2016年中国已经跃升为仅次于美国的全球第二大邮轮客源市场。国际市场份额从2006年的0.5%增长到9.6%，十年增长近20倍。诱人的市场也吸引着国际资本的蜂拥而入。在2015年6月，上海港更是首次出现8艘邮轮同时运营的盛况。紧接着，在2016年，嘉年华集团旗下公主邮轮、歌诗达邮轮的"幸运"号邮轮、皇家加勒比邮轮集团旗下的"海洋赞礼"号和"海洋神话"号先后进入中国市场开启邮轮之旅。然而竞争的激烈再加上产业的放缓，下坡路由此而来。

（四）▶ 战略调整阶段

2017年到2019年中国邮轮旅游市场进入到战略调整期，随着部分国际邮轮公司进行全球战略布局调整，中国邮轮市场自2017年起首次出现增速放缓，增长率为8%，邮轮市场开始出现疲态。由于邮轮航线受限、市场竞争过度、行业运行混乱等问题集中暴发，中国邮轮运营市场持续承压，乘客规模扩张高速回落、本土运营商经营困难，行业发展一度面临挑战。外资邮轮巨头加速"离场"，2017年11月，公主邮轮宣布"盛世公主"号将暂别中国，转至澳洲邮轮市场运营；2018年3月，中国第一家本土豪华邮轮公司天海邮轮旗下的"新世纪"号邮轮也被携程和皇家加勒比卖掉。在经历了2018年邮轮市场的低迷后，选择留在中国市场的各大邮轮巨头则踏上了突围之路。例如，2019年进入中国市场的"海洋光谱"号在娱乐设施上进行了改进，并建造了适合中国市场的亲子设施和套房等。另一边，歌诗达邮轮"威尼斯"号也将多项设施调整得更符合中国游客的需求。企业纷纷调整在华策略的背后，是中国邮轮行业蕴藏的巨大潜力。2018年9月，交通运输部等十部委联合发文，明确提出促进我国邮轮经济升级发展的主要任务。经过两年多的深度调整，2019年上半年，中国邮轮运营市场已呈现触底回暖态势，行业发展由高速向高质量转型升级。2019年年底新冠肺炎（COVID-19）疫情的暴发对邮轮行业造成了一定冲击，在2020年我国邮轮业务处于全面停摆状态，但由于邮轮运输企业和邮轮港口企业的集团化、多元化运营，可以分散部分风险。预计在世界卫生组织宣布解除此次疫情之后，游客对于乘坐邮轮的兴趣将重新建立。但市场恢复到新冠疫情暴发前的水平，可能需要1至2年甚至更长的时间。

总体而言，中国邮轮产业经过近几十年的发展，实现了从无到有的突破，邮轮港口相关基础设施、邮轮口岸配套服务体系和集疏运体系建设日臻完善，邮轮码头商业功能逐步拓展。基于邮轮母港建设，我国已形成了三大邮轮圈：以上海为中心的长三角邮轮圈、以天津为中心的环渤海邮轮圈、以广州为中心的南海邮轮圈，总体上基本能够适应我国邮轮市场发展的现阶段需求。目前，我国邮轮产业正处于动态调整期，业界需要深入思考加大力度推动国际邮轮入境游、"邮轮目的地"理念传播、岸上旅游行程改善、建立邮轮分级制度、中长航线开辟和本土邮轮发展等六个方面的重要议题，在下阶段迈入高质量发展期。

第二节　影响我国邮轮经济发展的主要因素

邮轮经济是一种产业集聚的融合经济，它是以邮轮产业为支撑，凭借邮轮产业的运行与发展，带动相关产业共同发展时所产生的总体经济效应。具有系统性、高带动性、服务性、依托性等特征。影响我国邮轮经济发展的因素诸多且较为复杂，本文主要从国家的宏观层面进行PEST分析。

一▶ 政治因素（Political）

为推动邮轮经济的持续、稳定、健康发展，我国政府出台了一系列的利好政策予以支持，对邮轮经济发展进行引导、监督和管理，为邮轮经济发展创造一个良好的宏观环境。2008年，国家发展和改革委员会下发了《关于促进我国邮轮经济发展的指导意见》，鼓励相关部门在发挥市场作用的基础上，积极引导、规范和推动我国邮轮业的健康发展。2014年，交通运输部印发《关于促进我国邮轮运输业持续健康发展的指导意见》，对当时的邮轮经济发展思想、原则和目标进行明确。2017年，交通运输部、国家旅游局等六部门联合印发《关于促进交通运输与旅游融合发展的若干意见》鼓励形成分布合理的开发港口体系，有条件城市建设邮轮旅游集散枢纽。2019年8月，国务院办公厅印发《关于进一步激发文化和旅游消费潜力的意见》，政策突出了"更省钱、更便利、更丰富、更优质、更灵活、更融合、更安心"7大关键词，并且再次提及支持邮轮游艇旅游业态发展。政府公布的相关政策有利于邮轮行业标准的整齐划一，避免参差不齐的情况，为我国的邮轮经济发展提供了更加开阔的政治环境。

二 ▶ 经济因素（Economic）

经济因素是邮轮产业的"血液"，是构成邮轮市场并影响其规模的重要因素。主要包括区域经济发展水平，城镇居民收入水平、消费水平以及货币汇率等。区域经济发展良好可以实现邮轮资本积累，为邮轮发展提供经济保障。由于邮轮产业是一个投资成本较大的产业，而邮轮港口及其配套设施的建设也历时长、耗资大。因而区域经济发展水平决定了城市基础设施、配套设施的完善程度，决定了城市发展邮轮经济的投资能力。从2010年到2018年，城镇居民可支配收入从18 779元增加到28 228元，年平均增长率达到6.3%，可支配收入的增加也促使了邮轮出游人数的增加。2013年到2018年，我国邮轮接待游客总量从120.15万人次增加到490.7万人次。2019年1～9月，全国邮轮港口接待邮轮数量和游客总量相较2018年同比减少17.62%和15.74%，行业发展正由高速向高质量转型升级，邮轮行业仍具有巨大潜力。同时，邮轮旅游作为一种高端旅游产品，对人们的消费水平有一定的要求，是否具有一定的经济消费实力是发展邮轮经济的前提条件之一。2017年中国是亚太区域财富增长最强劲的国家，2017年全年财富总值达到29万亿美元，比2016年增加了1.7万亿美元，位居世界第二，仅次于美国。基于中国庞大的消费人口和不断增长的物质财富，中国的消费升级加速推进，传统消费重点关注品质提升，从量增提升到质变，新兴消费需求旺盛。邮轮旅游作为具有显著消费升级特征的旅游产品，是更好满足人们高品质生活需求的旅游消费升级产品，是提升高消费群体生活质量的重要内容。此外，货币汇率在一定程度上也会对邮轮旅游造成影响。货币汇率反映了一国货币兑换另一国货币的比率，对国际旅游需求变化起到重要作用。对于旅游目的地国而言货币升值会减少入境游，货币贬值会促进入境游；而对旅游客源国而言恰恰相反。从长期看，人民币有较大升值空间，对中国公民乘邮轮出境旅游有利。

（三）▶ 社会因素（Social）

影响我国邮轮经济发展的社会因素包括市场需求和文化因素。市场需求是动力，为邮轮行业的崛起提供市场。在经济全球化背景下，邮轮产业促进了我国同世界其他国家的经济、文化交流。文化因素是人精神得以承托的框架，包括宗教、风俗习惯、传统习俗、思维方式等。19世纪上半叶，"邮轮"在欧美正式登上历史舞台，直到20世纪90年代初期才引入中国，正式拉开中国邮轮经济发展"黄金十年"的历史帷幕。我国作为一个极具市场潜力的国家，已初步形成了环渤海、长江三角洲、珠江三角洲、东南沿海和西南沿海地区五大区域港口群的分布格局，各个客源市场对邮轮旅游具有较强的认知度，邮轮经济发展可以取得突破性进展。

但同时又由于受传统文化和生活习惯等的影响，国人的旅行习惯还是与西方有着巨大的差距，大多数人通常将邮轮理解为交通工具，而不是一个旅游度假产品。邮轮旅游是一个高端的休闲、娱乐、私密生活方式，除此之外，中国与西方的餐饮和娱乐项目也存在很大的不同。因此，邮轮度假文化想要成为中国的一种主流文化显然还是需要一段时间的。

（四）▶ 技术因素（Technological）

影响我国邮轮经济发展的技术因素包括人力资源、邮轮建造技术，邮轮港建设与运营。第一，人力资源。人力资源是邮轮经济发展的第一生产力，也是影响邮轮经济的主要支持因素，邮轮旅游作为一种高端旅游度假方式，对相关人员的素质要求较高，有专业邮轮知识、能提供专业邮轮服务的人才是运营邮轮旅游的基本条件。2012年，由上海海事大学、英国海贸（国际）传媒集团和上海国际港务（集团）股份有限公司三方共同创办的"上海海事大学亚洲邮轮学院"在上海虹口区成立，共同推进中国邮轮人才培养。几年来，校企合作在邮轮人才培养目标、课程体系设置、师资配备标准以及实践教学上取得巨大成效，为我国的邮轮旅游市场提供大批优秀人才。第二，邮轮建造。邮轮是邮轮经济的基本载体和重要组成部分。邮轮的注册吨位越来越大、娱乐休闲功能也越来越全面。随着邮轮旅游的快速发展，人们对于邮轮旅游的需求增大，对邮轮的数量和接待能力都提出了更高的要求。由于独立建造邮轮的技术尚不成熟，过去的十多年里我国一直在邮轮设计与制造方面寻找突破点，以期摆脱对国外邮轮制造商的依赖。2019年10月18日，我国首艘国产大型邮轮在中国船舶工业集团有限公司正式进入实质性建造阶段。这标志着中国船舶工业正式跨入大型邮轮建造新时代，摘取"造船行业皇冠上最后一颗明珠"。第三，邮轮港口建设与运营。2018年，交通运输部发布《关于修改〈港口经营管理规定〉的决定》，规范我国邮轮港口运营。在我国五大区域港口群中，环渤海、长三角和珠三角三个区域的港口发展占突出地位，港口运营也日益规范和成熟。吸引着世界各地的邮轮把这里作为始发港和目的港，推动我国邮轮经济的高质量发展。

第三节　中国邮轮经济的发展趋势

如果说2018年是我国邮轮产业回归理性发展的优化调整之年，那么2019则是我国从"邮轮旅游"向"邮轮经济"产业链发展的关键之年。2018年，全球邮轮经济持续高速增长，而我国邮轮经济呈现放缓迹象，虽然这两年出现了一阵外资邮轮"逃离潮"，但是更多优质、符合中国市场的豪华邮轮在2019年进入中国。展望未来，应对中国的邮轮产业发展持乐观的态度，邮轮市场将进一步繁荣。中国游客邮轮需求不断高涨，更多展现中国文化，迎合中国游客消费观念的邮轮航线、邮轮产品将出现，中国游客对邮轮的需求被有效激发。港口运营合作进一步加强，各路资本争相布局邮轮市场，国际邮轮巨头纷纷加大在中国市场的投入，中资企业也加快进入邮轮市场，邮轮分销产业链的效率提升。未来服务于邮轮码头、供应、监管、旅行社和旅客的公共信息服务平台将应运而生；我国将进一步引进管理人才和探索建立邮轮行业的教育培训体制机制；有关邮轮经营管理和海洋环境保护的政策法规将陆续出台，有效避免各地盲目发展、恶性竞争情况的出现，促进邮轮产业的可持续性发展；口岸卫生核心能力建设将得到进一步加强，有效防范可能出现的各类风险。

一 ▶ 邮轮旅游市场进一步繁荣

过去十余年间，中国邮轮市场经历了从无到有的发展阶段，快速发展过程中追求的是"量"的变化。在2006～2017年的十余年间，在中国进行常态化运营的邮轮从1艘增至18艘，邮轮运力投发从900客位增至4万客位，运营的邮轮港口从无增至8个，还有多个正在筹建，乘坐邮轮出境的中国旅客从2万人次增长至近248万人次，由表可见自2016年起中国邮轮客源规模跃至全球第二（表10-1）。

表10-1　2014-2018年全球top5国家邮轮乘客规模

单位：千人次

	2014年	2015年	2016年	2017年	2018年
美国	11 327	11 280	11 392	11 944	13 091
中国	697	986	2 113	2 397	2 357
德国	1 771	1 810	2 018	2 169	2 233
英国	1 644	1 780	1 960	1 971	2 009
澳大利亚	1 000	1 050	1 281	1 333	1 345

资料来源：Cruise Lines International Association

根据表中数据建立时间序列模型对5个国家未来10年的邮轮乘客数进行

预测，采用SPSS 22.00中的Holt模型预测中国、德国、澳大利亚的邮轮乘客数，采用ARIMA（0，2，0）模型与ARIMA（0，1，0）模型分别测算美国与英国的未来邮轮游客数。由图可见美国的邮轮乘客数凭借着较高的增长率遥遥领先，中国自2016年成为世界第二大邮轮客源国后也在稳步增长，且与德、英、澳三国的差距逐渐拉大。从趋势上看在未来几年里我国邮轮市场将进一步繁荣，稳居世界第二。

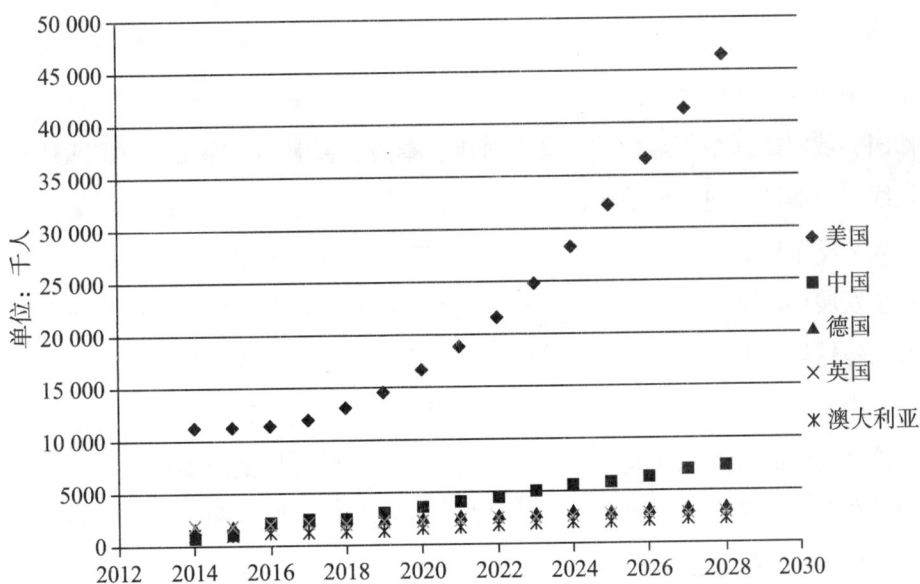

图10-1　全球top5国家邮轮乘客数预测

（二）▶ 邮轮航线进一步开发

中国邮轮产业进入理性增长的阶段，评价中国邮轮产业理性发展的基本内容：第一，中资邮轮（本土邮轮）占据国内邮轮产业一定的比例，具备适度的增长潜力；第二，邮轮产业的经济带动效应逐步体现，这一特征以适度增加邮轮"入境"游客为典型标志；第三，从单一的"大众"邮轮延伸到能够满足不同人群需要的差异化邮轮产品，形成以大众邮轮为主，与高端特色邮轮共存的市场格局。一直以来，邮轮产业各相关方不断努力尝试，从各自擅长的领域出发，共同推动中国邮轮产业健康理性发展。未来，将试图从邮轮航线的角度找到一些突破口。

中国邮轮市场不应仅仅局限于拥有领海国家的城市游航线。从全球邮轮市场看，海岛游是最受欢迎的邮轮目的地，其次是阿拉斯加和北欧的探险游，而目前我国邮轮航线在这方面开发较少。事实上我国在南海和东海拥有良好的海岛旅游资源，通过引入全球邮轮巨头参与港口建设和旅游开发，邮轮航线将更加多样化、长线化、稳定化，回归邮轮休闲旅游的本质，满足更多国际市场需求并带动地方经济发展。未来我国将加强与国际邮轮公司合作，积极开辟区域性、近洋型国际航线，重点开发拓展与周边国家（日本、韩国、俄罗斯远东、新加坡、马来西亚、泰国、越南、菲律宾）的国际邮轮航线，开辟港、澳、台地区性邮轮航线，远期开发我国沿海至阿拉斯加、北美太平洋东岸、南美、南太平洋岛国、东南亚等的环太平洋邮轮航线，并进一步发展环球邮轮航线。此外，积极借鉴国际邮轮运营经验，发展国内沿海沿江邮轮旅游航线，发展深海游航线，根据国家积极稳妥开放开发西沙群岛旅游产业的要求，注重开发与海南三沙市各岛屿之间的邮轮航线。借鉴国际邮轮度假产品特点，在我国开发3~7天的短期门槛比较低的邮轮旅游产品、10天左右的中端产品，以及包括精品邮轮航线、定制服务和包船业务等的高端产品，丰富邮轮旅游产品。

邮轮航线单一始终贯穿着市场对邮轮产业的评价，随着国际"长线"邮轮的不断普及以及市场对邮轮文化认知的不断深刻，"大众"邮轮已经不能满足中国游客的需求，越来越多的高端邮轮公司也注意到中国邮轮市场需求的差异化，捕捉到中国高端市场的发展潜力，未来将加快布局高端市场，尝试推出"极地邮轮""奢华邮轮"等产品。

三 ▶ 邮轮航线进一步开发

（一）港-城融合发展，提升港口经济效益

我国邮轮港口的建设与运营与国外有较大差异，在国外邮轮港口的开发中，邮轮公司往往是重要的投资主体，在此情况下，邮轮港口的建设能更好地服务于邮轮公司，邮轮公司也会为港口的盈利带来保障，一定程度而言，国外邮轮港口的建设与运营是以邮轮公司为导向的。而中国邮轮港口的建设与运营中没有邮轮公司的参与，港口缺少邮轮公司稳定的航次保障。随着我国各沿海城市邮轮码头的不断建成，我国邮轮港口接待能力增速已然超过市场邮轮公司运力增长，大多数邮轮港口难以盈利。虽然目前不少邮轮港口也逐渐探索邮轮旅行社、邮轮船供服务、港口广告业务、港口跨境电商、场地租赁等邮轮其他相关服务，但规模发展有限，难以成为邮轮港口主营业务的重要组成部分。总体而言，我国邮轮港口的综合效益较低，商业化、市场化程度弱。

在港口经济带动效益不足的当下，我国未来邮轮港口运营的模式是将邮轮旅游与商旅、文化、体育等产业相结合，走港城融合的发展之路。把港口建设成为集客运中心、商业、休闲娱乐和旅游休闲为一体的母港综合体，形成以国际邮轮为中心的高端水岸经济模式，提升邮轮港综合经济效益，并以港口带动城市商业、休闲、娱乐发展，促进区域经济发展。不断推动水岸经济创新创效、要素聚集、高质量发展。实现"船、港、城、游、购、娱"一体化联动管理，构建集旅游地产、母港经济、邮轮产业于一身的高端旅游服务生态圈。

（二）港−港联盟发展，共寻产业发展机遇

国际上邮轮公司当前与国内港口的合作并不深入，邮轮公司常常在谈判中处于明显的强势地位并获得城市的政策支持与优惠。港口通过降低税收、免费提供淡水补给和废物处理服务来吸引邮轮船队挂靠，造成区域港口间恶性竞争，岸上盈利能力大大削弱。

目前中国港口城市之间缺乏以区域整合、共享的理念去发展航线涉及区域的邮轮经济。为了改变这种局面，地区范围内的邮轮港口应朝着明确各邮轮港的自身定位，避免同质竞争，再加强合作，避免各自为政的方向发展。

在邮轮港口城市建立良好的合作机制，共同打造利益共同体、命运共同体和责任共同体。从国际方面看，亚洲港口将联合起来规划港口建设、航线和岸上游，吸引更多国际邮轮靠泊。在国内方面，邮轮市场会从一线城市加大向二、三、四线城市渗透，亚洲及国内港口应积极联合开发，推动邮轮市场向内地渗透。目前，国内邮轮码头的布局已逐步深入长江港口，随着重庆、南京等地邮轮码头项目的推进，未来沿海沿江港口的合作将能为邮轮市场带来更多可能性。整体而言，未来应通过港口合作，实现邮轮旅游优势互补、合作共赢的整体格局。通过区域联动，搭建新的平台，形成良性互动，促进新的发展。

（三）港-船联营发展，带动地方就业和经济发展

邮轮靠泊的主动权由邮轮公司所掌握，而邮轮码头建造成本较高，一旦离开邮轮公司，固定的邮轮母港航线就会难以维持。但同样，邮轮公司开发和维持某个市场也依托于邮轮港的硬件条件以及港口配套的交通、酒店等设施，所以邮轮公司为了保证这些设施能够优先为其所用，阻止竞争对手的航线设置，通常会与一些比较具有优势的港口合作兴建邮轮母港，也会选择一些旅游资源较好的地方建设挂靠港和旅游服务设施。近年来，全球邮轮公司涉足邮轮码头建设和改造十分普遍，投资的邮轮公司通常能获得至少25年的码头经营权。以欧洲为例，共有7家码头的运营权属于或部分属于邮轮公司。对于港口所在城市来说，放弃本来高投入低产出的邮轮港口服务，可以更集中精力发展邮轮配套服务业，而不必担心邮轮靠泊数量能否得到保障。此外，邮轮公司在兴建码头的同时，通常会在港口所在城市设立地区总部和采购中心，从而带动地方就业和经济发展。

从旅游利润分配看，通过合建与合资兴扩建码头，邮轮公司业务前移并吸收原来港口业务，带来更为稳定的客源和更多的航线。港口所在城市把精力放在发展邮轮配套服务，成立专业邮轮服务运营公司，吸收邮轮采购、船供、船代、修船、旅行社、港外酒店、餐饮、购物、大巴、机票代订的配套

服务，扶持邮轮总部和采购基地建设，使经济结构更为合理。未来我国应进一步借鉴"船-港"联营模式，实现船方和地方政府间的双赢。

（四）构建科学体系，推进港口服务标准化

经过多年发展，国内部分邮轮港口运作日渐成熟，但部分港口尚在运作初期，而邮轮港口作为邮轮度假活动的关键节点，其服务水平受到越来越广泛关注，未来将持续推进科学体系的构建，在各邮轮港口之间共同推进港口服务标准化，促使国内邮轮港口经营获得良好的经济效益和社会效益。目前，亚太邮轮港口服务标准联盟正积极推动邮轮旅游领域标准化发展，将更加有效地促进亚太邮轮产业健康、高效、持续性发展。

四 ▶ **本土邮轮船队加快建设**

我国将进一步联合国际知名豪华邮轮运营商、豪华邮轮建造商、国际船级社及金融投资机构等，采取产融结合、国际化合作等模式，培育、建立自己的邮轮公司和邮轮船队，着力打造和培育豪华邮轮本土产业链，促进邮轮产业体系建设发展，逐步推进邮轮产业活动扎根本土经济。重点与欧洲的德国、芬兰、意大利和法国四个邮轮制造巨头进行合作，提升我国的邮轮制造水平，推动我国船舶工业从中低端向高端发展，促进我国船舶工业供给侧改革进程，最终提升我国船舶工业的整体实力。学习国外邮轮企业的先进运营方法，结合中国实际，开发适合本土邮轮产业发展的邮轮运营方法和管理系统。建议国家发改委、交通运输部、公安部等部门适当放松、放宽船舶运输企业经营、船龄、船员管理、航行管理、税收、娱乐业政策，积极鼓励各方资本联合组建邮轮公司或邮轮船队，购买或租用方便旗邮轮，常态化经营两岸邮轮旅游航线、南北邮轮旅游航线。

五 ▶ **邮轮经济公共信息服务陆续搭建**

我国邮轮经济综合信息服务平台被定位为一个立足邮轮港所在城市、面向全球邮轮产业发展，即多元化信息和应用功能全面，体现高效服务的公共平台。以数据交换和云计算技术为核心，服务于邮轮码头、供应、监管、旅行社团和旅客、邮轮供应、人力劳务等相关行业和个人，全面满足邮轮航运经营、通关服务、旅游休闲、供应采购、维护维修等需求的一站式功能。鉴于建设邮轮经济的公共服务性和它对地区经济的重要带动作用，平台项目建设的指导原则将采取政府牵头、企业参与以及市场运作的方式。

公共服务平台能解决长期制约邮轮经济发展的相关问题。总结来看目前长期制约我国各地区发展邮轮经济的瓶颈问题有这几个方面：一是邮轮供应存在垄断和供应协同差，供水、燃料供应垄断，质量低、价格高；食品供应没有形成有效监督，供应商资质管理混乱，供应需求和供应响应缺乏，保税商品供应监管有漏洞。二是旅客、船员信息没有实现共享，通关服务、各港旅客船员签放信息没有共享，目前边检人员都要在国内一上港就上船重新核查签放。三是邮轮旅客对到港码头周边旅游休闲配套服务、交通情况不了解，无法尽兴游玩等。这些都将通过公共服务平台来提供规范和解决办法。

（六）▶ 人才培养逐步加强

首先我国将进一步重视邮轮专业人才队伍建设，通过引进管理人才和探索建立邮轮行业的教育培训体制机制，逐步发展邮轮码头接待、邮轮经营管理、邮轮旅游服务、邮轮营销策划、邮轮设计建造和邮轮检验等专项人才教育，形成邮轮专业人才体系。其次，加强邮轮企业与高校、科研机构、政府联合培养、培训专业人才，高校有针对性地开设邮轮旅游专业，培养高级邮轮经济人才，邮轮企业内部引进国外高级邮轮经济人才，并选拔有能力的人才到欧美等邮轮经济发达国家学习深造。同时，我国将加强与世界著名邮轮母港合作，通过相互之间的合作和交流，为我国邮轮码头管理层累积宝贵的邮轮旅游运营管理经验，培养具备港口管理和配套服务的人才。

七 ▶ 政策体系日益完善

未来，我国将进一步完善相关政策体系，包括统一入境船舶查验手续、挂靠港船舶要求提供的文件和材料、旅客行李的查验方式等，制定统一的和邮轮经营管理相关的法律法规，严格规定各港口的收费制度，减少邮轮在港的行政费用。未来将逐步出台降低本土邮轮公司船舶引入门槛的相关政策，借鉴国外经验，鼓励本土邮轮公司购买和租用在中国境内建造的邮轮，并在融资方面给予专项财政支持。在本土邮轮企业注册方面，鼓励上海、天津、厦门等地立足自贸试验区，创新邮轮船舶登记制度，放宽登记主体条件、股权结构、所购船龄、船员配比、经营项目等准入条件，并给予税收优惠政策，提升国内邮轮竞争力。制定专门针对邮轮生活污水、垃圾对海洋环境污染的法律法规，将邮轮防污染相关内容纳入国家海洋环境保护相关法律，确保邮轮生活污水、垃圾适时合理处理。

八 ▶ 口岸卫生核心能力建设得到加强

针对此次新冠疫情对邮轮旅游的打击，我国政府、企业、协会等将强化国际沟通对接，进一步完善口岸卫生能力建设，做好精准防控，有效防范可能出现的各类风险。第一，我国的港口检查程序与手段将得到进一步优化；第二，境外口岸政策与港口挂靠跟踪将得到进一步强化，企业可以结合疫区疫情与政策变化，及时调整与更换航线、优化配置船舶摆位；第三，加快多方互助互救、交流共享平台的搭建，强化与港口、保险公司、引航、检验检疫等部门沟通；第四，进一步完善邮轮的疫情防控体系，建立公共卫生防疫的管理标准和操作流程与邮轮游客信息可追溯管控机制；第五，进一步推动智慧港口、智能航运发展，搭建跨部门、跨行业的信息共享系统，实现效率、卫生安全、信息共享等方面的提升与优化。

思考题

1. 简述我国邮轮旅游发展历程。

2. 影响我国邮轮经济发展的微观因素有哪些？它们都是怎么影响的？

3. 我国邮轮经济在发展过程中存在着那些问题？

4. 请结合我国邮轮经济发展现状，谈一谈未来发展趋势。

5. 结合本书内容，谈谈对我国邮轮经济又稳又快发展的建议。

参考文献

1. 汪泓. 邮轮绿皮书：中国邮轮产业发展报告（2018）［M］. 北京：社会科学文献出版社，2018.

2. 汪泓. 中国邮轮产业发展报告（2019）［M］. 北京：社会科学文献出版社，2019.

3. 李天元. 旅游学概论（第五版）［M］. 天津：南开大学出版社，2018.

4. 王敬良，张娣. 邮轮概论［M］. 济南：山东科学技术出版社，2018.

5. 叶欣梁，孙瑞红，梅俊青. 邮轮概论（第二版）［M］. 大连：大连海事大学出版社，2016.

6. 顾一中. 游艇邮轮学［M］. 武汉：华中科技大学出版社，2015.

7. 顾一中. 游艇邮轮博览［M］. 武汉：华中科技大学出版社，2015.

8. 刘艳. 邮轮运营管理［M］. 北京：化学工业出版社，2018.

9. 黄丽华. 邮轮概论［M］. 青岛：中国海洋大学出版社，2018.

10. 孙晓东. 邮轮产业与邮轮经济［M］. 上海：上海交通大学出版社，2014.

11. 苏东水. 产业经济学［M］. 北京：高等教育出版社，2015.

12. 孙妍. 环南海航区邮轮产业合作与区域经济发展［M］. 北京：知识产权出版社，2018.

13. 程爵浩. 邮轮旅游业概论［M］. 上海：上海浦江教育出版社，2015.

14. 宋喜红. 海洋船舶产业发展现状与前景研究.［M］广州：广东经济出版社，2018.

15. 邱羚. 文化创意视角下我国邮轮产业发展动力研究［M］.上海：上海交通大学出版社，2018.

16. 叶欣梁，梅俊青. 中国邮轮经济运行分析与发展预测［M］.上海：上海交通大学出版社，2018.

17. 皮辉，邮轮旅游概论［M］.武汉：华中科技大学出版社，2019.

18. 邵明东. 邮轮概述［M］.北京：中国铁道出版社，2018.

19. Sun XiaoDong, Yue Jiao, Peng Tian. Marketing research and revenue optimization for the cruise industry：A concise review［J］. International Journal of Hospitality Management，2011（3）.

20. 叶欣梁. 邮轮国产化需全产业链联动［N］.中国交通报，2019，（7）.

21. 芮雪. 伏久者　必飞高——中国邮轮布局上游产业链［J］.中国港口，2019（4）.

22. 朱晨. 高端占据全链发展——英国豪华邮轮产业链发展现状及启示［J］.船舶标准化与质量，2018（5）.

23. 程炜杰，刘希全，贾欣. 邮轮旅游产业的可持续发展问题［J］.开放导报，2018（1）.

24. 胥苗苗. 中国邮轮：从旅游向全产业链延伸［J］.中国船检，2016（8）.

25. 冯腊梅，钟松德. 拓展我国邮轮产业链的政策及对策研究［J］.中国储运，2015（10）.

26. 欧阳春香. 加快邮轮产业链本土化［N］.中国证券报，2015（A10）.

27. 姚元卫，李正鹏. 发展邮轮产业　打造国际强港［J］.港口经济，2015（3）.

28. 孙晓东. 中国邮轮旅游业：新常态与新趋势［J］.旅游学刊，2015

（1）.

29. 吴朝阳. 邮轮母港产业驱动城市经济转型升级［N］. 中国旅游报, 2014-12-24.

30. 金嘉晨. 邮轮母港产业链发展对城市经济的作用［J］. 港口经济, 2013（4）.

31. 张晓娟. 邮轮旅游经济效应及其传导机制研究［D］. 厦门大学, 2008.

32. 孙妍. 国际邮轮母港对区域经济的带动效应研究——以三亚为例［J］. 现代城市研究, 2017（4）.

33. 孙晓东. 邮轮收益管理：需求预测与收益优化［D］. 上海交通大学, 2011.

34. 张言庆. 基于SCP范式的国际邮轮旅游产业组织分析.［J］中国旅游评论, 2014（1）.

35. 孙晓东, 武晓荣, 冯学钢. 邮轮航线设置的基本特征与规划要素研究［J］. 旅游学刊, 2015（11）.

36. 孙晓东, 倪荣鑫. 国际邮轮港口岸上产品配备与资源配置——基于产品类型的实证分析［J］. 国际邮轮港口岸上产品配备与资源配置, 2018（7）.

37. 孙华平, 刘风芹. 旅游产业发展中的风险管理与控制［J］. 经济与管理, 2008（10）.

38. 韦曙林, 李龙一, 杜典波. 论西方政府规制理论与中国规制实践之差异［J］. 经济问题, 2003（10）.

39. 骆梅英, 马闻声. 森林公园旅游经营之转型：特许与政府规制［J］. 旅游学刊, 2013（8）.

40. 张丽娜. 我国政府规制理论研究综述［J］. 中国行政管理研究纵览, 2006（12）.

41. 刘占福. 世界邮轮业发展趋势及其启示研究［J］. 海洋开发与管理,

2014（7）.

42. 曹爽，叶欣梁. 我国邮轮产业政策研究现状与分析［J］. 上海工程技术大学学报，2017（2）.

43. 王益澄，方茹茹，马仁锋，袁雯，张悦，金邑霞. 中国邮轮旅游研究回顾及其人文地理学视域前瞻［J］. 宁波大学学报（人文科学版），2018（5）.

44. 刘静暖，吴清燕. 新时代视域下泛南海经济圈建设研究. 海南热带海洋学院学报［J］，2018（5）.

45. 门达明，吴肖淮. 南海邮轮旅游圈战略构想——以海南省为基点［J］. 特区经济，2015（6）.

46. 孙妍. 浅析南海邮轮产业发展的区域合作机制［J］. 中国市场，2017（15）.

47. 苏枫. 探索北部湾邮轮旅游圈的构建［J］. 中国商贸，2014（11）.

48. 廖民生，刘宏兵，黄颖，张丹丹. 我国南海地区邮轮旅游合作研究［J］. 海洋开发与管理，2018（10）.

49. 王淑敏. 南海地区邮轮航线优化设计研究［D］. 大连海事大学，2017.

50. 王胜，黄丹英，刘从勇，佘旭. 泛加勒比海地区邮轮旅游发展对海南的启示［J］. 南海学刊，2019（4）.

附录：国内高校开设邮轮游艇相关专业一览表

院校名称	院校类型	所属省市	邮轮相关专业技术认证及学位证书	邮轮相关专业
上海高级国际航运学院	商学院	上海市	研究生层次：MBA—邮轮方向；博士层次：DBA	邮轮管理EMBA、DBA
上海海事大学—亚洲邮轮学院	本科院校	上海市	国际邮轮管理高级研修班；研究生层次：MBA—邮轮方向	国际邮轮乘务管理专业，工商管理
上海工程技术大学	本科院校	上海市	本科层次：旅游管理（邮轮经济）；研究生层次：旅游管理MTA—邮轮方向	旅游管理
黄河科技学院	本科院校	河南省	邮轮运营服务职业技能等级证书（中级）	物流管理，市场营销
西安外事学院	本科院校	陕西省	邮轮运营服务职业技能等级证书（中级）	旅游管理，空中乘务，高速铁路客运乘务，会展经济与管理
西安财经大学行知学院	本科院校	陕西省	邮轮运营服务职业技能等级证书（中级）	旅游管理
三亚学院	本科院校	海南省	邮轮运营服务职业技能等级证书（中级）	会展经济与管理
辽宁科技学院	本科院校	辽宁省	邮轮运营服务职业技能等级证书（中级）	旅游管理
辽东学院	本科院校	辽宁省	邮轮运营服务职业技能等级证书（中级）	旅游管理，市场营销，导游，酒店管理

续表

院校名称	院校类型	所属省市	邮轮相关专业技术认证及学位证书	邮轮相关专业
桂林旅游学院	本科院校	广西壮族自治区	邮轮运营服务职业技能等级证书（中级）	酒店管理
北部湾大学	本科院校	广西壮族自治区	邮轮运营服务职业技能等级证书（中级）	旅游管理，物流管理，市场营销
宁德师范学院	本科院校	福建省	邮轮运营服务职业技能等级证书（中级）	酒店管理
黄河科技学院	本科院校	河南省	邮轮运营服务职业技能等级证书（高级）	物流管理，市场营销
郑州科技学院	本科院校	河南省	邮轮运营服务职业技能等级证书（高级）	旅游管理，物流管理，市场营销
西安外事学院	本科院校	陕西省	邮轮运营服务职业技能等级证书（高级）	旅游管理，空中乘务，高速铁路客运乘务，会展经济与管理
西安财经大学行知学院	本科院校	陕西省	邮轮运营服务职业技能等级证书（高级）	旅游管理
三亚学院	本科院校	海南省	邮轮运营服务职业技能等级证书（高级）	会展经济与管理
北部湾大学	本科院校	广西壮族自治区	邮轮运营服务职业技能等级证书（高级）	旅游管理，物流管理，市场营销
宁德师范学院	本科院校	福建省	邮轮运营服务职业技能等级证书（高级）	酒店管理
黄河科技学院	本科院校	河南省	邮轮运营服务职业技能等级证书（初级）	物流管理，市场营销
玉溪师范学院	本科院校	云南省	邮轮运营服务职业技能等级证书（初级）	旅游管理
西安外事学院	本科院校	陕西省	邮轮运营服务职业技能等级证书（初级）	旅游管理，空中乘务，高速铁路客运乘务，会展经济与管理

院校名称	院校类型	所属省市	邮轮相关专业技术认证及学位证书	邮轮相关专业
西安财经大学行知学院	本科院校	陕西省	邮轮运营服务职业技能等级证书（初级）	旅游管理
三亚学院	本科院校	海南省	邮轮运营服务职业技能等级证书（初级）	会展经济与管理
辽东学院	本科院校	辽宁省	邮轮运营服务职业技能等级证书（初级）	旅游管理，导游，酒店管理，市场营销
桂林旅游学院	本科院校	广西壮族自治区	邮轮运营服务职业技能等级证书（初级）	酒店管理
北部湾大学	本科院校	广西壮族自治区	邮轮运营服务职业技能等级证书（初级）	旅游管理，物流管理，市场营销
四川旅游学院	本科院校	四川省	邮轮运营服务职业技能等级证书（初级）	旅游管理，酒店管理，食品科学与工程，烹饪与营养教育，健康服务与管理，电子商务
宁德师范学院	本科院校	福建省	邮轮运营服务职业技能等级证书（初级）	酒店管理
武汉生物工程学院	本科院校	湖北省	邮轮运营服务职业技能等级证书（初级）	市场营销
黄河科技学院	本科院校	河南省	邮轮内装工艺职业技能等级证书（中级）	建筑学，环境设计
黄河科技学院	本科院校	河南省	邮轮内装工艺职业技能等级证书（高级）	建筑学，环境设计
北部湾大学	本科院校	广西壮族自治区	邮轮内装工艺职业技能等级证书（高级）	船舶与海洋工程
黄河科技学院	本科院校	河南省	邮轮内装工艺职业技能等级证书（初级）	建筑学，环境设计
河南工学院	本科院校	河南省	特殊焊接技术职业技能等级证书（中级）	焊接技术与工程

续表

院校名称	院校类型	所属省市	邮轮相关专业技术认证及学位证书	邮轮相关专业
桂林电子科技大学	本科院校	广西壮族自治区	特殊焊接技术职业技能等级证书（中级）	机械制造与自动化
兰州工业学院	本科院校	甘肃省	特殊焊接技术职业技能等级证书（中级）	焊接技术与工程
北华航天工业学院	本科院校	河北省	特殊焊接技术职业技能等级证书（中级）	材料成型及控制工程，金属材料工程，焊接技术与工程
新疆工程学院	本科院校	新疆维吾尔自治区	特殊焊接技术职业技能等级证书（中级）	焊接技术与工程
淮阴工学院	本科院校	江苏省	特殊焊接技术职业技能等级证书（中级）	材料科学与工程，金属材料工程，材料成型及控制工程，过程装备与控制工程
郑州科技学院	本科院校	河南省	特殊焊接技术职业技能等级证书（高级）	材料成型及控制工程，车辆工程
河南工学院	本科院校	河南省	特殊焊接技术职业技能等级证书（高级）	焊接技术与工程
辽宁科技学院	本科院校	辽宁省	特殊焊接技术职业技能等级证书（高级）	金属材料工程
桂林电子科技大学	本科院校	广西壮族自治区	特殊焊接技术职业技能等级证书（高级）	机械制造与自动化
兰州工业学院	本科院校	甘肃省	特殊焊接技术职业技能等级证书（高级）	焊接技术与工程
福建工程学院	本科院校	福建省	特殊焊接技术职业技能等级证书（高级）	材料科学与工程，材料成型及控制工程
淮阴工学院	本科院校	江苏省	特殊焊接技术职业技能等级证书（高级）	材料科学与工程，金属材料工程，材料成型及控制工程，过程装备与控制工程

续表

院校名称	院校类型	所属省市	邮轮相关专业技术认证及学位证书	邮轮相关专业
河南工学院	本科院校	河南省	特殊焊接技术职业技能等级证书（初级）	焊接技术与工程
桂林电子科技大学	本科院校	广西壮族自治区	特殊焊接技术职业技能等级证书（初级）	机械制造与自动化
兰州工业学院	本科院校	甘肃省	特殊焊接技术职业技能等级证书（初级）	焊接技术与工程
淮阴工学院	本科院校	江苏省	特殊焊接技术职业技能等级证书（初级）	材料科学与工程，金属材料工程，材料成型及控制工程，过程装备与控制工程
郑州旅游职业学院	高职院校	河南省	邮轮运营服务职业技能等级证书（中级）	国际邮轮乘务管理，旅游英语，商务英语，旅游日语，应用韩语，应用德语，应用俄语，应用英语
云南旅游职业学院	高职院校	云南省	邮轮运营服务职业技能等级证书（中级）	酒店管理
贵州交通职业技术学院	高职院校	贵州省	邮轮运营服务职业技能等级证书（中级）	酒店管理，旅游管理
贵州航天职业技术学院	高职院校	贵州省	邮轮运营服务职业技能等级证书（中级）	酒店管理，旅游管理
吉林交通职业技术学院	高职院校	吉林省	邮轮运营服务职业技能等级证书（中级）	国际邮轮乘务管理
长春职业技术学院	高职院校	吉林省	邮轮运营服务职业技能等级证书（中级）	酒店管理，旅游管理，应用日语，应用韩语，旅游英语
吉林电子信息职业技术学院	高职院校	吉林省	邮轮运营服务职业技能等级证书（中级）	国际邮轮乘务管理，酒店管理，导游
三亚航空旅游职业学院	高职院校	海南省	邮轮运营服务职业技能等级证书（中级）	国际邮轮乘务管理，酒店管理，旅游管理，烹调工艺与营养

院校名称	院校类型	所属省市	邮轮相关专业技术认证及学位证书	邮轮相关专业
三亚城市职业学院	高职院校	海南省	邮轮运营服务职业技能等级证书（中级）	酒店管理
海南职业技术学院	高职院校	海南省	邮轮运营服务职业技能等级证书（中级）	旅游管理，酒店管理，烹调工艺与营养
海南经贸职业技术学院	高职院校	海南省	邮轮运营服务职业技能等级证书（中级）	旅游管理，酒店管理
三亚中瑞酒店管理职业学院	高职院校	海南省	邮轮运营服务职业技能等级证书（中级）	国际邮轮乘务管理，酒店管理，旅游管理，西餐工艺
上海济光职业技术学院	高职院校	上海市	邮轮运营服务职业技能等级证书（中级）	国际邮轮乘务管理
渤海船舶职业学院	高职院校	辽宁省	邮轮运营服务职业技能等级证书（中级）	酒店管理，旅游管理，轮机工程技术
辽宁轻工职业学院	高职院校	辽宁省	邮轮运营服务职业技能等级证书（中级）	国际邮轮乘务管理
黑龙江职业学院	高职院校	黑龙江省	邮轮运营服务职业技能等级证书（中级）	酒店管理
广西国际商务职业技术学院	高职院校	广西壮族自治区	邮轮运营服务职业技能等级证书（中级）	休闲服务与管理，酒店管理，旅游管理，国际邮轮乘务管理
南宁职业技术学院	高职院校	广西壮族自治区	邮轮运营服务职业技能等级证书（中级）	酒店管理，烹调工艺与营养，国际邮轮乘务管理，西餐工艺
广西经贸职业技术学院	高职院校	广西壮族自治区	邮轮运营服务职业技能等级证书（中级）	国际邮轮乘务管理，酒店管理，旅游管理，烹调工艺与营养
广西交通职业技术学院	高职院校	广西壮族自治区	邮轮运营服务职业技能等级证书（中级）	国际邮轮乘务管理，水路运输与海事管理，港口物流管理

续表

院校名称	院校类型	所属省市	邮轮相关专业技术认证及学位证书	邮轮相关专业
广西蓝天航空职业学院	高职院校	广西壮族自治区	邮轮运营服务职业技能等级证书（中级）	国际邮轮乘务管理
浙江旅游职业学院	高职院校	浙江省	邮轮运营服务职业技能等级证书（中级）	国际邮轮乘务管理
浙江交通职业技术学院	高职院校	浙江省	邮轮运营服务职业技能等级证书（中级）	国际邮轮乘务管理
安徽财贸职业学院	高职院校	安徽省	邮轮运营服务职业技能等级证书（中级）	连锁经营管理
安庆职业技术学院	高职院校	安徽省	邮轮运营服务职业技能等级证书（中级）	酒店管理，国际邮轮乘务管理
九江职业技术学院	高职院校	江西省	邮轮运营服务职业技能等级证书（中级）	酒店管理
四川交通职业技术学院	高职院校	四川省	邮轮运营服务职业技能等级证书（中级）	国际邮轮乘务管理
河北轨道运输职业技术学院	高职院校	河北省	邮轮运营服务职业技能等级证书（中级）	国际邮轮乘务管理
河北交通职业技术学院	高职院校	河北省	邮轮运营服务职业技能等级证书（中级）	国际邮轮乘务管理，旅游管理，酒店管理
石家庄财经职业学院	高职院校	河北省	邮轮运营服务职业技能等级证书（中级）	国际邮轮乘务管理
曹妃甸职业技术学院	高职院校	河北省	邮轮运营服务职业技能等级证书（中级）	国际邮轮乘务管理，酒店管理
河北艺术职业学院	高职院校	河北省	邮轮运营服务职业技能等级证书（中级）	国际邮轮乘务管理
漳州职业技术学院	高职院校	福建省	邮轮运营服务职业技能等级证书（中级）	旅游管理，酒店管理
泉州海洋职业学院	高职院校	福建省	邮轮运营服务职业技能等级证书（中级）	国际邮轮乘务管理

续表

院校名称	院校类型	所属省市	邮轮相关专业技术认证及学位证书	邮轮相关专业
福建船政交通职业学院	高职院校	福建省	邮轮运营服务职业技能等级证书（中级）	国际邮轮乘务管理
厦门城市职业学院	高职院校	福建省	邮轮运营服务职业技能等级证书（中级）	酒店管理
天津海运职业学院	高职院校	天津市	邮轮运营服务职业技能等级证书（中级）	国际邮轮乘务管理，旅游管理，酒店管理，烹调工艺与营养
天津交通职业学院	高职院校	天津市	邮轮运营服务职业技能等级证书（中级）	旅游管理，国际邮轮乘务管理
日照职业技术学院	高职院校	山东省	邮轮运营服务职业技能等级证书（中级）	旅游管理，酒店管理
济宁职业技术学院	高职院校	山东省	邮轮运营服务职业技能等级证书（中级）	酒店管理
威海职业学院	高职院校	山东省	邮轮运营服务职业技能等级证书（中级）	酒店管理
山东经贸职业学院	高职院校	山东省	邮轮运营服务职业技能等级证书（中级）	酒店管理
聊城职业技术学院	高职院校	山东省	邮轮运营服务职业技能等级证书（中级）	酒店管理，旅游管理，烹调工艺与营养
山东商务职业学院	高职院校	山东省	邮轮运营服务职业技能等级证书（中级）	酒店管理
枣庄职业学院	高职院校	山东省	邮轮运营服务职业技能等级证书（中级）	旅游管理
山东旅游职业学院	高职院校	山东省	邮轮运营服务职业技能等级证书（中级）	酒店管理，餐饮管理
山东交通职业学院	高职院校	山东省	邮轮运营服务职业技能等级证书（中级）	国际邮轮乘务管理
青岛港湾职业技术学院	高职院校	山东省	邮轮运营服务职业技能等级证书（中级）	国际邮轮乘务管理，水路运输与海事管理

续表

院校名称	院校类型	所属省市	邮轮相关专业技术认证及学位证书	邮轮相关专业
青岛酒店管理职业技术学院	高职院校	山东省	邮轮运营服务职业技能等级证书（中级）	国际邮轮乘务管理，酒店管理
菏泽职业学院	高职院校	山东省	邮轮运营服务职业技能等级证书（中级）	旅游管理
广东女子职业技术学院	高职院校	广东省	邮轮运营服务职业技能等级证书（中级）	酒店管理，旅游英语
广东农工商职业技术学院	高职院校	广东省	邮轮运营服务职业技能等级证书（中级）	酒店管理，旅游英语，旅游管理
武汉航海职业技术学院	高职院校	湖北省	邮轮运营服务职业技能等级证书（中级）	国际邮轮乘务管理
武汉外语外事职业学院	高职院校	湖北省	邮轮运营服务职业技能等级证书（中级）	旅游管理，国际邮轮乘务管理，酒店管理
武汉交通职业学院	高职院校	湖北省	邮轮运营服务职业技能等级证书（中级）	国际邮轮乘务管理
武汉商贸职业学院	高职院校	湖北省	邮轮运营服务职业技能等级证书（中级）	酒店管理，旅游管理
三峡旅游职业技术学院	高职院校	湖北省	邮轮运营服务职业技能等级证书（中级）	国际邮轮乘务管理，酒店管理，休闲服务与管理，烹调工艺与营养，旅游管理，导游，旅行社经营管理，景区开发与管理，旅游英语
湖北科技职业学院	高职院校	湖北省	邮轮运营服务职业技能等级证书（中级）	国际邮轮乘务管理
盐城工业职业技术学院	高职院校	江苏省	邮轮运营服务职业技能等级证书（中级）	酒店管理
南京旅游职业学院	高职院校	江苏省	邮轮运营服务职业技能等级证书（中级）	旅游管理，酒店管理
江苏航运职业技术学院	高职院校	江苏省	邮轮运营服务职业技能等级证书（中级）	国际邮轮乘务管理

续表

院校名称	院校类型	所属省市	邮轮相关专业技术认证及学位证书	邮轮相关专业
南通师范高等专科学校	高职院校	江苏省	邮轮运营服务职业技能等级证书（中级）	国际邮轮乘务管理
郑州旅游职业学院	高职院校	河南省	邮轮运营服务职业技能等级证书（高级）	国际邮轮乘务管理，旅游英语，商务英语，应用英语，旅游日语，应用韩语，应用德语，应用俄语
黄河水利职业技术学院	高职院校	河南省	邮轮运营服务职业技能等级证书（高级）	酒店管理
云南旅游职业学院	高职院校	云南省	邮轮运营服务职业技能等级证书（高级）	酒店管理
贵州交通职业技术学院	高职院校	贵州省	邮轮运营服务职业技能等级证书（高级）	酒店管理
长春职业技术学院	高职院校	吉林省	邮轮运营服务职业技能等级证书（高级）	酒店管理，旅游管理，旅游英语，应用韩语，应用日语
海南经贸职业技术学院	高职院校	海南省	邮轮运营服务职业技能等级证书（高级）	旅游管理，酒店管理
渤海船舶职业学院	高职院校	辽宁省	邮轮运营服务职业技能等级证书（高级）	酒店管理，旅游管理，轮机工程技术
辽宁轻工职业学院	高职院校	辽宁省	邮轮运营服务职业技能等级证书（高级）	国际邮轮乘务管理
广西交通职业技术学院	高职院校	广西壮族自治区	邮轮运营服务职业技能等级证书（高级）	国际邮轮乘务管理，水路运输与海事管理，港口物流管理
浙江旅游职业学院	高职院校	浙江省	邮轮运营服务职业技能等级证书（高级）	国际邮轮乘务管理
曹妃甸职业技术学院	高职院校	河北省	邮轮运营服务职业技能等级证书（高级）	国际邮轮乘务管理，酒店管理
武汉商贸职业学院	高职院校	湖北省	邮轮运营服务职业技能等级证书（高级）	酒店管理，旅游管理

院校名称	院校类型	所属省市	邮轮相关专业技术认证及学位证书	邮轮相关专业
郑州旅游职业学院	高职院校	河南省	邮轮运营服务职业技能等级证书（初级）	国际邮轮乘务管理，旅游英语
许昌职业技术学院	高职院校	河南省	邮轮运营服务职业技能等级证书（初级）	旅游英语
云南旅游职业学院	高职院校	云南省	邮轮运营服务职业技能等级证书（初级）	酒店管理
贵州交通职业技术学院	高职院校	贵州省	邮轮运营服务职业技能等级证书（初级）	旅游管理，酒店管理
贵州航天职业技术学院	高职院校	贵州省	邮轮运营服务职业技能等级证书（初级）	酒店管理，旅游管理
长春职业技术学院	高职院校	吉林省	邮轮运营服务职业技能等级证书（初级）	酒店管理，旅游管理，旅游英语，应用韩语，应用日语
吉林电子信息职业技术学院	高职院校	吉林省	邮轮运营服务职业技能等级证书（初级）	国际邮轮乘务管理，酒店管理，导游
三亚航空旅游职业学院	高职院校	海南省	邮轮运营服务职业技能等级证书（初级）	国际邮轮乘务管理，酒店管理，旅游管理，烹调工艺与营养
三亚城市职业学院	高职院校	海南省	邮轮运营服务职业技能等级证书（初级）	酒店管理
三亚中瑞酒店管理职业学院	高职院校	海南省	邮轮运营服务职业技能等级证书（初级）	国际邮轮乘务管理，酒店管理，旅游管理，西餐工艺
海南经贸职业技术学院	高职院校	海南省	邮轮运营服务职业技能等级证书（初级）	旅游管理，酒店管理
辽宁建筑职业学院	高职院校	辽宁省	邮轮运营服务职业技能等级证书（初级）	酒店管理，旅游管理
渤海船舶职业学院	高职院校	辽宁省	邮轮运营服务职业技能等级证书（初级）	酒店管理，旅游管理，轮机工程技术

续表

院校名称	院校类型	所属省市	邮轮相关专业技术认证及学位证书	邮轮相关专业
辽宁轻工职业学院	高职院校	辽宁省	邮轮运营服务职业技能等级证书（初级）	国际邮轮乘务管理
哈尔滨职业技术学院	高职院校	黑龙江省	邮轮运营服务职业技能等级证书（初级）	国际邮轮乘务管理
黑龙江生物科技职业学院	高职院校	黑龙江省	邮轮运营服务职业技能等级证书（初级）	旅游管理
黑龙江旅游职业技术学院	高职院校	黑龙江省	邮轮运营服务职业技能等级证书（初级）	国际邮轮乘务管理
广西国际商务职业技术学院	高职院校	广西壮族自治区	邮轮运营服务职业技能等级证书（初级）	休闲服务与管理，酒店管理，国际邮轮乘务管理，旅游管理
广西经贸职业技术学院	高职院校	广西壮族自治区	邮轮运营服务职业技能等级证书（初级）	国际邮轮乘务管理，旅游管理，酒店管理，烹调工艺与营养
广西交通职业技术学院	高职院校	广西壮族自治区	邮轮运营服务职业技能等级证书（初级）	国际邮轮乘务管理，水路运输与海事管理，港口物流管理
广西蓝天航空职业学院	高职院校	广西壮族自治区	邮轮运营服务职业技能等级证书（初级）	国际邮轮乘务管理
浙江旅游职业学院	高职院校	浙江省	邮轮运营服务职业技能等级证书（初级）	国际邮轮乘务管理
太原旅游职业学院	高职院校	山西省	邮轮运营服务职业技能等级证书（初级）	国际邮轮乘务管理，旅游管理
九江职业技术学院	高职院校	江西省	邮轮运营服务职业技能等级证书（初级）	酒店管理
河北交通职业技术学院	高职院校	河北省	邮轮运营服务职业技能等级证书（初级）	国际邮轮乘务管理，酒店管理，旅游管理
河北旅游职业学院	高职院校	河北省	邮轮运营服务职业技能等级证书（初级）	国际邮轮乘务管理

续表

院校名称	院校类型	所属省市	邮轮相关专业技术认证及学位证书	邮轮相关专业
曹妃甸职业技术学院	高职院校	河北省	邮轮运营服务职业技能等级证书（初级）	国际邮轮乘务管理
福建信息职业技术学院	高职院校	福建省	邮轮运营服务职业技能等级证书（初级）	国际邮轮乘务管理
天津交通职业学院	高职院校	天津市	邮轮运营服务职业技能等级证书（初级）	旅游管理，国际邮轮乘务管理
日照航海工程职业学院	高职院校	山东省	邮轮运营服务职业技能等级证书（初级）	国际邮轮乘务管理
山东海事职业学院	高职院校	山东省	邮轮运营服务职业技能等级证书（初级）	国际邮轮乘务管理，烹调工艺与营养，旅游管理，酒店管理
重庆交通职业学院	高职院校	重庆市	邮轮运营服务职业技能等级证书（初级）	国际邮轮乘务管理，旅游管理
呼伦贝尔职业技术学院	高职院校	内蒙古自治区	邮轮运营服务职业技能等级证书（初级）	国际邮轮乘务管理，旅游管理，酒店管理
江门职业技术学院	高职院校	广东省	邮轮运营服务职业技能等级证书（初级）	旅游管理，酒店管理
广东农工商职业技术学院	高职院校	广东省	邮轮运营服务职业技能等级证书（初级）	酒店管理，旅游英语，旅游管理
广州城市职业学院	高职院校	广东省	邮轮运营服务职业技能等级证书（初级）	国际邮轮乘务管理，酒店管理
广东科学技术职业学院	高职院校	广东省	邮轮运营服务职业技能等级证书（初级）	旅游管理
广东科贸职业学院	高职院校	广东省	邮轮运营服务职业技能等级证书（初级）	酒店管理，烹调工艺与营养
阳江职业技术学院	高职院校	广东省	邮轮运营服务职业技能等级证书（初级）	国际邮轮乘务管理，酒店管理，旅游管理
汕头职业技术学院	高职院校	广东省	邮轮运营服务职业技能等级证书（初级）	酒店管理，旅游管理

续表

院校名称	院校类型	所属省市	邮轮相关专业技术认证及学位证书	邮轮相关专业
武汉城市职业学院	高职院校	湖北省	邮轮运营服务职业技能等级证书（初级）	国际邮轮乘务管理，旅游英语，酒店管理
武汉外语外事职业学院	高职院校	湖北省	邮轮运营服务职业技能等级证书（初级）	旅游管理，国际邮轮乘务管理，酒店管理
武汉交通职业学院	高职院校	湖北省	邮轮运营服务职业技能等级证书（初级）	国际邮轮乘务管理
武汉商贸职业学院	高职院校	湖北省	邮轮运营服务职业技能等级证书（初级）	酒店管理，旅游管理
武汉航海职业技术学院	高职院校	湖北省	邮轮运营服务职业技能等级证书（初级）	国际邮轮乘务管理
三峡旅游职业技术学院	高职院校	湖北省	邮轮运营服务职业技能等级证书（初级）	国际邮轮乘务管理，酒店管理，休闲服务与管理，烹调工艺与营养，旅游管理，导游，旅行社经营管理，景区开发与管理，旅游英语
湖北科技职业学院	高职院校	湖北省	邮轮运营服务职业技能等级证书（初级）	国际邮轮乘务管理
南京旅游职业学院	高职院校	江苏省	邮轮运营服务职业技能等级证书（初级）	旅游英语，旅游管理，烹调工艺与营养，西餐工艺
南通师范高等专科学校	高职院校	江苏省	邮轮运营服务职业技能等级证书（初级）	国际邮轮乘务管理
江苏航运职业技术学院	高职院校	江苏省	邮轮运营服务职业技能等级证书（初级）	国际邮轮乘务管理
昆山登云科技职业学院	高职院校	江苏省	邮轮运营服务职业技能等级证书（初级）	酒店管理，旅游管理
长春职业技术学院	高职院校	吉林省	邮轮内装工艺职业技能等级证书（中级）	室内艺术设计，建筑动画与模型制作，船舶机械工程技术

续表

院校名称	院校类型	所属省市	邮轮相关专业技术认证及学位证书	邮轮相关专业
渤海船舶职业学院	高职院校	辽宁省	邮轮内装工艺职业技能等级证书（中级）	建筑室内设计
抚顺职业技术学院	高职院校	辽宁省	邮轮内装工艺职业技能等级证书（中级）	建筑装饰工程技术
甘肃林业职业技术学院	高职院校	甘肃省	邮轮内装工艺职业技能等级证书（中级）	建筑装饰工程技术
成都航空职业技术学院	高职院校	四川省	邮轮内装工艺职业技能等级证书（中级）	建筑装饰工程技术
宜宾职业技术学院	高职院校	四川省	邮轮内装工艺职业技能等级证书（中级）	工程造价，建筑工程技术，建筑设计，建筑装饰工程技术
泉州海洋职业学院	高职院校	福建省	邮轮内装工艺职业技能等级证书（中级）	船舶工程技术
福建水利电力职业技术学院	高职院校	福建省	邮轮内装工艺职业技能等级证书（中级）	建筑工程技术，工程造价，环境艺术设计
福建船政交通职业学院	高职院校	福建省	邮轮内装工艺职业技能等级证书（中级）	船舶工程技术
临沂职业学院	高职院校	山东省	邮轮内装工艺职业技能等级证书（中级）	建筑装饰工程技术，环境艺术设计
威海海洋职业学院	高职院校	山东省	邮轮内装工艺职业技能等级证书（中级）	船舶工程技术
枣庄科技职业学院	高职院校	山东省	邮轮内装工艺职业技能等级证书（中级）	工程造价，建筑工程技术，建筑设计，建筑装饰工程技术
山东城市建设职业学院	高职院校	山东省	邮轮内装工艺职业技能等级证书（中级）	建筑装饰工程技术，环境艺术设计
珠海城市职业技术学院	高职院校	广东省	邮轮内装工艺职业技能等级证书（中级）	游艇设计与制造，船舶机械工程技术

续表

院校名称	院校类型	所属省市	邮轮相关专业技术认证及学位证书	邮轮相关专业
江苏海事职业技术学院	高职院校	江苏省	邮轮内装工艺职业技能等级证书（中级）	船舶工程技术，海洋工程技术，环境艺术设计，室内艺术设计
渤海船舶职业学院	高职院校	辽宁省	邮轮内装工艺职业技能等级证书（高级）	建筑室内设计
甘肃林业职业技术学院	高职院校	甘肃省	邮轮内装工艺职业技能等级证书（高级）	建筑装饰工程技术
宜宾职业技术学院	高职院校	四川省	邮轮内装工艺职业技能等级证书（高级）	工程造价，建筑工程技术，建筑设计，建筑装饰工程技术
海南职业技术学院	高职院校	海南省	邮轮内装工艺职业技能等级证书（初级）	旅游管理，酒店管理，烹调工艺与营养
辽宁建筑职业学院	高职院校	辽宁省	邮轮内装工艺职业技能等级证书（初级）	建筑室内设计，建筑装饰工程技术
渤海船舶职业学院	高职院校	辽宁省	邮轮内装工艺职业技能等级证书（初级）	建筑室内设计
抚顺职业技术学院	高职院校	辽宁省	邮轮内装工艺职业技能等级证书（初级）	建筑装饰工程技术
朝阳师范高等专科学校	高职院校	辽宁省	邮轮内装工艺职业技能等级证书（初级）	建筑装饰工程技术
哈尔滨职业技术学院	高职院校	黑龙江省	邮轮内装工艺职业技能等级证书（初级）	环境艺术设计
黑龙江生物科技职业学院	高职院校	黑龙江省	邮轮内装工艺职业技能等级证书（初级）	建筑室内设计，建筑工程技术
甘肃林业职业技术学院	高职院校	甘肃省	邮轮内装工艺职业技能等级证书（初级）	建筑装饰工程技术
宜宾职业技术学院	高职院校	四川省	邮轮内装工艺职业技能等级证书（初级）	工程造价，建筑工程技术，建筑设计，建筑装饰工程技术

续表

院校名称	院校类型	所属省市	邮轮相关专业技术认证及学位证书	邮轮相关专业
武汉船舶职业技术学院	高职院校	湖北省	邮轮内装工艺职业技能等级证书（初级）	船舶舾装工程技术，船舶工程技术
江苏航运职业技术学院	高职院校	江苏省	邮轮内装工艺职业技能等级证书（初级）	环境艺术设计
南阳农业职业学院	高职院校	河南省	特殊焊接技术职业技能等级证书（中级）	机电一体化技术
郑州职业技术学院	高职院校	河南省	特殊焊接技术职业技能等级证书（中级）	焊接技术与自动化，特种加工技术
许昌职业技术学院	高职院校	河南省	特殊焊接技术职业技能等级证书（中级）	机械制造与自动化
焦作工贸职业学院	高职院校	河南省	特殊焊接技术职业技能等级证书（中级）	机电一体化技术，机械制造与自动化，数控技术
三门峡职业技术学院	高职院校	河南省	特殊焊接技术职业技能等级证书（中级）	机械制造与自动化，焊接技术与自动化，汽车改装技术
平顶山工业职业技术学院	高职院校	河南省	特殊焊接技术职业技能等级证书（中级）	焊接技术与自动化
濮阳职业技术学院	高职院校	河南省	特殊焊接技术职业技能等级证书（中级）	机械制造与自动化
云南水利水电职业学院	高职院校	云南省	特殊焊接技术职业技能等级证书（中级）	发电厂及电力系统
昆明铁道职业技术学院	高职院校	云南省	特殊焊接技术职业技能等级证书（中级）	焊接技术与自动化
云南国防工业职业技术学院	高职院校	云南省	特殊焊接技术职业技能等级证书（中级）	焊接技术与自动化
云南机电职业技术学院	高职院校	云南省	特殊焊接技术职业技能等级证书（中级）	焊接技术与自动化
云南交通运输职业学院	高职院校	云南省	特殊焊接技术职业技能等级证书（中级）	汽车车身维修技术

续表

院校名称	院校类型	所属省市	邮轮相关专业技术认证及学位证书	邮轮相关专业
云南锡业职业技术学院	高职院校	云南省	特殊焊接技术职业技能等级证书（中级）	机械制造与自动化
贵州电子科技职业学院	高职院校	贵州省	特殊焊接技术职业技能等级证书（中级）	电气自动化技术，制冷与空调技术，电梯工程技术
贵州工业职业技术学院	高职院校	贵州省	特殊焊接技术职业技能等级证书（中级）	机械制造与自动化
西安航空职业技术学院	高职院校	陕西省	特殊焊接技术职业技能等级证书（中级）	焊接技术与自动化
榆林职业技术学院	高职院校	陕西省	特殊焊接技术职业技能等级证书（中级）	机电一体化技术，化工装备技术
吉林铁道职业技术学院	高职院校	吉林省	特殊焊接技术职业技能等级证书（中级）	焊接技术与自动化
吉林工业职业技术学院	高职院校	吉林省	特殊焊接技术职业技能等级证书（中级）	焊接技术与自动化
长春汽车工业高等专科学校	高职院校	吉林省	特殊焊接技术职业技能等级证书（中级）	焊接技术与自动化，工业机器人技术
辽宁装备制造职业技术学院	高职院校	辽宁省	特殊焊接技术职业技能等级证书（中级）	焊接技术与自动化，理化测试与质检技术，材料成型与控制技术
辽宁机电职业技术学院	高职院校	辽宁省	特殊焊接技术职业技能等级证书（中级）	焊接技术与自动化
大连职业技术学院	高职院校	辽宁省	特殊焊接技术职业技能等级证书（中级）	船舶工程技术
辽宁冶金职业技术学院	高职院校	辽宁省	特殊焊接技术职业技能等级证书（中级）	焊接技术与自动化
辽宁轨道交通职业学院	高职院校	辽宁省	特殊焊接技术职业技能等级证书（中级）	焊接技术与自动化，机械制造与自动化
佳木斯职业学院	高职院校	黑龙江省	特殊焊接技术职业技能等级证书（中级）	焊接技术与自动化

续表

院校名称	院校类型	所属省市	邮轮相关专业技术认证及学位证书	邮轮相关专业
黑龙江农业工程职业学院	高职院校	黑龙江省	特殊焊接技术职业技能等级证书（中级）	焊接技术与自动化
浙江工业职业技术学院	高职院校	浙江省	特殊焊接技术职业技能等级证书（中级）	机械制造与自动化
甘肃畜牧工程职业技术学院	高职院校	甘肃省	特殊焊接技术职业技能等级证书（中级）	焊接技术与自动化
白银矿冶职业技术学院	高职院校	甘肃省	特殊焊接技术职业技能等级证书（中级）	焊接技术与自动化
兰州石化职业技术学院	高职院校	甘肃省	特殊焊接技术职业技能等级证书（中级）	焊接技术与自动化
甘肃钢铁职业技术学院	高职院校	甘肃省	特殊焊接技术职业技能等级证书（中级）	焊接技术与自动化
甘肃交通职业技术学院	高职院校	甘肃省	特殊焊接技术职业技能等级证书（中级）	汽车改装技术
酒泉职业技术学院	高职院校	甘肃省	特殊焊接技术职业技能等级证书（中级）	焊接技术与自动化，机械制造与自动化
兰州职业技术学院	高职院校	甘肃省	特殊焊接技术职业技能等级证书（中级）	焊接技术与自动化
武威职业学院	高职院校	甘肃省	特殊焊接技术职业技能等级证书（中级）	焊接技术与自动化，机械制造与自动化
新疆生产建设兵团兴新职业技术学院	高职院校	新疆维吾尔自治区	特殊焊接技术职业技能等级证书（中级）	焊接技术与自动化
青海高等职业技术学院	高职院校	青海省	特殊焊接技术职业技能等级证书（中级）	材料成型与控制技术
青海交通职业技术学院	高职院校	青海省	特殊焊接技术职业技能等级证书（中级）	焊接技术与自动化
山西机电职业技术学院	高职院校	山西省	特殊焊接技术职业技能等级证书（中级）	焊接技术与自动化

续表

院校名称	院校类型	所属省市	邮轮相关专业技术认证及学位证书	邮轮相关专业
山西经贸职业学院	高职院校	山西省	特殊焊接技术职业技能等级证书（中级）	焊接技术与自动化，数控设备应用与维护
山西工程职业学院	高职院校	山西省	特殊焊接技术职业技能等级证书（中级）	机械制造与自动化，材料成型与控制技术，焊接技术与自动化
安徽国防科技职业学院	高职院校	安徽省	特殊焊接技术职业技能等级证书（中级）	焊接技术与自动化，机械制造与自动化，船舶工程技术，汽车改装技术
安徽机电职业技术学院	高职院校	安徽省	特殊焊接技术职业技能等级证书（中级）	焊接技术与自动化
九江职业技术学院	高职院校	江西省	特殊焊接技术职业技能等级证书（中级）	船舶工程技术
江西制造职业技术学院	高职院校	江西省	特殊焊接技术职业技能等级证书（中级）	机械制造与自动化
江西农业工程职业学院	高职院校	江西省	特殊焊接技术职业技能等级证书（中级）	材料成型与控制技术
四川工程职业技术学院	高职院校	四川省	特殊焊接技术职业技能等级证书（中级）	焊接技术与自动化，材料成型与控制技术
成都工业职业技术学院	高职院校	四川省	特殊焊接技术职业技能等级证书（中级）	焊接技术与自动化
四川化工职业技术学院	高职院校	四川省	特殊焊接技术职业技能等级证书（中级）	焊接技术与自动化，化工装备技术
四川航天职业技术学院	高职院校	四川省	特殊焊接技术职业技能等级证书（中级）	焊接技术与自动化
成都工贸职业技术学院	高职院校	四川省	特殊焊接技术职业技能等级证书（中级）	材料成型与控制技术
河北机电职业技术学院	高职院校	河北省	特殊焊接技术职业技能等级证书（中级）	焊接技术与自动化，材料成型与控制技术
承德应用技术职业学院	高职院校	河北省	特殊焊接技术职业技能等级证书（中级）	焊接技术与自动化

续表

院校名称	院校类型	所属省市	邮轮相关专业技术认证及学位证书	邮轮相关专业
黎明职业大学	高职院校	福建省	特殊焊接技术职业技能等级证书（中级）	机械制造与自动化
福建船政交通职业学院	高职院校	福建省	特殊焊接技术职业技能等级证书（中级）	船舶工程技术
天津滨海职业学院	高职院校	天津市	特殊焊接技术职业技能等级证书（中级）	焊接技术与自动化
天津渤海职业技术学院	高职院校	天津市	特殊焊接技术职业技能等级证书（中级）	机械制造与自动化
天津机电职业技术学院	高职院校	天津市	特殊焊接技术职业技能等级证书（中级）	焊接技术与自动化
枣庄科技职业学院	高职院校	山东省	特殊焊接技术职业技能等级证书（中级）	焊接技术与自动化
潍坊职业学院	高职院校	山东省	特殊焊接技术职业技能等级证书（中级）	机械制造与自动化，机械装备制造技术，数控技术
威海职业学院	高职院校	山东省	特殊焊接技术职业技能等级证书（中级）	焊接技术与自动化
山东工业职业学院	高职院校	山东省	特殊焊接技术职业技能等级证书（中级）	焊接技术与自动化，机械制造与自动化
巴音郭楞职业技术学院	高职院校	新疆维吾尔自治区	特殊焊接技术职业技能等级证书（中级）	机械制造与自动化
阿克苏职业技术学院	高职院校	新疆维吾尔自治区	特殊焊接技术职业技能等级证书（中级）	机电一体化技术
武汉工程职业技术学院	高职院校	湖北省	特殊焊接技术职业技能等级证书（中级）	焊接技术与自动化，材料成型与控制技术，机械制造与自动化
江苏海事职业技术学院	高职院校	江苏省	特殊焊接技术职业技能等级证书（中级）	船舶工程技术，海洋工程技术，焊接技术与自动化，船舶检验

续表

院校名称	院校类型	所属省市	邮轮相关专业技术认证及学位证书	邮轮相关专业
江苏航运职业技术学院	高职院校	江苏省	特殊焊接技术职业技能等级证书（中级）	焊接技术与自动化，船舶工程技术，海洋工程技术，船舶检验
常州工程职业技术学院	高职院校	江苏省	特殊焊接技术职业技能等级证书（中级）	焊接技术与自动化
南阳农业职业学院	高职院校	河南省	特殊焊接技术职业技能等级证书（高级）	机电一体化技术
河南机电职业学院	高职院校	河南省	特殊焊接技术职业技能等级证书（高级）	汽车制造与装配技术，汽车检测与维修技术
濮阳职业技术学院	高职院校	河南省	特殊焊接技术职业技能等级证书（高级）	机械制造与自动化
西安航空职业技术学院	高职院校	陕西省	特殊焊接技术职业技能等级证书（高级）	焊接技术与自动化
甘肃畜牧工程职业技术学院	高职院校	甘肃省	特殊焊接技术职业技能等级证书（高级）	焊接技术与自动化
甘肃钢铁职业技术学院	高职院校	甘肃省	特殊焊接技术职业技能等级证书（高级）	焊接技术与自动化
白银矿冶职业技术学院	高职院校	甘肃省	特殊焊接技术职业技能等级证书（高级）	焊接技术与自动化
兰州石化职业技术学院	高职院校	甘肃省	特殊焊接技术职业技能等级证书（高级）	焊接技术与自动化
酒泉职业技术学院	高职院校	甘肃省	特殊焊接技术职业技能等级证书（高级）	焊接技术与自动化，机械制造与自动化
兰州资源环境职业技术学院	高职院校	甘肃省	特殊焊接技术职业技能等级证书（高级）	机械制造与自动化
山西机电职业技术学院	高职院校	山西省	特殊焊接技术职业技能等级证书（高级）	焊接技术与自动化
武汉交通职业学院	高职院校	湖北省	特殊焊接技术职业技能等级证书（高级）	船舶工程技术

院校名称	院校类型	所属省市	邮轮相关专业技术认证及学位证书	邮轮相关专业
江苏安全技术职业学院	高职院校	江苏省	特殊焊接技术职业技能等级证书（高级）	焊接技术与自动化，材料成型与控制技术
南阳农业职业学院	高职院校	河南省	特殊焊接技术职业技能等级证书（初级）	机电一体化技术
焦作工贸职业学院	高职院校	河南省	特殊焊接技术职业技能等级证书（初级）	机电一体化技术
郑州职业技术学院	高职院校	河南省	特殊焊接技术职业技能等级证书（初级）	焊接技术与自动化，特种加工技术
许昌职业技术学院	高职院校	河南省	特殊焊接技术职业技能等级证书（初级）	机械制造与自动化，机电一体化技术
河南机电职业学院	高职院校	河南省	特殊焊接技术职业技能等级证书（初级）	汽车改装技术，机电一体化技术
濮阳职业技术学院	高职院校	河南省	特殊焊接技术职业技能等级证书（初级）	机械制造与自动化
西安航空职业技术学院	高职院校	陕西省	特殊焊接技术职业技能等级证书（初级）	焊接技术与自动化
陕西铁路工程职业技术学院	高职院校	陕西省	特殊焊接技术职业技能等级证书（初级）	焊接技术与自动化
陕西工业职业技术学院	高职院校	陕西省	特殊焊接技术职业技能等级证书（初级）	焊接技术与自动化
吉林电子信息职业技术学院	高职院校	吉林省	特殊焊接技术职业技能等级证书（初级）	焊接技术与自动化
三亚航空旅游职业学院	高职院校	海南省	特殊焊接技术职业技能等级证书（初级）	轮机工程技术
沈阳职业技术学院	高职院校	辽宁省	特殊焊接技术职业技能等级证书（初级）	焊接技术与自动化，材料成型与控制技术
渤海船舶职业学院	高职院校	辽宁省	特殊焊接技术职业技能等级证书（初级）	焊接技术与自动化

院校名称	院校类型	所属省市	邮轮相关专业技术认证及学位证书	邮轮相关专业
哈尔滨职业技术学院	高职院校	黑龙江省	特殊焊接技术职业技能等级证书（初级）	焊接技术与自动化
黑龙江农业工程职业学院	高职院校	黑龙江省	特殊焊接技术职业技能等级证书（初级）	焊接技术与自动化
广西机电职业技术学院	高职院校	广西壮族自治区	特殊焊接技术职业技能等级证书（初级）	焊接技术与自动化
甘肃畜牧工程职业技术学院	高职院校	甘肃省	特殊焊接技术职业技能等级证书（初级）	焊接技术与自动化
白银矿冶职业技术学院	高职院校	甘肃省	特殊焊接技术职业技能等级证书（初级）	焊接技术与自动化
兰州石化职业技术学院	高职院校	甘肃省	特殊焊接技术职业技能等级证书（初级）	焊接技术与自动化
甘肃钢铁职业技术学院	高职院校	甘肃省	特殊焊接技术职业技能等级证书（初级）	焊接技术与自动化
甘肃交通职业技术学院	高职院校	甘肃省	特殊焊接技术职业技能等级证书（初级）	汽车改装技术
酒泉职业技术学院	高职院校	甘肃省	特殊焊接技术职业技能等级证书（初级）	焊接技术与自动化，机械制造与自动化
兰州职业技术学院	高职院校	甘肃省	特殊焊接技术职业技能等级证书（初级）	焊接技术与自动化
武威职业学院	高职院校	甘肃省	特殊焊接技术职业技能等级证书（初级）	焊接技术与自动化，机械制造与自动化
甘肃建筑职业技术学院	高职院校	甘肃省	特殊焊接技术职业技能等级证书（初级）	焊接技术与自动化
西宁城市职业技术学院	高职院校	青海省	特殊焊接技术职业技能等级证书（初级）	机械制造与自动化
山西机电职业技术学院	高职院校	山西省	特殊焊接技术职业技能等级证书（初级）	焊接技术与自动化

续表

院校名称	院校类型	所属省市	邮轮相关专业技术认证及学位证书	邮轮相关专业
合肥职业技术学院	高职院校	安徽省	特殊焊接技术职业技能等级证书（初级）	焊接技术与自动化，机械制造与自动化
成都工业职业技术学院	高职院校	四川省	特殊焊接技术职业技能等级证书（初级）	焊接技术与自动化
邢台职业技术学院	高职院校	河北省	特殊焊接技术职业技能等级证书（初级）	机械制造与自动化
河北机电职业技术学院	高职院校	河北省	特殊焊接技术职业技能等级证书（初级）	焊接技术与自动化，材料成型与控制技术
唐山工业职业技术学院	高职院校	河北省	特殊焊接技术职业技能等级证书（初级）	焊接技术与自动化
滨州职业学院	高职院校	山东省	特殊焊接技术职业技能等级证书（初级）	轮机工程技术
烟台职业学院	高职院校	山东省	特殊焊接技术职业技能等级证书（初级）	船舶工程技术
威海海洋职业学院	高职院校	山东省	特殊焊接技术职业技能等级证书（初级）	船舶工程技术，船舶检验
山东海事职业学院	高职院校	山东省	特殊焊接技术职业技能等级证书（初级）	轮机工程技术
山东交通职业学院	高职院校	山东省	特殊焊接技术职业技能等级证书（初级）	轮机工程技术
巴音郭楞职业技术学院	高职院校	新疆维吾尔自治区	特殊焊接技术职业技能等级证书（初级）	机械制造与自动化
广东松山职业技术学院	高职院校	广东省	特殊焊接技术职业技能等级证书（初级）	机械制造与自动化，机电一体化技术，数控技术，机电设备维修与管理
武汉工程职业技术学院	高职院校	湖北省	特殊焊接技术职业技能等级证书（初级）	焊接技术与自动化，材料成型与控制技术，机械制造与自动化

续表

院校名称	院校类型	所属省市	邮轮相关专业技术认证及学位证书	邮轮相关专业
武汉船舶职业技术学院	高职院校	湖北省	特殊焊接技术职业技能等级证书（初级）	焊接技术与自动化
随州职业技术学院	高职院校	湖北省	特殊焊接技术职业技能等级证书（初级）	机电一体化技术
江苏航运职业技术学院	高职院校	江苏省	特殊焊接技术职业技能等级证书（初级）	焊接技术与自动化，船舶工程技术，海洋工程技术